T0126521

FRONTIN

LES AQUEDUCS
DE LA VILLE DE ROME

COLLECTION DES UNIVERSITÉS DE FRANCE

publiée sous le patronage de l'ASSOCIATION GUILLAUME BUDÉ

FRONTIN

LES AQUEDUCS
DE LA VILLE DE ROME

TEXTE ÉTABLI, TRADUIT ET COMMENTÉ

PAR

Pierre GRIMAL

Quatrième tirage

PARIS

LES BELLES LETTRES

2023

Conformément aux statuts de l'Association Guillaume Budé, ce volume a été soumis à l'approbation de la commission technique, qui a chargé M. Yves Béquignon d'en faire la révision et d'en surveiller la correction en collaboration avec M. Pierre Grimal.

© 2023. Société d'édition Les Belles Lettres
95 boulevard Raspail, 75006 Paris
www.lesbelleslettres.com

Premier tirage 1947

ISBN : 978-2-251-01095-3
ISSN : 0184-7155

INTRODUCTION

Au cours de la dernière décade ont paru des travaux sur les aqueducs de Rome, qui rendent désirable une nouvelle édition du traité de Frontin. Les ouvrages de E.-B. Van Deman [1] et surtout de Th. Ashby [2], celui de G. Lugli [3] permettent de mieux comprendre aujourd'hui un texte que les commentaires antérieurs, même celui de Lanciani [4], quelque fondamental et irremplaçable qu'il soit, n'avaient pas encore entièrement éclairci. Ce sont les principaux résultats acquis par eux que nous voulons présenter ici.

Les aqueducs jouent dans la vie quotidienne des Romains — de tout temps grands amateurs d'eau courante — un rôle tel que l'on se ferait une idée bien imparfaite de leur ville si on ne lui rendait, par la pensée, ses fontaines, ses euripes et ses thermes. Aussi le traité de Frontin, qui décrit avec précision le système des eaux dans Rome à l'apogée de l'Empire [5], n'est-il pas, malgré son aridité apparente, dénué d'intérêt pour nous. D'un intérêt technique d'abord, comme contribution à l'histoire de l'hydraulique, et d'un intérêt plus vaste aussi, comme document sur l'histoire d'un règne et sur le lent travail des ingénieurs, des architectes, des hommes d'État et des juristes qui fit de la vieille Rome républicaine une

1. *The Building of the Roman Aqueducts*, Carnegy Institution of Washington, 1934 (abrégé ci-après en Van Deman, *Build.*).
2. *The Aqueducts of Ancient Rome*, edited by I. A. Richmond, Oxford (Clarendon Press) 1935 (abrégé ci-après en Ashby, *Aq.*).
3. *I Monumenti antichi di Roma e suburbio, II, Le Grandi Opere publiche*, Rome, 1934 (abrégé ci-après en Lugli, *Opere*).
4. *I Commentarii di Frontino intorno le acque e gli aquedotti*, paru d'abord in *Memorie dei Lincei*, ser. 3, vol. IV (1880), p. 213 et suiv. (abrégé ci-après en Lanciani, *Comm.*)
5. Sur le « moment », v. J. Carcopino, *La Vie Quotidienne...*, Paris 1938.

ville moderne, méditerranéenne, rivale victorieuse des
capitales hellénistiques.

I. — L'AUTEUR.

Frontin, par lui-même, mérite l'attention: Ses contemporains le considéraient déjà comme un grand « serviteur
de l'État », et lui-même, au témoignage de Pline, croyait
avoir assez fait dans sa vie pour mériter l'immortalité.
*Impensa monumenti superuacua est : memoria nostra
durabit si uita .meruimus* [1].

Presque toutes les données certaines que nous possédons sur lui concernent sa carrière politique et administrative.

C'est en 70 après Jésus-Christ, pour la première fois,
qu'apparaît le nom de Sextus Julius Frontinus : « Aux
Calendes de Janvier, écrit Tacite, à la séance du Sénat
convoquée par Frontin comme préteur urbain... » [2].
Préteur urbain le 1er Janvier 70, Frontin devait avoir
environ 35 ans, ce qui place sa naissance vers 35 après
Jésus-Christ [3]. De sa carrière antérieure, nous ne savons
rien. Quelle était sa famille, était-elle originaire de Rome,
comme on le dit parfois [4], ou sicilienne [5], était-elle d'ancienne noblesse, où Frontin fut-il élevé, où apprit-il les
mathématiques et les sciences dont il avait une bonne
connaissance, comme le prouvent ses traités — autant de
questions auxquelles nous ne pouvons répondre.

Peu de temps après Janvier 70, Frontin se démit de
sa préture [6] et il est probable qu'il obtint alors un commandement légionnaire dans la guerre contre Civilis et
les provinces gauloises révoltées. C'est du moins la con-

1. Pline, *Epist.*, IX, 19, 6.
2. *Hist.* IV, 39. Le prénom, Sextus, est attesté par *C. I. L.*,
VI, 2222 ; VIII, 7066 ; IX, 6083 ; XIII, 7711 ; 8624. V. *Prosop.*,
II, p. 192, n° 216.
3. Cf. Cl. Herschel. *The two books on the Water Supply...*, Boston
1899, p. 105.
4. Interprétation abusive de *De aq.* 1 : *per principes ciuitatis
nostrae uiros. Ciuitas,* ici, désigne l'État Romain, et non Rome.
5. D'après un manuscrit tardif qui cite un Julius Frontinus
Siculus, cf. Herschel, *ibid.*
6. Tac., *ibid.*

clusion que l'on tire, par de bons arguments, d'un texte du 4e livre des *Stratagèmes* dont l'auteur raconte comment il reçut personnellement la soumission des Lingons, qui avaient pris le parti de Civilis, et s'empara, sans coup férir, d'une armée de 70.000 hommes [1].

Ce témoignage serait utilisable tel quel si le 4e livre des *Stratagèmes* était authentique ; mais sans doute ne l'est-il pas [2]. Toutefois, il semble certain que son auteur, qui a cherché à se faire passer pour Frontin [3], était un contemporain au courant de la vie et de la carrière de celui-ci : l'anecdote qu'il raconte a toutes chances d'être authentique. Dans ces conditions, les conclusions tirées de ce texte restent valables : entre 70 et 72 ou 73 au plus tard, Frontin aurait exercé en Germanie Inférieure le commandement de la Légion *Secunda Adiutrix* sous l'autorité de Cerialis, qui commandait en chef contre Civilis [4]. Cette hypothèse suffit à expliquer l'existence d'une inscription de Germanie Inférieure qui mentionne le nom de Frontin [5] et rend inutile l'hypothèse, présentée parfois, selon laquelle Frontin aurait été Gouverneur de Germanie Inférieure en 73 [6] ou entre 78 et 82 [7].

La date exacte de son premier consulat n'est pas connue. Toutefois, l'année 73 semble la plus probable [8]. L'année suivante, Frontin était désigné pour prendre le gouvernement de la Bretagne, comme successeur de Cerialis [9]. Là, il montra la plus grande énergie pour continuer la pacification du pays et vainquit en particulier les Silures, population belliqueuse du Pays de Galles. Il laissa de cette conquête et de son administration une trace visible

---

1. *Strat.*, IV, 3, 14.
2. Cf. M. Mc Elwain, éd. des *Stratagèmes*, coll. Loeb, Londres, 1925, p. XIX et suivantes, qui résume la question.
3. *Strat.*, IV, préface.
4. J. B. W. Perkins, in *Cl. Quart.*, 1937, p. 102-105.
5. *C. I. L.*, XIII, 8624.
6. Ritterling, *Fasti des röm. Deutschl.*, 38 ; *Bonn. Jahrb.*, 133 (1928), p. 48 et suivantes.
7. R. Symes, in *J. R. S.*, 23 (1933), p. 97.
8. Nipperdey, *Opusc.*, p. 320. Cf. D. Atkinson, in *J. R. S.*, 12 (1922), p. 63.
9. Tac., *Agr.*, 17. Cf. D. Atkinson, *ibid.*

encore de nos jours, la *Via Julia*, qui passe par Caerwent, dans le Comté de Monmouth [1]. En 78, il eut pour successeur Agricola.

Après 78, sa carrière nous échappe momentanément. Entre 78 et 97 il fut, pendant quelque temps, proconsul d'Asie [2], probablement après 83. C'était l'un des gouvernements les plus importants et le sommet de la carrière sénatoriale.

Pendant les dernières années du règne de Domitien, il semble avoir évité les fonctions officielles, vivant dans sa villa de Terracine où il lisait et écrivait, selon la coutume alors à la mode [3]. Le début du règne de Nerva le voit revenir sur la scène politique. En 97, il est nommé *curator aquarum* [4] et dès l'année suivante, à la mort de Nerva (janvier 98), consul (suffect) pour la seconde fois, avec Trajan comme collègue [5]. Deux ans après, en 100, il est consul (ordinaire) pour la troisième fois, et encore une fois le collègue de Trajan [6]. Frontin siège au Sénat à la droite de l'Empereur.

Depuis quelques années il était augure et, lorsqu'il mourut, en 103 ou 104 [7], à près de 70 ans, c'est Pline le Jeune qui lui succéda dans cette charge [8].

Ainsi nous apparaissent les grandes étapes de cette vie, qui sont les différents degrés du *cursus honorum*. Frontin fut avant tout un personnage officiel, l'un de ceux qui gouvernaient l'Empire. Ses traités le montrent dans ses activités administratives. Une lettre de Pline [9] nous le dépeint en train de rendre à ses amis l'un de ces

1. Cl. Herschel, *Wat. Supp.*, p. 109 et suivantes.
2. Waddington, *Fastes de la province d'Asie*, p. 157, n° 103.
3. Mart., *Ep.*, X, 58 ; il avait une villa à Anxur, et sans doute une à Baïes. On connaît aussi un tuyau au nom de Frontin provenant des environs de la Via Porta S. Lorenzo à Rome (Lanciani, *Comm.*, p. 422 et 514) ce qui indique qu'il avait une propriété (ou un jardin ?) dans cette région.
4. *Infra*, p. IX.
5. *C. I. L.* III, p. 862 ; Mart., *Ep.* X, 48.
6. Pline, *Panég.*, 61, éd. Durry, p. 237. *C. I. L.*, VI, 2222 ; VIII, 7066 ; XIII, 7711.
7. Cf. Otto, in *Münch. Sitz.*, 1919, X, p. 94 à 101.
8. Pline, *Epist.*, IV, 8, 3.
9. Pline, *ibid.*, V, 1, 5.

officia qu'on leur devait, et jouant le rôle d'arbitre béné-
vole dans une aflaire d'héritage. Enfin, la poésie de
Martial que nous avons citée l'évoque dans les jardins
de sa villa. Homme public, homme du monde, homme
privé, Frontin est le type même du Romain de son temps,
dont il avait les goûts, les ambitions et les activités.

II. — LE TRAITÉ « *DES AQUEDUCS DE ROME* ».

Date   Le traité des aqueducs de
Rome [1] fut écrit, nous dit
Frontin, « au commencement de son administration » [2],
par conséquent en 97 après Jésus-Christ [3]. En fait,
cette affirmation n'est pas entièrement exacte, et l'examen de l'ouvrage montre qu'il fut bien commencé en 97,
mais terminé seulement sous le règne de Trajan [4]. *A
priori*, ce traité a donc été écrit entre 97 et 103. Mais
il est possible de resserrer ces limites. A peu près certainement, Frontin ne resta *curator aquarum* que jusqu'au moment de son deuxième consulat, au début de
98 [5]. Donc, on peut admettre que le livre fut publié vers
le mois de mars de cette année-là, au plus tard, et, en
tout cas, avant l'été [6].

Composition   De plus, la composition elle-
même témoigne d'un rema-
niement. Si l'on examine l'introduction (chapitre 3), on
constate que le plan annoncé n'est pas exactement suivi ;
des différentes parties effectivement traitées, deux ne
sont pas annoncées dans ce chapitre : celle qui donne
les résultats des mesures effectuées par Frontin pour
vérifier l'exactitude des chiffres portés sur les Regis-

1. Le titre, donné de façons différentes par les divers mss., était
probablement : *De aquae ductu Vrbis Romae* ; v. Krohn, éd.,
Leipzig 1922, p. VI, et *Berl. Philol. Woch.*, 1920, p. 1102-1103.
2. *De aq.*, 2, 3.
3. *Ibid.*, 102, 17.
4. *Ibid.*, 118, 3 : Nerva appelé *diuus* ; 92, allusion aux réformes
projetées par Trajan.
5. *Supra*, p. VIII, et le diplôme militaire cité n. 6.
6. V. note complémentaire 83.

tres impériaux (chapitres 64 à 76), et celle qui concerne les réformes projetées par Trajan (chapitres 87 à 93) [1]. Par conséquent, tout se passe comme si, à l'intérieur d'une première rédaction (ou d'un premier projet), Frontin avait introduit, *post experimenta et usum* [2], le fruit de son expérience et un exposé sommaire du programme de réformes élaboré par lui.

Ce remaniement explique, de plus, certaines autres incertitudes de la composition : la place des tableaux extraits des Registres (chapitres 77 et suivants), après la digression sur les débits réels, alors que le chapitre 2 la faisait attendre immédiatement après l'exposé théorique sur les systèmes de mesure, et surtout l'adjonction d'un développement sur les vices de l'administration antérieure et les réformes annoncées, que rien ne laissait prévoir.

Frontin avoue avoir commencé son traité pour sa propre instruction [3]. Mais, peu à peu, son projet a changé : il réfléchit sur les constatations qu'il fait, critique les renseignements qu'il trouve, et cela modifie la rédaction même de son ouvrage, si bien que celui-ci finit par apparaître comme une sorte de « journal » de sa gestion.

Les sources   Investi d'une mission officielle, Frontin disposait de tous les moyens d'information désirables. Sa principale source fut évidemment les archives des *aquarii* et les *Commentarii Principis*, les Registres Impériaux. Grâce au *De aquae ductu*, nous pouvons nous faire une idée assez précise de leur contenu.

Que Frontin ait dû parfois recourir à d'autres documents, à des historiens, comme Fenestella [4], à des traditions dont il ne précise pas l'origine (des annalistes ?) [5], nous révèle les insuffisances des archives officielles. Les

1. V. note complémentaire 2, et n. 1 au chap. 88.
2. Cf. *de aq.*, 2,3. V. aussi la note 1 au chap. 15.
3. *Ibid.*, chap. 2, 3, et infra, p. XIV.
4. Chap. 7, 4.
5. *Ibid.*, à propos de l'adduction de la *Marcia* au Capitole ; cf. note complémentaire 16.

lacunes devaient être naturellement sensibles surtout pour les adductions anciennes, exécutées sous la responsabilité personnelle de tel ou tel magistrat, sans plan d'ensemble ni législation bien définie [1]. Les rivalités qui surgissaient autour de ces travaux [2] contribuaient encore à brouiller les faits et l'on voit par les auteurs à quel point la légende tendait à s'en emparer et à les déformer [3]. Frontin a procédé à une recension générale des faits connus, en dehors même des documents officiels, en a comparé les diverses versions, les a classées, et a fait œuvre d'historien véritable [4].

Les documents d'archives ne commençaient à devenir précis, abondants et sûrs qu'avec la réforme d'Agrippa, à partir de 33 avant Jésus-Christ. Pour la *Virgo*, en particulier, l'adduction personnelle d'Agrippa, le jour de l'inauguration était mentionné dans les dossiers [5] en même temps que le récit des circonstances qui accompagnèrent la découverte des sources. L'esprit méthodique d'Agrippa s'était exercé à mettre de l'ordre dans cette branche particulière de l'administration urbaine et c'est à lui, sans aucun doute, qu'il faut faire remonter l'organisation des premiers bureaux, qui furent développés dans la suite [6]. Il est probable, en particulier, que fut établi à ce moment-là un plan général des adductions, modèles des schémas dressés plus tard par Frontin [7] et base de toute l'administration du réseau.

Sur ce plan, tel que nous le devinons à travers le texte

1. *De aquae ductu*, 99.
2. Chap. 5, chap. 7, etc....
3. Pline, N. H., XXXI, 42 et la légende de la *Virgo* (v. note 31) ; Suét. *Claude*, 20, confond les sources de la *Claudia*, etc. On sait enfin que la Marcia était communément attribuée à Ancus Martius (Pline, *ib.*, XXXI, 41).
4. Chap. 7, un exemple de critique des sources ; v. note compl. 16.
5. Chap. 10 : *inuenitur* (on pourrait, à la rigueur, penser à une inscription ; mais le récit des circonstances suppose un compte-rendu officiel détaillé).
6. En deux étapes : en 11 avant J.-C., à la mort d'Agrippa et par Claude, après 47 après J.-C., avec l'institution du procurateur (*infra*, p. XV).
7. Chap. 17, 3. Cf. la *Forma Orbis* d'Agrippa ; M. Reinhold in *Class. Weekly*, XVIII (1935), p. 92-93.

de Frontin, qui s'y réfère de façon implicite à plusieurs reprises, les aqueducs étaient situés par rapport aux routes. Dans la première partie de son exposé, en effet, l'historique des aqueducs, Frontin donne sans cesse comme repères les miliaires des grandes routes [1]. Il trouvait là, comme ses prédécesseurs, un système de référence commode, en l'absence de tout relevé topographique général de la campagne romaine. De plus, à l'origine, les mêmes magistrats (censeurs ou édiles) étaient chargés à la fois des routes et des aqueducs. Enfin, les routes étaient les voies d'accès aux conduits, dont l'entretien dépendait des possibilités de charroi. Pour toutes ces raisons, le parcours des aqueducs était divisé en différentes zones, chacune définie par la grande route qui la traversait. Par exemple, les adductions venant de la haute vallée de l'Anio appartenaient successivement aux zones suivantes : *Via Valeria* ou *Sublacensis* ; *Via Praenestina*, dans la région de Gallicano et de Colonna, *Via Latina* à partir des Capanelle, et enfin *Via Labicana-Praenestina* près de la porte Majeure [2]. Et les références sont successivement données par Frontin par rapport à chacune de ces routes [3]. On devine qu'il a sous les yeux un plan, complété après les travaux de Néron et de Claude, et fondé sur les relevés d'Agrippa.

Une fois identifiée cette source *graphique* de Frontin, on s'explique mieux certaines expressions dont il se sert ; par exemple, la référence constante au *septimum miliarium*, parfois sans indiquer l'axe sur lequel sont comptés les sept milles [4]. On a parfois compris cette distance comme portée sur l'aqueduc lui-même ; mais cela est inadmissible. Si, pour la *Claudia* et l'*Anio Novus*, le *castellum* terminal [5] peut, à la rigueur, être pris comme point de départ (mais alors pourquoi les chiffres donnés

1. Chap. 5, 7, 8, 9, 10, 11, 14, 15. Pour l'*Anio Vetus*, v. note compl. 14.
2. V. la carte à la fin du volume.
3. Sauf par rapport à la *Via Praenestina* ; son exposé ne se trouve pas mentionner cette région du cours moyen.
4. Par exemple, chap. 9, 14, 124, etc.... Mais v. chap. 19.
5. *Infra*, note compl. 49 : castellum situé dans la Vigna Belardi. Lanciani, *Forma*, pl. 31, 32.

par Frontin atteignent-ils un total de 7.100 pas et non
de 7.000, comme on s'y attendrait [1] ?), cela est tout
à fait impossible pour la *Julia*, là *Marcia* et la *Tepula*
qui se terminent à la Porte Viminale. De plus, on sait que
les distances le long des aqueducs n'étaient pas marquées
par des miliaires, mais par des cippes, depuis les sénatus-
consulte de 11 avant Jésus-Christ [2]. Le « septième miliaire » dont parle Frontin est celui de la Voie Latine,
point fixe, repère commode pour désigner l'endroit où les
grandes adductions se rencontrent et commencent la
dernière portion de leur trajet.

Pour chaque aqueduc, Frontin a recours aux dossiers
contemporains de l'adduction : ses repères topographiques
se réfèrent, non à l'état contemporain de l'auteur, mais
à l'état au moment de l'adduction. Le point le plus important du réseau urbain, celui où les grands aqueducs
pénétraient dans la Ville, est la « Vieille Espérance » :
c'est un nom déjà désuet au début de l'Empire, et il n'est
guère attesté que par Frontin [3]. Sa survivance dans les
archives s'explique par la difficulté à trouver des points
de repères dans ces quartiers lointains. Avec l'époque
impériale, les repères deviennent plus nombreux : ce
sont les jardins. Pour la région V (Esquilin), nous trouvons
mentionnés, par ordre chronologique de formation : les
Horti Tauriani [4], les *Horti Torquatiani*, les *Horti Pallantiani*, les *Horti Epaphroditani* [5]. Or, tous ces noms
rappellent un état des propriétés bien antérieur au
moment où écrit Frontin. Les deux derniers domaines
avaient cessé d'exister au plus tard sous Domitien, les
autres depuis Claude. Or, si nous nous reportons au texte,
nous constatons que les *Horti Torquatiani*, *Pallantiani*
et *Epaphroditani* sont mentionnés à propos d'adductions
contemporaines de Claude, c'est-à-dire datant d'une époque où ils étaient déjà formés et où ils existaient encore. Il

1. *Infra*, notes compl. 39 et 49.
2. *Infra*, chapitre 125 et note compl. 148.
3. Voir Platner-Ashby, *Top. Dict.*, s. v. Il est mentionné la
première fois en rapport avec l'*Appia*, la plus ancienne des adductions.
4. Lecture de J. Carcopino, v. note compl. 10.
5. Chapitre 19, 20, 69, v. nos *Jardins romains*. p. 158 et suiv.

en résulte que la lecture *Horti Tauriani* a toutes chances d'être correcte, puisque ce domaine est mentionné à propos d'une adduction augustéenne, à un moment, par conséquent, où les Statilii Tauri en étaient encore propriétaires [1].

Hors de la Région V, les mêmes conclusions ressortent du texte : Frontin cite, pour chaque aqueduc, des sources contemporaines de sa construction. La *Virgo*, par exemple, est située par rapport aux *Horti Lucullani* ; or, il y avait longtemps, en 97, que ces jardins avaient changé de nom, en devenant la propriété d'abord de Valerius Asiaticus, puis du fisc [2]. Mais ils étaient encore *Horti Lucullani* au moment des travaux d'Agrippa.

On voit avec quelle fidélité Frontin suit les archives de son administration, qu'il reproduit textuellement sur certains points, et l'on mesure par conséquent le degré de créance à lui accorder. Ses documents sont vraiment de première main.

Une dernière partie, enfin, des renseignements contenus dans ce traité provient des constatations personnelles de son auteur et de son expérience de curateur. Nous avons vu ces *Commentarii* s'enrichir sous nos yeux à mesure que Frontin quittait les archives pour se faire lui-même praticien. Préparé par ses études antérieures, en particulier son traité de « géométrie cadastrale » [3], à assimiler rapidement la technique de sa charge, Frontin a pu nous donner un traité de la plus grande valeur.

Dans l'utilisation de toutes ses sources : historiques, littéraires, administratives, techniques, Frontin ne s'est pas borné à compiler le maximum de renseignements. Il a utilisé tous les témoignages et les données qu'il rassemblait pour des fins très déterminées. Il n'a pas le souci de tout dire. Certains points, même d'importance, restent dans l'ombre [4]. A aucun titre, ce traité n'est une encyclopédie de l'hydraulique à Rome.

---

1. Ce raisonnement exclut la lecture : *Hortorum* $<$*Epaphrodita-*$>$ *norum* proposée par Lanciani, *Comm.*, p. 249.

2. V. nos *Jardins romains*, p. 132 et suivantes.

3. Cf. Schanz-Hosius, *Rom. Litt. Gesch.*, II, p. 796.

4. Emplacement des *castella*, détail des procédés de jaugeage (v. note compl. 69), fabrication des tuyaux, etc,

Les intentions   L'intention avouée de Frontin est de faire une enquête préliminaire sur sa charge, afin, dit-il, « de connaître ce qu'il entreprend » [1]. Mais pour cela, il n'avait pas besoin de rédiger tout un traité, et surtout de le publier. Ce prétexte, s'il a pu être une raison sincère à un moment, ressemble beaucoup à une excuse imposée par la nécessité où est un auteur de se montrer officiellement modeste. Dans la même phrase perce un autre motif, autrement sérieux : Frontin ne veut pas être à la remorque de ses subordonnés [2]. Si l'on rapproche de cet aveu divers autres passages où il déplore l'incurie de ses prédécesseurs, il apparaît que Frontin veut réformer l'administration des eaux. Pour cela, il est conduit à faire un exposé d'ensemble de la situation, un véritable rapport. Pour lui-même, sans doute, pour fixer sa doctrine et ses principes [3], mais aussi pour l'empereur. Ce n'est pas sans motif que Nerva l'avait appelé, lui, l'ancien gouverneur de la province d'Asie, l'un des « hommes les plus en vue » de Rome [4], à cette charge de *curator aquarum* ; et il lui avait donné des instructions précises [5]. Il s'agissait de remonter le courant établi depuis Claude avec l'institution du *procurator* [6], et d'enlever aux affranchis impériaux cette partie de l'administration urbaine. Derrière cette nomination transparaît la politique générale de Nerva et celle de Trajan : rendre à l'ordre sénatorial une partie de ses prérogatives.

Le *De aquae ductu* est donc, d'abord, un écrit politique. Il expose au grand jour le problème des eaux qui, jusqu'alors, n'était traité que par les bureaux impériaux. Il invite le public à se faire une opinion et, implicitement, à comparer le laisser-aller des règnes précédents à la sollicitude dont témoigne le nouveau régime pour le bien-être et la sécurité des Romains. A ce titre, c'est un manifeste

----

1. *De aq.*, 1.
2. *Ibid.*, 2.
3. *Ad meam institutionem regulamque proficiet. Ibid.*, 2, 3.
4. Pline, *Epist.*, V, 1, 5.
5. Chap. 87, 2 : *providentia diligentissimi principis...*, etc.
6. Chap. 105,2, et note compl. 124.

officieux et, comme tel, il appartient à cette littérature
de « propagande » dont, quelques années plus tard, le
Panégyrique de Trajan nous donnera un autre exemple.
Cela explique le ton solennel de l'introduction, les menaces
à peine voilées de la conclusion : Frontin n'est que le
porte-paroles du Prince.

Une fois le traité achevé et le programme de réformes
mis sur pied (réformes à tous les échelons, depuis le service des *aquarii* jusqu'aux projets d'adductions nouvelles),
Frontin n'avait plus besoin de demeurer *curator aquarum*.
Sa tâche était finie. D'autres pouvaient se charger de
l'exécution. Aussi fut-il récompensé par un second consulat.

III. — ÉTABLISSEMENT DU TEXTE.

Le *De aquae ductu*, à la fois par les renseignements
techniques qu'il contient et par ses intentions, est donc
pour nous un document de premier ordre. Malheureuse-
ment, son texte ne nous est parvenu que suivant une
tradition assez incertaine.

Son établissement repose, depuis Bücheler [1], sur une
hypothèse implicitement ou explicitement admise par
les éditeurs postérieurs : tous les manuscrits en notre
possession dérivent directement du *Codex Cassinensis*, un
manuscrit du XIIe siècle, écrit probablement de la main
même de Pierre le Diacre, et conservé à l'Abbaye du Mont
Cassin [2]. Nous savons en effet que le Pogge fit exécuter,
au XVe siècle, une série de copies du *De Aquae ductu*
d'après ce manuscrit, et Bücheler admet que les huit
autres manuscrits qu'il cite (les seuls qu'il connaisse, et
certains de façon indirecte) remontent tous à l'une ou à
l'autre de ces copies [3]. Par conséquent, le travail de l'édi-

1. Éd. Leipzig, 1858 ; il reprend l'idée de Rondelet (éd. de 1820),
introd. p. V.
2. Sur ce mss., v. Petschenig, in *Wien. Stud.*, VI (1884) p. 251.
Cl. Herschel, *Frontinus and the Water-Supply* et M. Inguanez,
in *Atti del II Congresso di Studi Romani*, 1931, II, p. 64-66.
3. Bücheler, éd. citée, introd., p. V. Cf. Cl. Herschel, *ibid.*,
p. XVIII.

teur ne doit s'appuyer valablement que sur le *Cassinensis*, et l'on peut négliger tous les autres.

Les deux éditions modernes de Herschel et de Krohn [1] se bornent donc à mettre sous les yeux du lecteur une image aussi exacte que possible du *Cassinensis*, avec les corrections et les restitutions imaginées par les commentateurs.

Mais cette théorie, qui a l'avantage de permettre l'économie de collations minutieuses, n'est pas entièrement satisfaisante.

Valeur
du Cassinensis　　　D'une part, la valeur de *C* n'est peut-être pas si grande qu'on l'admet le plus souvent : on a pensé longtemps que ce manuscrit dérivait directement d'un modèle en onciales [2]. Mais cette idée a dû être abandonnée [3] ; et il semble bien probable que l'original de *C* était écrit en minuscules [4]. Le *Cassinensis* représente donc un état relativement récent de la tradition, et celle-ci est beaucoup plus complexe et plus longue qu'on ne l'imagine. Il contient en particulier un certain nombre de lacunes, allant de quelques lettres à quelques mots [5]. Le plus souvent elles sont indiquées par le copiste, qui a laissé un blanc d'étendue variable, mais

---

1. *Infra*, p. XXI-XXII.
2. Petschenig, in *Wien. Stud.*, *ibid.*
3. Cf. Herschel, *ibid.*, p. XIX, v. Gundermann, in *Philol. Woch.*, XXIII (1903), p. 1450-1455.
4. Entre autres, chap. 10 : *circumleoto*, pour *circumiecto* ; 18 : τ au lieu de *i* (*arcuationibus ueteris* au lieu de *arcuationibusue in is* : correction certaine de Krohn) ; 27, une abréviation mal comprise : *septus* au lieu de *saepius*. Ces fautes peuvent à la rigueur s'expliquer dans une copie faite sur un mss. en onciales, mais il y a plus. Dans l'original de *C* les mots n'étaient évidemment pas séparés (par ex. 77 : *comprensio nescio* au lieu de *comprensione* <*m*> *scio*) et les ligatures et abréviations paraissent avoir été abondantes ; (par ex., 24 : haplographie *ipppulacitahuc* pour *in Apuliae ciuitatibus adhuc*, s'explique sans doute par une série d'abréviations ; cf. 7, une faute analogue : *rei... tertiamilliobriorem*, pour : *re* <*stituit et*> *tertiam illi* <*s*> *uberiorem* etc...). Cf. aussi Krohn, *éd. cit.*, p. III-IV, qui signale la fréquence des confusions : n et u, a et q, f et s ; aussi, a et o.
5. V. surtout les chap. 2 à 9.

répondant, en général, à l'étendue réelle des mots man-
quants [1]. Il est donc sûr que le copiste de *C* a travaillé
avec le plus grand soin ; lorsque son modèle était en
défaut, il s'est efforcé de mettre le lecteur à même de
juger. Mais l'original était loin d'être parfait.

Les autres manuscrits Quelle que soit la valeur de
C, si l'original dont il dérive
immédiatement est assez proche de lui dans le temps,
rien n'empêche de supposer qu'un certain nombre des
manuscrits que nous possédons dépendent, non de *C*,
mais de son modèle. Cette supposition, en apparence
gratuite, est rendue possible par un passage d'une lettre
du Pogge lui-même, où il est question d'un manuscrit de
Hersfeld, indépendant du *Cassinensis* [2], et l'on a même
émis l'opinion — sans la justifier — que certaines leçons
d'un manuscrit du Vatican pouvaient remonter à cet
Hersfeldensis [3].

Ainsi, le système de Bücheler se trouve mis en question.
Une collation générale des manuscrits connus du *De
Aquae ductu* devient nécessaire.

Bücheler cite huit *recentiores* ; il n'en a évidemment
collationné que deux : l'*Urbinas* (*Vaticanus* 1345) et le
Vaticanus 1498, déjà utilisés par les anciens éditeurs,
notamment par Poleni. Le *Middlehillensis* 1706 (devenu
par achat, en 1908, le *Parisinus* n. a. l. 626) est un manuscrit du xve siècle contenant en outre les *Stratagèmes* et
d'autres ouvrages [4]. Nous avons entièrement collationné
ces trois manuscrits.

L'*Escorialensis* III. S. 27 date du xvie siècle [5] : nous
n'avons pu le collationner. Le *Parisinus* 6.127 A, daté de
1664, est identifié, par une note de Gundermann, avec le

1. Par ex. chap. 6 : *ex* <*sena*>*tus* <*cons*>*ulto*, restitution
certaine, où les lacunes indiquées sont deux fois de quatre lettres
(espaces mesurés sur la même ligne, etc...).

2. R. Sabbadini ; *Di Alcuni codici latini* ; in *Stud. Ital.*, VII,
(1899), p. 129.

3. W. Aly, in *Rhein. Mus.* LXVIII (1913), p. 637.

4. Haenel, *Catalogi*, p. 895. Ce mss. divise le *De Aquae* en
3 livres, et non en deux, comme le *Cassinensis* (chap. 1 à 63,
64 à 86, 87 à 130).

5. Haenel, *ibid.*, p. 950.

manuscrit des Théatins de Naples auquel Bücheler accorde une existence séparée. Ce manuscrit est une véritable édition faite sur les textes imprimés antérieurement et, semble-t-il, en utilisant l'*Urbinas*. Nous n'en donnons que quelques leçons dans notre apparat critique.

Nous n'avons retrouvé aucune trace du manuscrit Barberini cité par Bücheler, pas plus que de l'édition « avec des notes provenant d'un vieux manuscrit de la bibliothèque de Torquato Bembo »[1]. En revanche, nous devons à l'amitié de M. P. Ourliac d'avoir connu le *Codex Estensis* α. T. 6. 14, datant du xve siècle, dont Bücheler ne fait pas mention.

Tels sont les *recentiores*. Quelle valeur faut-il leur attribuer, et comment les utiliser ?

Leur texte à tous est très proche de celui de *C* et les mêmes lacunes s'y retrouvent. Mais l'examen montre bien vite que l'*Urbinas* forme groupe avec le *Cassinensis* : c'est sans aucun doute une copie, et fidèle, mais non directe, du manuscrit découvert par le Pogge. Çà et là quelques corrections ont été introduites[2]. La même impression se dégage pour l'*Estensis*, qui est probablement aussi une copie dérivée de *C*, mais moins soignée que l'*Urbinas*[3]. Le *Vaticanus* et le *Middlehillensis* forment un groupe qui se différencie nettement du précédent. Leurs lectures sont parfois aberrantes[4], mais il est difficile de les considérer systématiquement comme des corruptions ou des corrections du *Cassinensis*[5]. Ils appar-

1. Bücheler, *loc. cit.*
2. Par ex. 6, 3 : *creati sunt*, au lieu de *ati sunt* ; 7, 1 : *Ser*, au lieu de *S.* ; 7,5 : *milium*, au lieu de *milia*, etc....
3. L'*Estensis* a certaines leçons communes avec le groupe *VM* : par ex. : 17,2 ; 18, 3,6 ; etc... bien que le plus souvent il se rapproche de *CU*. Diverses raisons matérielles nous ont empêché de mener à bien une collation *complète* de *E*, aussi *n'avons-nous pas mentionné ses leçons dans l'apparut critique*, nous réservant de justifier plus tard les affirmations apportées ici. Dès maintenant, nous pouvons assurer que ce manuscrit ne saurait en aucune façon améliorer le texte de Frontin.
4. Voir apparat, *passim*.
5. Par ex. : 17, 3, des mots sautés, avec espace laissé en blanc, alors que *C* est lisible ; 23, 1, *CU* lisent : *quoniam* ; *VM*, *inde*, etc. Il manque sans doute une preuve cruciale, une lacune du groupe

tiennent vraiment à une autre tradition. Sans doute remontent-ils à un stade peu antérieur à l'état représenté par le *Cassinensis*, et leurs leçons sont-elles souvent à rejeter, mais, lorsque le *Cassinensis* est défaillant, elles peuvent contribuer à combler la lacune ou à dépister la faute [1]. Leur absurdité même, si évidente en maints endroits, nous est une garantie d'authenticité [2].

Si l'on accepte de considérer le groupe *Vaticanus-Middlehillensis* comme représentant la tradition du *Hersfeldensis*, on parvient au stemma suivant :

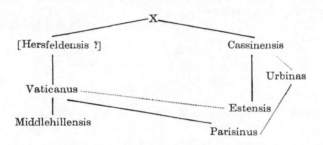

Pratiquement, l'établissement du texte reste fondé sur le *Cassinensis*, mais on ne peut se permettre d'ignorer systématiquement les leçons des *recentiores*.

Dans les parties mathématiques, la critique interne suffit souvent à retrouver le texte primitif. Ce travail est l'un des premiers qui aient été faits sur le *De aquae ductu* et les résultats obtenus par les premiers éditeurs à cet égard restent acquis. Pour les passages topographiques, nous avons dû recourir à des conjectures appuyées sur les données archéologiques, méthode dangereuse mais qui nous a paru la seule possible en l'espèce.

Nous avons éliminé la division en deux livres, telle

CU qui ne se retrouverait pas dans *VM*, mais les leçons de *V* et *M ne peuvent être* dérivées toutes de *C*.

1. V. 7, 7 ; surtout 8, 2 (v. note 21).

2. Par ex. 14, 2, une faute de *V* représente un état du texte antérieur à *C* : *adiectiones ui V -nes sex CU*, au lieu de : *adiectione sui*, correction certaine.

qu'elle apparaît dans le *Cassinensis*, suivant en cela l'opinion de Krohn et celle de Kappelmacher [1].

IV. — ÉDITIONS ANTÉRIEURES.

L'édition princeps est celle de Pomponius Laetus et Sulpitius Veranus, à la suite de leur Vitruve, in folio, sans lieu ni date. Elle parut probablement à Rome entre 1484 et 1492. Les éditeurs se bornaient à reproduire le texte du *Vaticanus*.

Puis vint une série d'éditions italiennes, parmi lesquelles celle qui parut à Florence, en 1496, où le traité de Frontin est joint à un opuscule d'Ange Politien, *Panepistemon*. En 1513, Joconde donne, à Florence, une édition in-8º qui est le premier travail érudit auquel le texte ait donné lieu. L'édition de Strasbourg, parue en 1543, se borne à reproduire celle de Joconde. Après les éditions annotées de Scriverius (Anvers, 1607) et de Robert Keuchen (Amsterdam, 1611), il faut attendre l'édition de Poleni, parue à Padoue, en 1722, pour trouver un texte nouveau. Au lieu de s'appuyer uniquement sur le *Vaticanus* en y introduisant des corrections, Poleni a recours au *Cassinensis* et à l'*Urbinas*. Il s'est appliqué surtout à rendre cohérentes les indications numériques de l'auteur, qu'il résume dans des tableaux. Enfin, il reprend les résultats acquis par ses prédécesseurs [2].

Après Poleni, malgré les éditions du XVIIIe siècle (bipontine, en 1788, de Adler, en 1792) et celle de Dederich (Wesel, 1841), seul Bücheler apporta de nouveaux progrès (Leipzig, Teubner, 1858). Bücheler utilise une copie directe du *Cassinensis* [3].

Quelques années plus tard, en 1899, l'Ingénieur amé-

1. Krohn, *éd. cit.*, p. VI, Kappelmacher, in *R. E.* X, p. 591—606, art. *Julius Frontinus*. Une division en trois livres, v., *supra*, p. XVIII, n. 4.
2. Son édition donne en effet en appendice les commentaires suivants : *Notae Ionanis Opsopoei* ; *Notae Petri Scriuerii* ; variantes inscrites par Scaligér sur une édition de Vitruve et de Frontin de la Bibliothèque de l'Université de Leyde ; notes de Keuchen.
3. Sur sa thèse, *supra*, p. XVI et suiv.

ricain Clemens Herschel donnait une édition fondée sur celle de Bücheler à laquelle il joignait un fac-similé du *Cassinensis* [1]. L'édition Mc Elwain-E. Bennett (collection Loeb, Londres, 1925) dérive directement de l'édition de Herschel. En 1922, cependant, avait paru, à Leipzig (Teubner) l'édition de Fr. Krohn, qui pousse à l'extrême le principe de Bücheler et dont l'apparat critique se borne à signaler les leçons de *C* et les corrections des éditeurs.

Parmi les commentaires, on peut citer celui de Poleni dans son édition, celui de J. Rondelet, *Commentaires de S. J. Frontin sur les Aqueducs de Rome*, traduits avec le texte en regard..., 2 volumes, Paris 1820, celui de Cl. Herschel, dans son édition, et celui de Lanciani [2].

Les traductions utilisables sont en assez petit nombre : en français, celle de J. Rondelet [3], celle de Ch. Bailly (Panckoucke, Paris, 1848) ;

en allemand : celle de Dederich, avec son édition ;

en anglais : celle de Herschel, réimprimée par Bennett dans l'édition de la collection Loeb.

Nous avons réuni, dans des notes placées à la fin de ce volume, les principaux renseignements qui éclairent le texte, nous efforçant surtout de résoudre les difficultés posées par les passages techniques. Un index systématique permet de regrouper rapidement les indications éparses sur un même sujet [4].

Nous tenons à remercier M. Yves Béquignon, qui, avec un dévouement inlassable, a bien voulu nous aider à corriger les épreuves de ce volume, et nous a évité bien des erreurs.

---

1. Ouvrage intitulé : *Frontinus and the Water-Supply of ancient Rome*, Boston, 1899.
2. Supra, p. V, note 4.
3. Reproduite dans l'édition Nisard, Paris, 1877.
4. L'orthographe adoptée est, en principe, celle du *Cassineusis*, jusque dans ses particularités ; nous écrivons, par exemple, 15,5 : *mistus* (= *mixtus*) ; 25,5 : *sexs* (= *sex*) ; 26,2 : *substantie* (= *substantia*).

CONSPECTVS SIGLORVM

C   = Cassinensis liber 361 saec. xi.

U   = Urbinas, siue Vaticanus liber 1345 saec. xvi.

M   = Middlehillensis 3706, siue Parisinus liber n. a. l. 626 anno 1475.

V   = Vaticanus liber 4498 saec. xv.

      Obiter citantur E (estensis liber, saec. xvi) et P (parisinus liber 6127 A, a. 1664 scriptus).

ω   = consensum codicum indicat praeter unius qui citatur.

codd. = consensum omnium codicum significat.

LES AQUEDUCS
DE LA VILLE DE ROME *

I. Toute fonction déléguée par l'Empereur exigeant un soin particulièrement attentif et mon naturel scrupuleux ou, si l'on veut, ma consciencieuse honnêteté m'incitant non seulement à remplir avec zèle la fonction qui m'est confiée, mais encore à l'aimer, maintenant que Nerva Auguste [1], cet empereur en qui je ne sais s'il y a plus de zèle ou plus d'amour pour l'État, m'a chargé de l'administration des eaux, qui intéresse autant que l'utilité, l'hygiène et même la sécurité de la Ville [2], et a toujours été gérée par les premiers citoyens de l'État [3], j'estime que mon premier et mon principal devoir est, comme cela a été ma règle dans mes autres activités, de connaître ce que j'entreprends [4].

II. Et il n'est point, que je sache, de base plus sûre pour aucune administration, ni aucun autre moyen de discerner ce qui est à faire de ce qui est à éviter ; d'ailleurs, je ne sais rien de si peu convenable pour un homme d'un certain rang que de gérer la charge qui lui a été confiée d'après les instructions de ses subordonnés [1], chose inévitable chaque fois que l'inexpérience des chefs a recours aux services de gens qui ont, sans doute, un rôle indispensable dans l'exécution, mais sont comme le bras et les instruments du responsable. Aussi, avec les remarques que j'ai pu rassembler sur l'ensemble de cette question, et selon un usage que j'ai déjà suivi dans bien des fonctions [2], ai-je composé un exposé ordonné et

* Les appels de notes simples se rapportent aux notes placées au bas des pages ; ceux entre parenthèses, aux notes complémentaires placées après le texte du traité de Frontin.

I. 1. L'Empereur Nerva. Cf. Intr., p. VIII. — 2. Allusion aux fréquents incendies. Cf. Chap. 18 et 117. — 3. Les *curatores aquarum* : chap. 102 et note compl., 119. — 4. Sur la carrière antérieure de Frontin, Intr., p. VI et suiv.

II. 1. Allusion à la décadence des *curatores* et aux empiètements des affranchis impérial. V. Intr., p. XV. — 2. Pour les traités antérieurs de Frontin, v. Intr., p. XIV.

IVLII FRONTINI
DE AQVAEDVCTV VRBIS ROMAE

I. 1 Cum omnis res ab imperatore delegata inten-
tiorem exigat curam et me seu naturalis sollicitudo
seu fides sedula non ad diligentiam modo, uerum ad
amorem quoque commissae rei instigent, sitque nunc
mihi ab Nerua Augusto, nescio diligentiore an aman-
tiore rei publicae imperatore, aquarum iniunctum'
officium cum ad usum tum ad salubritatem atque
etiam securitatem urbis pertinens, administratum
per principes semper ciuitatis nostrae uiros, primum
ac potissimum existimo, sicut in ceteris negotiis
institueram, nosse quod suscepi.

II. 1 Neque enim ullum omnis actus certius fundamentum crediderim, aut aliter quae facienda quaeque uitanda sint posse decerni, aliutue tam indecorum tolerabili uiro quam delegatum officium ex
adiutorum agere praeceptis, quod fieri necesse est
quotiens imperitia praepositi ad illorum decurrit
usum, quorum, etsi necessariae partes sunt ad minis-
terium, tamen ut manus quaedam et instrumentum
agentis *sunt*. 2 Quapropter ea quae ad uniuersam
rem pertinentia contrahere potui, more iam per multa
mihi officia seruato, in ordinem et uelut in [hunc]

INSCRIPTIO : Incipit prologus Iulii Frontini in libro de aquae
ductu Urbis Romae *C*.

I. 1 cum *Krohn* : tum ω om. *C* ‖ ciuitatis ω : celuitatis *C*.
II. 1 fundamentum ω : fundatus *C* ‖ quod ω : quo *C* ‖ praepositi ad illorum decurrit *Schultz* : precosit ei adi .. orua decurrit
C U praecessit ei a diuo Nerua decurrit *V M* ‖ sunt *ego* : om.
codd. *dum lac. u litt. indic. C U* ‖ 2 hunc *C, secl. Krohn* hoc ω.

une sorte de recueil général, condensé dans ce traité, pour m'y reporter comme au formulaire de mon administration ([1]).

Dans les autres livres, que j'ai composés après l'expérience et la pratique, ce sont les affaires de mes successeurs que je traitais : ce traité-ci rendra peut-être service également à mon successeur, mais, comme il a été écrit dans les débuts de ma gestion [3], c'est d'abord à ma formation et à l'établissement de mes principes qu'il servira.

III. Pour ne pas sembler avoir rien négligé qui permette de connaître l'ensemble de cette question, je donnerai d'abord le nom des aqueducs qui amènent l'eau dans la Ville de Rome, puis j'indiquerai pour chacun par qui, sous quel consulat, en quelle année de la Fondation de Rome il a été achevé, ensuite de quel endroit il vient, de quel miliaire, quelle est la longueur de son conduit, tant en canal souterrain que sur murs de soutènement et sur arches [1] ; ensuite je donnerai la hauteur de chacun d'eux [2], le système des calibres et les débits fournis par ceux-ci [3] ([2]), les quantités distribuées par chaque aqueduc pour sa part hors de la Ville et, dans la ville, à chaque région, le nombre des châteaux d'eau publics et les quantités que ceux-ci distribuent aux services publics, aux fontaines monumentales (c'est ainsi qu'on appelle les bassins décorés ([3])) et aux bassins, les fournitures faites au titre de la maison impériale et celles qui sont faites pour le service des particuliers par concession de l'Empereur [4] ; j'exposerai la législation de l'adduction et de l'entretien des aqueducs et les sanctions prévues par les lois, les sénatus-consultes et les ordonnances des empereurs [5].

II. 3. Cela n'est pas tout à fait exact, la rédaction de l'ouvrage de Frontin ayant duré plus d'une année, sous Nerva et sous Trajan ; pour les différents moments de la composition du traité, v. Intr., p. IX. Sur les raisons qui ont amené Frontin à publier ce traité, et ses intentions, v. Intr., p. XV.

III. 1. V. les chap. 4 à 15. — 2. Chap. 17 à 22. — 3. Chap. 23 à 63. — 4. Chap. 77 à 86. — 5. Chap. 94 à 130. Sur le sommaire donné ici et qui omet d'annoncer deux groupes de chapitres (64-76 ; 87-93), v. Intr., p. IX et note 2 à la fin du vol.

corpus deducta in hunc commentarium contuli, quem
pro formula administrationis respicere possem. **3** In
aliis autem libris, quos post experimenta et usum com-
posui, succedentium res acta est ; huius commentarii
pertinebit fortassis et ad successorem utilitas, sed,
cum inter initia administrationis meae scriptus sit,
in primis ad meam institutionem regulamque proficiet.

III. **1** Ac, ne quid ad totius rei pertinens notitiam
praetermisisse uidear, nomina primum aquarum quae
in urbem Romam influunt ponam, tum per quos
quaeque earum etquibus consulibus, quoto post urbem
conditam anno perducta sit, dein quibus ex locis et
a quoto *miliario concipiatur, quot passus ductus cuiusque efficiat*, quantum subterraneo riuo, quantum
substructione, quantum opere arcuato ; **2** post, altitudinem cuiusque modulorumque *rationes, quaeque*
erogationes ab illis factae sint, quantum extra urbem,
quantum *intra* urbem unicuique regioni pro suo modo
unaquaeque aquarum seruiat ; quot castella publica
[privataque] sint, et ex is quantum publicis operibus,
quantum muneribus —ita enim *lacus* cultiores adpellantur — quantum lacibus, quantum nomine Caesaris, quantum priuatorum usi*bus* beneficio principis
detur, quod ius *ducendarum* tuendarumque sit earum,
quae id sanciant poenae lege, senatus consulto et
mandatis principum inrogatae.

ʳespicere possem *om. C rest. C²* ‖ 3 pertinebit fortassis *edd.* :
fortassis pertinebit *C cum transpon. signis, sine signis U* fortasse
pertinebit *V M.*
    III. 1 sit *edd.* : sint *codd.* ‖ et a quoto miliario concipiatur, quot
passus ductus cuiusque efficiat *ego e Bücheler coniect.* : et a quoto
cepisse at [cepissent *U] C U* et anno quo cepissent *V M* ‖ substructione ω : -nem *C* ‖ 2 rationes quaeque *ego* : rationemque *V* rationem *U M om. C* ‖ ab illis *V M* : habiles *C U* ‖ factae sint *om.
V M* ‖ intra *om. C* ‖ urbem *C* : *om.* ω ‖ priuataque *del. Schultz* ‖ lacus
add. Lanciani (u. ad pag. 65) ‖ usibus *Heinrich* : usi *C* usui *cet.* ‖
ducendarum *add. Schultz* ‖ poenae lege *Bücheler* : pena elige *C*
poena e lege *cet.*

IV. Pendant 441 années après la Fondation de Rome ([4])' les Romains se contentèrent de l'eau qu'ils puisaient au Tibre, aux puits ou aux sources [1]. Le souvenir des sources est encore conservé avec vénération, et on leur rend un culte ; on croit qu'elles donnent la santé aux malades, comme la Source des Camènes, la Source d'Apollon et celle de Juturne ([5]). Aujourd'hui, viennent se déverser dans la Ville les eaux de l'*Appia*, de l'*Anio Vetus*, de la *Marcia*, de la *Tepula*, de la *Julia*, de la *Virgo*, de l'*Alsietina* (qu'on appelle aussi *Augusta*), de la *Claudia*, de l'*Anio Novus* ([6]).

V. Sous le consulat de M. Valerius Maximus et de P. Decius Mus [1], trente ans après le début de la Guerre Samnite, l'*Aqua Appia* fut amenée dans la Ville par le censeur Appius Claudius Crassus, surnommé plus tard Caecus (l'Aveugle), le même qui fit établir la Voie Appienne de la Porte Capène [2] à la ville de Capoue. Il eut comme collègue C. Plautius qui, pour avoir recherché les nappes destinées à cet aqueduc, reçut le nom de Venox [3]. Mais comme celui-ci se démit de sa censure au bout de dix-huit mois, son collègue l'ayant trompé en lui laissant croire qu'il allait en faire autant, l'honneur de donner son nom à l'aqueduc revint au seul Appius qui, dit-on, fit durer sa censure par maintes manœuvres dilatoires [4] jusqu'à ce qu'il ait eu le temps de terminer à la fois la route et cet aqueduc [5].

L'*Appia* prend sa source dans un domaine de Lucullus ([7]), sur la *Via Praenestina*, entre le septième et le huitième milles, à 780 pas sur un chemin secondaire à gauche ([8]). Son conduit a, de la source aux Salines, qui est un lieu-dit près de la Porta Trigemina [6], une longueur

---

IV. 1. On sait que le site de Rome est humide, les bas-fonds étant, à l'origine, occupés par des marécages qui ne furent drainés que peu à peu.

V. 1. 312 av. J.-C. — 2. Porte de l'enceinte servienne, située entre le Célius et la partie Est de l'Aventin. — 3. Le « Chasseur », avec jeu de mots sur *venae*. — 4. Cf. Liv., IX, 29,6. — 5. Les mêmes faits ressortent de l'inscription *C. I. L.* I[2], p. 192, n° X = XI, 1827. — 6. Porte de l'enceinte servienne, située le long du Tibre,

IV. 1 Ab urbe condita per annos quadringentos quadraginta unum contenti fuerunt Romani usu aquarum quas aut ex Tiberi aut ex puteis aut ex fontibus hauriebant. 2 Fontium memoria cum sanctitate adhuc extat et colitur : salubritatem aegris corporibus adferre creduntur, sicut Camenarum et Apollinaris [in] et Iuturnae. 3 Nunc autem in urbem confluunt aqua Appia, Anio Vetus, Marcia, Tepula, Iulia, Virgo, Alsietina quae eadem vocatur Augusta, Claudia, Anio Nouus.

V. 1 M. Valerio Maximo P. Decio Mure consulibus, anno post initium Samnitici belli tricesimo, aqua Appia in urbem inducta est *ab* Appio Claudio Crasso censore, cui postea Caeco fuit cognomen, qui et uiam Appiam a porta Capena usque ad urbem Capuam muniendam curauit. 2 Collegam hauuit C. Plautium cui ob inquisitas eius aquae venas Venocis cognomen datum est. 3 Sed quia is intra annum et sex menses deceptus a collega tanquam idem facturo abdicauit se censura, nomen aquae ad Appii tantum honorem pertinuit, qui, multis tergiuersationibus, extraxisse censuram traditur, donec et uiam et huius aquae ductum consummaret. 4 Concipitur Appia in agro Lucullano uia Praenestina inter miliarium septimum et octauum, deuerticulo sinistrorsus passuum septingentorum octoginta. 5 Ductus eius habet longitudinem a capite usque ad Salinas, qui locus est ad Portam Trigeminam, passuum unde-

IV. 2 creduntur *C U* : -dimur *V M* ‖ Camenarum *Dederich* : caminaras *C* camaras *U C.* Amarans *V M* ‖ et Iuturnae *edd.* : in et iuturne *C* metuitne *U* meminit *V M* ‖ 3 Alsietina *om. C dum lac. indic.*

V. 1 M. Valerio Maximo ω : M. -ius -mus *C* ‖ tricesimo *U*² : uicesimo *U*¹ ω ‖ ab *om. codd.* ‖ Caeco *E M* : cero *V lac. ind. C U* ‖ qui *U E* : qui circa *V M om. C dum lac. ind.* ‖ et *om. M* ‖ a porta *om. C* ‖ ad urbem *om. C qui* a *tantum ante lac. exhibet* ‖ 2 Plautium *edd.* : plautum *C U V* plancum *M* ‖ 3 is *U* : his *C* is se *V M* ‖ idem

de 11.190 pas [7], dont 11.130 de canal souterrain [8], et, au dessus du sol, sur murs de soutènement et arcades, 60 pas tout près de la Porte Capène ([9]). Auparavant se joint à lui, à la Vieille Espérance, à la limite des Jardins de Torquatus et des Jardins de Taurus ([10]), la branche de l'*Augusta*, qu'Auguste lui ajouta comme supplément ([11]), ce qui a fait surnommer cet endroit « Les Jumeaux » ([12]). Cet aqueduc prend sa source sur la *Via Praenestina* [9], au sixième mille, à 980 pas sur un chemin secondaire à gauche tout près de la *Via Collatina* ([13]). Son conduit a, jusqu'aux Jumeaux, 6.380 pas, en canal souterrain [10].

La distribution de l'*Appia* commence en bas du *clivus Publicii*, à l'endroit qu'on appelle les Salines.

VI. Quarante ans après l'adduction de l'*Appia*, l'an 481 de la Fondation de Rome [1], Manius Curius Dentatus, censeur avec Lucius Papirius Cursor [2], mit en adjudication, sur l'argent du butin pris à Pyrrhus [3], l'adduction dans la Ville de l'Anio (que l'on appelle maintenant l'*Anio Vetus*), sous le deuxième consulat de Spurius Carvilius et de Lucius Papirius. Deux ans après, on discuta au Sénat l'achèvement de cet aqueduc, sur le rapport du préteur [4]....

Alors, par sénatus-consulte, furent désignés comme

entre l'Aventin et la rive. — 7. 16 km. 550. — 8. 16 km. 462, soit 88 m. seulement au-dessus du sol. Cette émergence s'explique aisément ; le canal, souterrain sous le Célius, émerge au flanc de la colline lorsque celle-ci s'abaisse pour faire place à la dépression de la « Vallée des Camènes », où se trouvait la porte Capène. Sur la profondeur presque incroyable de l'*Appia*, cf. chap. 95 et note compl. 74. — 9. Comme plus haut, l'indication donnée ici de la route *sur* laquelle l'aqueduc prend sa source ne doit pas être prise à la lettre, puisque cette source se trouve plus proche, en fait, de la *Via Collatina* que de la *Praenestina* ; Frontin se réfère simplement à la *zone* à laquelle l'aqueduc est rattaché. V. l'*Intr.*, p. XII, et la carte à la fin du volume. — 10. 9 km. 436.

VI. 1. 272 av. J.-C. ; cf. supra, n. compl. 4. — 2. En fait, c'est Papirius L(ucii) f(ilius), M(arci) n(epos) Praetextatus qui fut censeur avec lui (*Not. Scav.*, 1925, p. 376-81). On sait que l'une des fonctions essentielles des censeurs était le soin des travaux publics. V. note compl. 104. — 3. Cf. *De Vir. Illustr.*, XXXIII, 9. — 4. Le texte est corrompu. Dans la lacune se dissimule le nom du préteur qui fit le rapport au Sénat. V. apparat critique. —

cim milium centum nonaginta : *ex eo riuus est* subter-
*raneus pass*uum undecim milium centum triginta,
supra terram substructio et arcuatura proximum
Portam Capenam passuum sexaginta. **6** Iungitur ei
ad S*p*em ueterem in confinio hortorum Torquatianorum et *Tauria*norum ramu*s* Augustae ab A*ugusto*
in supplementum eius additu*s*, *cui loco cognomen
ideo datur* Gemellorum. **7** Hic uia Praenestina ad
miliarium sextum, deuerticulo sinistrorsus passuum
nongentorum octoginta proxime uiam Collatiam accipit fontem. **8** Cuius ductus usque ad Gemellos efficit
riuo subterraneo passuum sex milia trecentos octoginta. **9** Incipit distribui *Appia* imo Publicii cliuo ad
Portam Trigeminam, qui locus Salinae adpellantur.

VI. **1** Post annos quadraginta quam Appia perducta est, anno ab urbe condita quadringentesimo
octogesimo uno, M'. Curius Dentatus, qui censuram
cum Lucio Papirio Cursore gessit, Anionis qui nunc
uetus dicitur aquam perducendam in urbem ex manu-
biis de Pyrrho captis locauit, Sp. Caruilio L. Papirio
consulibus iterum. **2** Post biennium deinde actum est
in Senatu de consummando eius aquae opere, referente + nocumi + praetore. **3** Tum ex senatus
consulto duumuiri aquae perducendae creati sunt

V M : ibidem *C U* ‖ 5 ex eo riuus est subterraneus passuum *rest.*
Bücheler : supra*s*uum *C U V* sursum *M* ‖ spem *Poleni* : s. em *C*
anien ecu *U* anienem *V M* ‖ Taurianorum *Carcopino (u. ad pag.* XIII
et 68) norum *C U M* dum lac. *indic.*, *om. V* ‖ ramus *edd.* : -um *codd.*
‖ ab Augusto *Poleni* : aba *C U M* ab *V dum lac. indicant* ‖ ad ditus
edd. : -um *codd.* ‖ cui loco cognomen ideo datur *ego* : toconomen
denti *C* tocognomine denti *U* cognomen decem *V M* ‖ 7 sinistrorsus ω : -tro *C* ‖ 9 Appia *Poleni*: *om. C* anio *U V M* ‖ Publicii
cliuo *Poleni* : pubicii ciluo *C* publicu altio *U* publico publicii
alno [aluo *M*] *V M.*

VI. 1 M'. *edd.*: M. *codd.* ‖ anionis C² ω : istantum C¹ ‖ aquam ω :
aqua *C* ‖ urbem ω : urbe *C* ‖ 2 consummando *C U* : -summatione
V M ‖ referente *Bücheler* : irefent *C U* opere *V M* ‖ nocumi *C*
tum *U* nocum *V M* ‖ praetore *Bücheler* : praetor *C V M om. U* ‖
3 tum ex *C U* : tamen *V M* ‖ senatus consulto *V M* tus ulto *C U*
dum spat. inter uerba relinq. ‖ creati *U V M* : ati *C* ‖ sunt *om. V M.* ‖

duumvirs chargés de l'adduction Curius, qui avait mis
l'ouvrage en adjudication, et Fuluius Flaccus [5]. Curius
mourut cinq jours après sa nomination comme duumvir ;
la gloire d'avoir achevé le travail appartint à Fulvius.

L'*Anio Vetus* prend sa source au-dessus de Tibur, au
vingtième (?) mille [après la Porte Tiburtine] [6] et, là, il donne
une partie de son eau pour l'usage des habitants de
Tibur ([14]). Son conduit, étant donné les exigences du
nivellement [7], a une longueur de 43.000 pas [8] dont 42.779
de canal souterrain et 221 sur murs de soutènement
au-dessus du sol.

VII. Cent vingt-sept ans après, c'est-à-dire en l'an 608
de la Fondation de Rome, sous le consulat de Servius
Sulpicius Galba et de Lucius Aurelius Cotta [1], comme les
aqueducs de l'*Appia* et de l'*Anio*, délabrés par le temps,
voyaient de plus détourner indûment leur eau par les particuliers, le Sénat donna à Marcius [2], qui était alors préteur
urbain, la mission de réparer leurs conduits et de les rendre
à l'usage de tous ([15]) ; et, comme l'accroissement de la Ville
exigeait visiblement une augmentation de la quantité
d'eau, le Sénat le chargea également de faire amener dans
la Ville toutes les autres eaux qu'il pourrait. Il remit en
état les conduits antérieurs et construisit un aqueduc
plus abondant encore que les autres, qui s'appelle *Marcia*
du nom de son constructeur. Nous voyons dans Fénes-

5. Le censeur ne restant effectivement en charge que 18 mois, la
question se posait de légaliser ses pouvoirs si les travaux n'étaient
pas achevés dans ce délai. Le fait qu'il se soit écoulé un « *biennium* »
entier (dans le comput par années à partir de la Fondation de
Rome) entre l'adjudication et l'expiration de la censure effective,
confirme que l'adjudication eut lieu avant les *Parilia* de 272 av.
J.-C., c'est-à-dire avant l'anniversaire de la Fondation cette année-
là (Cf. note compl. 4). — 6. Après la Porte Tiburtine, indication que
nous restituons et qui fut ajoutée postérieurement à Frontin.
Ce texte est corrompu, v. note compl. 14. — 7. Cet aqueduc
appartient au type primitif « sans ouvrage d'art ». Voir note compl.
44. — 8. Environ 64 km.

VII. 1. 144 av. J.-C. Cf., note compl. 4. Ces travaux publics
coïncident avec le développement de Rome consécutif à la vic-
toire définitive sur Carthage. Ils consacrent l'entrée de Rome,
parmi les grandes villes méditerranéennes et le début d'un véritable urbanisme. V. note compl. 91, et la note 3 au tableau de la
p. 88. — 2. Q. Marcius Rex. Cf. *R. E.*, XIV, p.1582, n° 90. — 3. Envi-

Curius, *qui eam* locauerat et Fuluius Flaccus. 4 Curius,
intra quintum diem quam erat duumuirum creatus
decessit ; gloria perductae pertinuit ad Fulvium.
5 Concipitur Anio uetus supra Tibur + úicesimo
+ miliario [extra Portam *Tiburtinam*], ubi partem
dat in Tiburtium usum. 6 Ductus eius habet longitudinem, ita exigente libramento, passuum quadraginta trium milium : ex eo riuus est subterraneus
passuum quadraginta duum milium septingentorum
septuaginta nouem, substructio supra terram passuum
ducentorum uiginti unius.

VII. 1 Post annos centum uiginti septem, id est
anno ab urbe condita sexcentesimo octauo, Ser. Sul-
picio Galba [cum] L. Aurelio Cotta consulibus, cum
Appiae Anionisque ductus uetustate quassati priuatorum etiam fraudibus interciperentur, datum est a
senatu negotium Marcio, qui tum praetor inter ciues
ius dicebat, eorum ductuum reficiendorum ac uindi-
candorum. 2 Et, quoniam incrementum urbis exigere
uidebatur ampliorem modum aquae, eidem mandatum
a senatu est ut curaret quatinus alias aquas quas
posset in urbem perduceret. 3 *Qui priores* ductus
re*stituit et* tertiam illis *uber*iorem *aquam* duxit, cui ab
auctore Marciae nomen est. 4 Legimus apud Fenes-

curius *U M* : curi *C* cum *V* ‖ qui eam *add. Poleni* ‖ locauerat *om.*
M ‖ *ante* locauerat, et Fuluius Flaccus *pos. V* ‖ et *om. C* ‖ et
Fuluius Flaccus *om. M* ‖ 4 duumuirum *C U* : -uir *V M* ‖ pertinuit
ω : -muit *C* ‖ 5 uicesimo *codd., quod corrupt. suspicor (u. ad
pag.* 69) ‖ portam Tiburtinam *ego secludendumque putaui. (u.
ibid.)* : portam R R A nam *C U* portam Raranam *V M* ‖ dat
add. Poleni ‖ Tiburtium *C U* : -tinum *V M* ‖ usum *V M* : usu *C U*.

VII. 1 Post annos *C U* : xxiº anno post annos *M* anno post
annos *V* ‖ cum *del. Bücheler* ‖ datum ω : -tus *C* ‖ Marcio *Poleni* :
marco C marcotio *U M*. Tito *M V* ‖ tum *C U* : tamen *M V* ‖
post ciues, et peregrinos *add. M V* ‖ 2 perduceret. Qui priores
edd. : perduceret ampliores *V M* perduceret ores *spatio relicto
inter uerba C U* ‖ 3 restituit et tertiam illis uberiorem *Krohn*
restituit et tertiam illiobriorem *C* res tertio miliario briorum *U*
rei iii miliario briorum *V M* ‖ aquam *add. edd.*

tella que, pour ces travaux, on vota à Marcius un crédit
de 180 millions de sesterces [3] et, comme la durée de sa
préture ne suffisait pas pour achever la tâche, il fut pro-
rogé d'un an [4].

A ce moment, les décemvirs [5], en consultant les livres
sibyllins pour d'autres raisons, y trouvèrent, dit-on, qu'il
était interdit par les Dieux d'amener la *Marcia* (ou plutôt
l'*Anio*, c'est du moins la tradition la plus courante) au
Capitole ([16]), et la question fut traitée au Sénat, M. Lepidus prenant la parole pour son collègue [6], sous le consulat d'Appius Claudius et de Q. Caecilius [7], et posée
encore une autre fois trois ans après par Lucius Lentulus
sous le consulat de C. Laelius et de Q. Servilius [8], mais,
les deux fois, le crédit de Marcius Rex l'emporta, et c'est
ainsi que l'eau fut amenée au Capitole ([17]).

La *Marcia* prend sa source sur la *Via Valeria* [9], au
36e mille, à trois mille pas sur un chemin secondaire à
droite, en venant de Rome, et sur la *Via Sublacensis*, qui
fut établie sous le règne de Néron [10], au 38e mille, à gauche,
à moins de 200 pas ([18]). L'eau de ses sources est presque
aussitôt [11] immobile sous des rochers, comme un étang, et
d'un vert profond [12]. Son conduit a, de la tête à la Ville,
une longueur de 61.710 pas 1/2 [13] soit, en canal souterrain
54.247 pas 1/2 et, au-dessus du sol, 7.463 pas dont, loin

ron 45 millions de francs-or. Soit la moitié du prix total de l'*Anio
Novus* et de la *Claudia* (Pline, *N. H.* XXXVI, 112). — 4. Pline, *N.
H.*, XXXVI, 121, dit au contraire, entre autres erreurs, que ces travaux furent exécutés « dans les limites de sa préture ». — 5. Les
decemuiri sacris faciundis, collège de dix magistrats chargés de la
surveillance des cultes étrangers et de la garde des Livres Sibyllins ;
il leur appartenait de s'opposer à toute innovation religieuse sus-
pecte. — 6. Cf. Fr. Münzer, *Röm. Adelsp. u. Adelsf.* Stuttg., 1920,
p. 239. M. Aemilius Lepidus Porcina était alors préteur, comme
Marcius Rex. — 7. 143 av. J.-C. — 8. 140 av. J.-C. — 9. C'est
la route qui prolongeait la *Via Tiburtina* et suivait, en amont de
Tibur (aujourd'hui Tivoli), la vallée de l'Anio. — 10. Pour sa
villa de Subiaco. Comme au chap. V (v. p. 5 et la note 9), le même
point, la source de l'aqueduc, est situé par rapport à deux systèmes
différents de référence, le premier, la *Via Valeria*, antérieur, le
second introduit plus récemment, après les adductions claudienne
et néronienne (v. les chap. 14 et 15). — 11. C'est-à-dire dès qu'elle
sort du rocher. — 12. Le texte est corrompu, voir note compl. 18.
— 13. 91 km. 270.

tellam in haec opera Marcio decretum sestertium milies
octingenties et, quoniam ad consummandum negotium non sufficiebat spatium praeturae, in annum
alterum est prorogatum. 5 Eo tempore, decemuiri,
dum aliis ex causis libros Sibillinos inspiciunt, inuenisse dicuntur non esse *fas* aquam Marciam — seu
potius Anionem (de hoc enim constantius traditur) —
in Capitolium perduci ; deque ea re in senatu M. Lepido
pro collega uerba faciente actum Appio Claudio
Q. Caecilio consulibus, eandemque post annum tertium a L. Lentulo retractatam C. Laelio Q. Seruilio
consulibus, sed utroque tempore uicisse gratiam
Marcii Regis ; atque ita in Capitolium esse aquam
perductam. 6 Concipitur Marcia Via Valeria ad
miliarium tricesimum sextum, deuerticulo euntibus
ab urbe Roma dextrorsus milium passuum trium,
Sublacensi autem, quae sub Nerone principe primum
strata est, ad miliarium tricesimum octauum, sinistrorsus intra spatium passuum ducentorum. 7 Fontium *aqua* sub *rupi*bus pene statim *stat immobilis*
stagni *modo*, colore praeuiridi. 8 Ductus eius habet
longitudinem a capite ad urbem passuum sexaginta
milium et mille septingentorum decem et semis :
riuo subterraneo passuum quinquaginta quattuor
milium ducentorum quadraginta septem semis, opere
supra terram passuum septem milium quadringentorum sexaginta trium : *ex* eo longius ab urbe pluribus

---

4 milies octingenties et *Bücheler* : mine octingente. sed
C E nunc ottingenti sed *U* et non octingenti sed *V* non obtin-
genti sed *M* ‖ spatium praeturae *edd.* : statium preture *C U* spatium preturam *M* statuit preturam *V* ‖ 5 decemuiri : -uira *C* ‖
inuenisse *M V :* inuenti *C U* ‖ fas *add. Schoene* (*Hermes* VI, p. 248) ‖
seu *C* : sed ω ‖ senatu M. *Bücheler* : senatum *C* -tu ω ‖ Q. ω:
que *C* ‖ eandem *V M* : ead- *C U* ‖ tertium *C U* : Xᵐ *V M* ‖ 6
milium *U* : -ia ω ‖ autem quae *C U* : atque *V M* ‖ spatium *om. C U*
‖ passuum *om. V M* ‖ 7 fontium *V M* : -tiu *U* -tin *C* ‖ *ante* sub
lac. indic. C U ‖ rupibus *eqo* : bus *post lac. codd.* ‖ pene *V* petrei *C*
petre *U²M* ‖ statim *C U V*: -tum *M* ‖ stat immobilis stagni modo
Schultz : stagmino *C U V* -no *M* ‖ 8 eius *C U* : est *V M* ‖ ex

de la Ville, en plusieurs endroits, au-dessus de vallées, 463 pas sur arches et, plus près de la Ville, à partir du septième mille, 528 pas sur murs de soutènement, le reste sur arches pour 6.472 pas [19].

VIII. Cn. Servilius Caepio et L. Cassius Longinus, qui fut surnommé Ravilla, censeurs l'an 627 de la Fondation de Rome, sous le consulat de M. Plautius Hypsaeus et de M. Fulvius Flaccus [1], firent amener à Rome, et au Capitole, l'aqueduc que l'on appelle la *Tepula* [2] et qui provient d'un domaine de Lucullus qui, selon certains, ferait partie du territoire de Tusculum [20].

La *Tepula* prend sa source sur la Voie Latine, au onzième mille, à 1.002 pas [3] sur un chemin secondaire à droite en venant de Rome [21]. De là, elle était amenée à Rome de façon autonome [22].

IX. Quatre-vingt douze ans après, M. Agrippa, édile après son premier consulat [1], sous le consulat de César Auguste, consul pour la deuxième fois, et de L. Volcatius [2], l'an 719 de la Fondation de Rome, capta, à douze milles de Rome, sur la Voie Latine, à deux milles sur un chemin secondaire à droite en venant de Rome, des sources indépendantes pour un nouvel aqueduc et intercepta le conduit de la *Tepula* [23]. L'aqueduc ainsi formé reçut le nom de *Julia*, d'après celui de son constructeur [3], mais les distributions furent séparées de façon à conserver le nom de la *Tepula* [24].

Le conduit de la *Julia* atteint une longueur de 15.426 pas 1/2 [4], soit, au-dessus du sol 7.000 pas [5] dont, dans la zone proche de la ville, à partir du septième mille [6],

VIII. 1. 125 av. J.-C. — 2. C'est-à-dire : *l'eau tiède*, la température des sources (v. note 20) étant environ de 21° C. — 3. Un peu moins de 1.500 mètres.

IX. 1. Anomalie restée célèbre dans le *cursus* d'Agrippa ; cf. *infra*, note compl., 110, au chapitre 98. — 2. 33 av. J.-C. — 3. C'est-à-dire du nom d'Octave, le futur Auguste qui portait, par adoption, le gentilice de Julius. Vipsanius Agrippa n'agissait que comme auxiliaire d'Octave. Les autres adductions d'Auguste, postérieures à 27 av. J.-C., portèrent le nom d'*Augustae* (branche de l'*Appia*, chap. 5, de la *Marcia*, chap. 12, et *Alsietina*, chap. 11). La *Virgo*, adduction personnelle d'Agrippa, ne reçut pas le *cognomen* de *Vipsania*, conformément au parti-pris d'effacement de son auteur. — 4. Environ 22 km. — 5. Environ 10 km. — 6. Il

locis per uallis opere arcuato passuum quadringentorum sexaginta trium, propius urbem, a septimo
miliario, substructione passuum quingentorum uiginti
octo, reliquo opere arcuato passuum sexs milium
quadringentorum septuaginta duum.

VIII. **1** Cn. Seruilius Caepio et L. Cassius Longinus,
qui Rauilla adpellatus est, censores anno post urbem
conditam sexcentesimo uicesimo septimo, M. Plautio
Hypsaeo M. Fuluio Flacco cos., aquam quae uocatur
Tepula ex agro Lucullano, quem quidam Tuscula-
num credunt, Romam et in Capitolium adducendam
curauerunt. **2** Tepula concipitur uia Latina ad unde-
cimum miliarium, deuerticulo euntibus ab Roma dex-
rorsus milium passuum duum. **3** Inde suo *iure* in
Urbem perducebatur.

IX. **1** Post, M. Agrippa, aedilis post primum con-
sulatum, imperatore Caesare Augusto II L. Volcatio
cos., anno post urbem conditam septingentesimo nono
decimo, ad miliarium ab Urbe duodecimum uia
Latina, *deuerticulo* euntibus ab Roma dextrorsus
milium passuum duum, alterius *a*quae proprias uires
collegit et Tepulae riuum intercepit. **2** Adquisit*ae*
aquae ab inuentore nomen Iuliae datum est, ita tamen
diuisa erogatione ut maneret Tepulae adpellatio.
3 Ductus Iuliae efficit longitudinem passum quindecim milium quadringentorum uiginti sex S : opere
supra terram passuum septem milium, ex eo, in
proximis urbi locis, a septimo miliario substructione

add. edd. || per *Bücheler* : p R *C* per p. r. *U* propi et d *V* per pr
rd *M* || a *C U* : ad *V M* || miliario *C U* : -ium *V M* || substruc-
tione *C* : -nem *U* substructum *V M.*

VIII. 1 caepio *edd.* : scipio *codd.* || rauilla *C* : miulla *U* uilla
V M || est *om. V M* || plautio *U* : -tius *C* plan- *V M* || hyp*s*aeo
M. *Bücheler* : hypsa poni *C* -ne ω || 2 xi *V M* : decimum *C U* || ab ω :
ad *C* || duum *U* : duu *C* unum *V* imum *M* || 3 iure *add. ego* : *lac.
post* inde *ind. codd.*

IX. 1 M. *U E* : mille *V M om. C* || L. *C* : NL *U M L V M* ||
deuerticulo *add. Schultz* || aquae *Schultz* : que *C om. cet.* || 2 adquisitae
aquae *Schultz* : adquisiteque *V M* -aque *C U* || 3 urbi *edd.* : -is *codd*

528 [7] pas sur mur de soutènement, le reste sur arches, soit
6.472 pas [8] ([25]).

A côté de la tête de la *Julia* passe un cours d'eau qu'on
appelle *Crabra*. Agrippa le négligea, soit parce qu'il ne
l'avait pas jugé bon, soit parce qu'il croyait devoir le
laisser aux propriétaires de Tusculum, car c'est cette eau
que toutes les maisons de campagne de cette région
reçoivent à tour de rôle, distribuée à jours fixes selon
des quantités fixes ([26]). Avec moins de discrétion, nos fontainiers en ont toujours réclamé une partie comme supplément pour la *Julia*, mais ce n'était pas pour augmenter
celle-ci, car ils y puisaient pour la distribuer à leur
profit ([27]). La *Crabra* a donc été laissée de côté, et, sur
l'ordre de l'empereur, je l'ai rendue toute entière aux
habitants de Tusculum, qui, maintenant, peut-être, la
reçoivent non sans étonnement, ne sachant pas à quelle
cause ils doivent cette abondance inaccoutumée.

Quant à la *Julia*, une fois supprimées les dérivations qui la dérobaient, elle conserva son débit, quelque
considérable que fût la sécheresse [9]. La même année,
Agrippa remit en état les conduits de l'*Appia*, de l'*Anio*
et de la *Marcia* qui étaient presque en ruines ([28]) et
apporta un soin tout particulier à doter la ville de nombreuses fontaines d'eau vive ([29]).

X. C'est lui aussi qui, après avoir été déjà trois fois
consul, sous le consulat de C. Sentius et de Q. Lucretius [1],
treize ans après l'adduction de la *Julia*, capta également
la *Virgo*, dans un domaine de Lucullus ([30]), et l'amena à
Rome. Le jour où, la première fois, elle coula dans la
Ville est, d'après les documents, le 9 Juin. On l'appela
Virgo [2] parce que, comme les soldats cherchaient de l'eau,
une petite fille leur montra certaines sources qu'ils sui-

s'agit du septième mille de la Voie latine. V. la note compl. 49.
— 7. Environ 780 mètres. — 8. Environ 9.580 mètres. — 9. Probablement au cours de l'été de 97. V. note compl. 83, et chap. 74.

X. 1. 19 av. J.-C. — 2. La Vierge. — 3. Un ex-voto, ici, un
paysage peint sur une tablette, offert à la divinité de la Source. De
telles chapelles étaient fréquentes auprès des sources qui, au
témoignage de Servius, étaient toutes considérées comme sacrées
(cf. *supra*, chap. 4). Les paysages de la peinture décorative conser-
vés nous montrent souvent de semblables sanctuaires. — 4. En

passuum quingentorum uiginti octo, reliquo opere
arcuato passuum sex milium quadringentorum septuaginta duum. **4** Praeter caput Iuliae transfluit aqua
quae uocatur Crabra. **5** Hanc Agrippa omisit, seu
quia improbauerat, siue quia Tusculanis possessoribus
relinquendam credebat : haec namque est quam
omnes uillae tractus eius per uicem in dies modu-
losque certos dispensatam accipiunt. **6** Sed, non
eadem moderatione, aquarii nostri partem eius semper in supplementum Iuliae uindicauerunt, nec ut
Iuliam augerent, quam hauriebant largiendo compendi sui gratia. **7** Exclusa ergo est Crabra et totam
iussu imperatoris reddidi Tusculanis qui nunc for-
sitan non sine admiratione eam sumunt, ignari cui
causae insolitam abundantiam debeant. **8** Iulia autem
reuocatis deriuationibus per quas subripiebatur modum
suum quamuis notabili siccitate seruauit. **9** Eodem
anno Agrippa ductus Appiae, Anionis, Marciae paene
dilapsos restituit et singulari cura compluribus salientibus aquis instruxit urbem.

    X. **1** Idem cum iam tertio consul fuisset, C. Sentio
Q. Lucretio consulibus, post annum tertium decimum
quam Iuliam deduxerat, Virginem quoque in agro
Lucullano collectam Romam perduxit. **2** Die quo
primum in urbem responderit quinto idus Iunias
inuenitur. **3** Virgo adpellata est quod quaerentibus
aquam militibus puella uirguncula uenas quasdam

---

    4 transfluit ω : -tulit *U* ‖ crabra ω : traba *V* ‖ 5 omisit *C* : e- *U*
misse *V M* ‖ seu quia *C U* : usuta *V M* ‖ haec *edd.* : ec *C* ea ω ‖
tractus *C U* : -ctant *V M* ‖ eius *om. V M* ‖ 6 moderatione ω : -nem
C ‖ partem *U* : par *C* protem *V M* ‖ supplementum ω : subli- *C* ‖ uindicauerunt *edd.* : udindi- *C* ut indi- *V M* et uindi- *U* ‖ compendi
Joconde : -plendi *C U* -plere nisi *V M* ‖ 7 ergo *C U* : uero *V M* ‖ est
om. C U ‖ reddidi *Schultz* : -it *codd.* ‖ 9 paene dilapsos ω : penem de-
M ‖ in *ante* singulari *add. V.*
    X. 1 tertio *C* : -ium ω ‖ *Q. Poleni* : P *U V* Planco *M om. C* ‖ quo-
que *post* in agro *transp. V* ‖ 2 die *C V* : -es *U om. M* ‖ Iunias *C U* :
-nii *V M* ‖ 3 uenas quasdam *C U* : quasdam uenas *V M.*

virent en creusant, ce qui leur fit découvrir une énorme
quantité d'eau ([31]). On voit dans une chapelle placée à
côté de la source un tableau qui représente l'histoire de
cette origine [3].

La *Virgo* prend sa source sur la *Via Collatina* au huitième mille, dans des marécages, à l'intérieur d'un bassin
cimenté [4] pour contenir les sources jaillissantes ([32]). Son
débit est accru également par diverses autres captations.
Son parcours est de 14.105 pas [5] dont, en canal souterrain, 12.865 et, au-dessus du sol, 1.240, soit 540 sur murs
de soutènement en différents endroits et 700 sur arches.
Les canaux souterrains des captations secondaires
atteignent 1.405 pas [6].

XI. Quelle raison amena Auguste, cet empereur si pré-
voyant, à construire l'aqueduc de l'*Alsietina*, qu'on
appelle *Augusta*, c'est ce que je ne comprends guère ;
cette eau n'a aucun agrément, bien plus, elle est même
malsaine et, pour ce motif, ne coule nulle part à la disposition du public. Peut-être, toutefois, au moment où il
entreprit la construction de sa Naumachie [1] ne voulut-il
rien prélever sur les autres adductions plus saines et
amena-t-il celle-ci par des travaux spéciaux, concédant
aux jardins voisins et au service des particuliers, pour
l'irrigation, ce qui était en excédent pour la Naumachie ([33]).
C'est l'habitude pourtant, au Trastevere, chaque fois
qu'on répare les ponts et que les aqueducs venant de
l'autre rive sont interrompus [2], d'en donner, par nécessité, en remplacement pour les fontaines publiques.

L'*Alsietina* prend sa source au lac *Alsietinus* sur la *Via
Claudia*, au 14e mille ([34]), à 6.500 pas sur un chemin

opus signium, dit le texte. V. note compl. 32. — 5. Environ
21 km. — 6. Soit 2 km. environ. Dans ce terrain marécageux
(v. note compl. 32) il fallait isoler chaque courant, sans quoi il se
perdait aussitôt sorti de terre. D'où un réseau très important de
canaux de capture.

XI. 1. Le bassin, situé sur la rive droite du Tibre, où eut lieu
un combat naval au cours des jeux célébrés par Auguste en
2 ap. J.-C., ce qui date l'aqueduc. — 2. Cf. Note compl. 91 et le
tableau de la p. 88, qui indique les aqueducs desservant la Rive
droite (le Vatican ne semble pas avoir été compris dans le réseau
urbain). — 3. Environ 33 km.

monstrauit quas secuti qui foderant ingentem aquae
modum uocauerunt. 4 Aedicula fonti adposita hanc
originem pictura ostendit. 5 Concipitur Virgo uia Collatia ad miliarium octauum palustribus locis signino
circumiecto continendarum scaturriginum causa. 6
Adiuuatur et compluribus aliis adquisitionibus. 7 Venit
per longitudinem passuum decem quattuor milium
centum quinque : ex eo riuo subterraneo passuum decem duum milium octingentorum sexaginta quinque,
supra terram per passus mille ducentos quadraginta,
ex eo substructione riuorum locis compluribus passuum quingentorum quadraginta, opere arcuato passuum septingentorum. 8 Adquisitionum riui subter-
ranei efficiunt passus mille quadringentos quinque.

XI. 1 Quae ratio mouerit Augustum, prouidentis-
simum principem, perducendi Alsietinam aquam,
quae uocatur Augusta, non satis perspicio, nullius
gratiae, immo etiam parum salubrem, ideoque nusquam in usus populi fluentem ; nisi forte, dum opus
naumachiae adgreditur, ne quid salubrioribus aquis
detraheret, hanc proprio opere perduxit et quod
naumachiae coeperat superesse hortis adiacentibus
et priuatorum usibus ad inrigandum concessit. 2 Solet
tamen ex ea, in Transtiberina regione, quotiens pontes
reficiuntur, et a citeriore ripa aquae cessant, ex neces-
sitate in subsidium publicorum salientium dari. 3 Concipitur ex lacu Alsietino, uia Claudia, miliario quarto

---

4 originem *C U* : uir- *V M* ‖ pictura ω : -tam *M* ‖ 5 Virgo *Schultz* :
ergo *codd.* ‖ signino *C* : signi *U* si irq *V* si igitur *M* ‖ circumiecto
Joconde : -lecto *V M* -leoto *C* -letto *U* ‖ causa ω : enim *M* ‖ 6 adiuuatur *C U* : audiui uera *V M* ‖ et *C* : ex *cet.* ‖ 7 decem duum
milium *U* : d- m- d- *cum transpon. signis C* xii *V M* ‖ eo *C U* :
opere *V M*.

XI. 1 mouerit *C U* : -neret *V M* ‖ perducendi *C U* : produce-
rent *V M* ‖ etiam *C U* : et *V M* ‖ salubrem *C U* : insa- *V M* ‖
ideoque ω : ratio quia *V* ‖ nusquam ω : us- *V* ‖ dum *Krohn* :
cum *codd.* ‖ adgreditur *C U* : -deretur *V M* ‖ perduxit ω : -cit *C*
naumachiæ ω : nao — *C* ‖ adiacentibus ω : sub- *V* ‖ ad *om. V M* ‖
2 ea in *om. V M* ‖ eius *C U* : est *V M*.

secondaire à droite. Son conduit atteint une longueur de 22.172 pas [3], dont 358 sur arches.

XII. C'est Auguste également qui, pour ajouter à la *Marcia* chaque fois que la sécheresse rendait ce secours indispensable, amena une autre eau d'aussi bonne qualité, dans un ouvrage souterrain, jusqu'au canal de la *Marcia* : du nom de son constructeur on l'appelle *Augusta* [1]. Elle naît au-delà [2] de la source de la *Marcia* ; son conduit, jusqu'au point où elle parvient à la *Marcia*, atteint 800 pas ([35]).

XIII. Après eux, Caius César, le successeur de Tibère [1], jugeant que sept aqueducs étaient insuffisants pour le service de la Ville et les plaisirs des particuliers, la deuxième année de son règne, sous le consulat de M. Aquila Julianus et de P. Nonius Asprenas [2], l'an 789 [3] de la Fondation de Rome, commença deux aqueducs. Ces travaux furent achevés de la façon la plus magnifique, par Claude qui en fit la dédicace sous le consulat de Sulla et de Titianus ([36]), l'an 803 [4] de la Fondation de Rome, le 1er Août [5].

L'un des deux aqueducs, celui qui provenait des sources *Caerula* et *Curtia* ([37]), reçut le nom de *Claudia*. Son eau vient immédiatement après celle de la *Marcia* en qualité. L'autre, comme deux captations de l'Anio coulaient désormais dans la Ville, fut appelé *Anio Novus* pour que l'on pût les distinguer plus facilement par leur nom. Son niveau est supérieur à celui de tous les autres. La première captation de l'Anio reçut le nom de « Vieille » : *Anio Vetus*.

XII. 1. Ce nom indique que cette adduction est postérieure à 27 av. J.-C. Elle date sans doute de la réorganisation de 11 av. J.-C. V. note compl. 35. et *infra.* note 2 au chap. 67. — 2. Entendez « par rapport à Rome ».

XIII. 1. Caligula, Cf. Aurel. Vict., *Epit. IV*, 6 et Suét., *Gai.*, 21. — 2. 38 ap. J.-C. — 3. Les manuscrits portent 790. La correction en 789 est nécessaire pour maintenir la cohérence de la chronologie frontinienne. V. la note compl. 4, par. h. — 4. Les manuscrits portent 806. V. la note compl. 4. — 5. Le 1er août 52 : *jour anniversaire* de la naissance de Claude. C'est également une date importante dans le calendrier augustéen (Gagé, éd. des Res Gestae, p. 175 et suiv.).

decimo, deuerticulo dextrorsus passuum sex milium quingentorum. **4** Ductus eius efficit longitudinem passuum uiginti duum milium centum septuaginta duorum, opere arcuato passuum trecentorum quinquaginta octo.

XII. **1** Idem Augustus in supplementum Marciae, quotiens siccitates egerent auxilio alia*m aquam* eiusdem bonitatis opere subterraneo perduxit usque ad Marciae riuum ; quae, ab inuentore, adpellatur Augusta. **2** Nascitur ultra fontem Marciae. **3** Cuius ductus, donec Marciae accedat, efficit passus octingentos.

XIII. **1** Post hos C. Caesar, qui Tiberio successit, cum parum et publicis usibus et priuatis uoluptatibus septem ductus aquarum sufficere uiderentur, altero imperii sui anno, M. Aquila Iuliano P. Nonio Asprenate cos., anno urbis conditae septingentesimo *unde*nonagesimo, duos ductus inchoavit. **2** Quod opus Claudius magnificentissime consummauit dedicauitque Sulla et Titiano consulibus, anno post urbem conditam octingentesimo tertio Kalendis Augustis. **3** Alteri nomen *aquae* quae ex fontibus Caerulo et Curtio perducebatur Claudiae datum. **4** Haec bonitatis proxima*e* est Marciae. **5** Altera, quoniam duae Anionis in Urbem aquae fluere coeperant, ut facilius adpellationibus dinoscerentur, Anio Nouus uocitari coepit ; *altitudine* alia*s* omnes praecedit ; priori Anioni cognomen ueteris adiectum.

XII. 1 egerent *U* : a- *cet.* || aliam *edd.* . alie *C U om. V M* || aquam *add. Joconde.*

XIII. 1 aquila *C* : -ia *U* [illegible] *M* || p ω : quae *M* || nonio *om. V M* || undenonagesimo *Poleni* : nona- *codd.* || 2 Sulla *C U* : suilio *V* suilo *M* || titiano *V M* : tu- U tian *C* || tertio *Poleni* : sexto *codd.* || 3 nomen *C* : -mini U *om. V M* || aquae *Bücheler* : que *C U* quod *V M* || 4 bonitatis *C U* : -te *V M* || proximae *Bücheler* : -me *M* -ma *cet.* || est *om. V M* || marciae ω : -ricie *V* || 5 aquae *ante* in urbem *transp. V M* || altitudine *add. Krohn* || alias *V M* : -ia *C U* || est *in fin. add. M*.

XIV. La *Claudia* prend sa source sur la *Via Subla-censis*[1], au 38e mille, sur un chemin secondaire à gauche, à moins de 300 pas[2] ; elle vient de deux sources très abondantes et très belles, la *Caerula*, à laquelle son aspect a valu son nom[3] et la *Curtia*[4]. Elle reçoit aussi la source appelée *Albudina*[5], dont l'eau est si bonne que, chaque fois que la *Marcia* a besoin d'un complément, elle le fournit sans que son addition altère en rien la qualité de celle-ci.

Comme la *Marcia* se suffisait visiblement à elle-même, la source de l'*Augusta*[6] fut dérivée dans la *Claudia*, tout en restant comme réserve de sécurité pour la *Marcia*, étant entendu que l'*Augusta* n'aiderait la *Claudia* que si le conduit de la *Marcia* ne pouvait l'absorber ([38]).

Le conduit de la *Claudia* a une longueur de 46.406 pas[7], dont 36.230 en ouvrage souterrain et 10.176 au-dessus du sol, soit 3.706 sur arches dans le cours supérieur, en divers endroits, et, près de la Ville, à partir du septième mille, 609 pas sur murs de soutènement et 6.491 sur arches ([39]).

XV. L'*Anio Novus* commence sur la *Via Sublacensis*, au 42e mille, dans le Simbruinum[1] ; l'eau est captée à la rivière qui, traversant des terres cultivées dans un terrain gras, et ayant par conséquent des rives assez friables, a un cours boueux et trouble même sans l'action de la pluie[2].

XIV. 1. V., *supra*, chap. 7, et note 9. — 2. Environ 450 m. Cf. note compl. 38. — 3. La Source Bleue. Suét., *Claud.*, 20, confond l'*Albudina* et la *Curtia*. — 4. Noter que ce nom de source se trouve ici, en pays sabin. On connaît le *lacus Curtius* à Rome, qui était situé « du côté sabin » du Forum. — 5. Ce nom indique une source dont l'eau avait une teinte blanchâtre à la sortie de terre. La limpidité lui revenait rapidement, puisque Frontin compare son eau à celle de la *Marcia*. V. chap. 91 et 92. — 6. *Supra*. chap. 12 et note compl. 35. — 7. 68 km. 750.

XV. 1. Région montagneuse d'Italie centrale située au Sud de Subiaco. — 2. La même indication sera répétée, et précisée, *infra*, chap. 90. Ici, il n'est pas encore question des réformes de Trajan pour obvier aux inconvénients signalés par Frontin ; nous sommes dans la partie du traité écrite en 97. V. introd., p. IX et

XIV. 1 Claudia concipitur uia Sublacensi ad miliarium tricesimum octauum, deuerticulo sinistrorsus intra passus trecentos, ex fontibus duobus amplissimis et speciosis, Caerulo, qui a similitudine adpellatus est, et Curtio. **2** Accipit et eum fontem qui uocatur Albudinús, tantae bonitatis ut Marciae quoque adiutorio quotiens opus est ita sufficiat ut adiectione *sui* nihil ex qualitate eius mutet. **3** Augustae fons, quia Marciam sibi sufficere adparebat, in Claudiam deriuatus est, manente nihilo minus praesidiario in Marciam ut ita demum Claudiam aquam adiuuaret Augusta si eam ductus Marciae non caperet. **4** Claudiae ductus habet longitudinem passuum quadraginta sex milium *quadringentorum sex* : ex eo riuo subterraneo passuum triginta sex milium ducentorum triginta, opere supra terram passuum decem milium *centum* septuaginta sex : ex eo opere arcuato in superiori parte pluribus locis passuum trium milium septuaginta sex et, prope urbem, a septimo miliario, substructione riuorum per passus sexcentos nouem, opere arcuato passuum sex milium quadringentorum nonaginta et unius.

XV. 1 Anio nouus uia Sublacensi ad miliarium quadragesimum secundum in Simbruino excipitur ex flumine, quod, cum terras cultas circa se habeat soli pinguis et inde ripas solutiores, etiam sine pluuiarum iniuria limosum et turbulentum fluit. **2** Ideoque

XIV. 1 cerulo *edd.* : -le *C* -leo *U* -loque *V M* ‖ 2 eum ω : cum *U* ‖ est *om. V* ‖ adiectione sui *Joconde* : -nes ui *V* -ns uii *M* -nes sex *C U* ‖ nihil *C U* : nisi *V M* ‖ eius *om. V M* ‖ mutet *C* : -ent *U* commutet *V om. M* ‖ 3 est *om. V M* ‖ augusta *om. V M* ‖ 4 quadringentorum sex *add. Poleni* ‖ centum *add. Poleni* ‖ septuaginta sex *C* : lxxxi *cet.* ‖ septimo ω : vi *V* ‖ sexcentos nouem *C U* : duiiii *V M²* (dnouiiii *M¹*) ‖ unius *edd.* : unum *codd.*

XV. 1 anio ω : anno *U* ‖ uia ω : alia *U* ‖ uia *post* sublacensi *transp. V* ‖ simbruino *Bücheler* : sumbriuno *C* subrino *V M* subriuino *U* ‖ excipitur *C U* : con- *V M* ‖ circa *C U* : -cum *V M* ‖ etiam *C U* : et *V M* ‖ fluit *om. V M* ‖ 2 est *om. V* ‖ liquaretur *C U* : lique-

C'est pourquoi, aussitôt après les digues de captation (⁴⁰),
a été intercalé un bassin de décantation pour que, entre
la rivière et le conduit, l'eau pût y reposer et s'y clarifier.
Même ainsi, chaque fois que surviennent des pluies, elle
arrive trouble à la Ville.

L'*Anio Novus* reçoit le *Rivus Herculaneus*³, qui naît sur
la même route, au trente-huitième mille, en face des
sources de la *Claudia*, de l'autre côté de la rivière et de
la route (⁴¹). Par nature, cette eau est très pure, mais,
une fois mélangée, elle perd la limpidité qui faisait son
charme.

Le conduit de l'*Anio Novus* atteint 58.700 pas (⁴²),
dont 49.300 en canal souterrain et 9.400 en ouvrages
au-dessus du sol, soit, sur murs de soutènement ou sur
arches dans le cours supérieur, en plusieurs endroits,
2.300 pas et, plus près de la Ville, à partir du septième
mille, 609 pas sur murs de soutènement et 6.491 sur
arches. Ce sont des arches très hautes et qui s'élèvent,
en certains endroits, jusqu'à 109 pieds ⁴.

XVI. Aux masses si nombreuses et si nécessaires de
tant d'aqueducs, allez donc comparer des pyramides qui
ne servent évidemment à rien ou encore les ouvrages des
Grecs, inutiles, mais célébrés partout !

XVII. Il ne m'a pas semblé hors de propos de donner
aussi la longueur des conduits de chaque aqueduc et
même de distinguer les genres d'ouvrage (⁴³). Car une
partie essentielle de la charge que j'exerce étant leur
entretien¹, il faut que le titulaire sache quels sont ceux
qui demandent le plus de frais. Et mon zèle ne s'est pas
contenté d'inspecter chacun d'eux un à un : j'ai fait

---

suiv. — 3. Nom de ruisseau fréquent, semble-t-il, en pays romain
Cf. note compl. 31 et le texte de Pline cité, et, *infra*, chap. 19,8,
et note compl 53. — 4. Près de 36 m. Ce sont les arches qui sub-
sistent encore en partie, le long de l'ancienne *Via Latina*, et dont
la silhouette est devenue inséparable de toute image de la Campagne romaine. V. leur tracé sur la carte à la fin du vol. Elles
commencent approximativement à sept milles de Rome.

XVII. 1. La fonction essentielle du curateur sera définie plus
loin (chap. 103) d'après un sénatus-consulte. L'entretien matériel
des conduites n'est qu'un moyen, le but était de « faire en sorte

a faucibus ductus interposita est piscina limaria ubi,
inter amnem et specum, consisteret et liquaretur
aqua. **3** Sic quoque, quotiens imbres supcrueniunt,
turbida peruenit in urbem. **4** Iungitur ei riuus Herculaneus oriens eadem uia ad miliarium tricesimum
octauum, e regione fontium Claudiae trans flumen
uiamque. **5** Natura *est* purissimus, sed mistus gratiam splendoris sui amittit. **6** Ductus Anionis noui
efficit passuum quinquaginta octo milia septingentos :
ex eo riuo subterraneo passuum quadraginta nouem
milia trecentos, opere supra terram passuum nouem
milia quadringentos : ex eo substructionibus aut opere
arcuato superiori parte pluribus locis passuum duo
[decim] milia trecentos et, propius urbem, a septimo
miliario, substructione riuorum passus sexcentos
nouem, opere arcuato passuum sex milia quadringentos nonaginta unum. **7** Hi sunt arcus altissimi,
subleuati in quibusdam locis pedes centum nouem.

XVI. **1** Tot aquarum tam multis necessariis moli-
bus pyramidas uidelicet otiosas compares aut cetera
inertia sed fama celebrata opera Graecorum.

XVII. **1** Non alienum mihi uisum est longitudines
quoque riuorum cuiusque ductus etiam per species
operum complecti. **2** Nam, cum maxima huius
officii pars in tutela eorum sit, scire praepositum
oportet quae maiora impendia exigant. **3** Nostrae

V linque- *M* || 4 ei *Joconde* : et *codd.* || tricesimum octauum *C* : xliii
cet. || 5 natura *V M* : -re *C U* || est *add. Bücheler* || purissimus *V M* :
pessimus *C* durissimus *U* || 6 ductus ω : -tu *C* || quinquaginta
octo : xxluiii *M* || passus *pro* passuum *in hoc cap. ubique pos. V* ||
decim *del. Poleni* || trecentos *C* : dccc *cet.* || ui milia *C U* : uii milia
M x milia *V* || ab opere arcuato *usque ad fin. capit. om. U* || 7 pedes
om. V.
XVI. 1 pyramidas *C U* : -tas *V* -dis *M* || compares *C U* :
-rere *V M* || opera *edd.* : -re *codd.* || Graecorum *ante* opera *transp.*
U V M.
XVII. 1 longitudines *C U* : -is *V M* || quoque ω : quorum *M* ||
cuiusque *C U* : eque *V* aquae *M* || per species *C U* : prospi-
ciens *V M* || 2 praepositum *C U* : pro- *V M* || 3 nostrae *Joconde*

dresser en outre des plans des aqueducs, montrant les
endroits où ils traversent des vallées et les dimensions de
celles-ci, où ils traversent des rivières, où les canaux,
établis à flanc de montagne, demandent un soin plus
attentif pour la visite et la réparation des conduits. Il
en résulte cet avantage que je puis avoir en quelque
sorte la situation d'un seul coup sous les yeux et prendre
mes décisions comme si j'étais sur place [1].

XVIII. Les différents aqueducs parviennent dans la
ville à des niveaux divers. Il en résulte que certains
amènent l'eau dans les quartiers les plus élevés et que
certains ne peuvent être conduits dans des endroits situés
un peu haut ; car les collines, également, par suite de la
fréquence des incendies, se sont trouvées peu à peu suré-
levées par les décombres. Il y a cinq aqueducs auxquels leur
hauteur permet de pénétrer dans tous les quartiers ; mais,
parmi eux, les uns montent sous une pression plus forte,
les autres sous une plus faible ([44]). Le plus élevé est
l'*Anio Novus*, puis vient la *Claudia* ; le troisième rang est
occupé par la *Julia*, le quatrième par la *Tepula*, puis vient
la *Marcia* qui, à la source, égale même le niveau de la
Claudia. Mais les anciens l'amenèrent selon un tracé de
niveau inférieur, soit que l'art de calculer les niveaux
n'eût pas encore été amené à la perfection, soit qu'ils
aient fait exprès d'enfoncer les aqueducs sous terre pour
éviter qu'ils ne fussent coupés par l'ennemi, car on soute-
nait encore de nombreuses guerres contre les Italiens ([45]).
Maintenant, toutefois, sur certains points, aux endroits
où le conduit a été ruiné par le temps, le canal souterrain
qui contournait les vallées a été délaissé pour raccourcir
et on traverse celles-ci sur murs de soutènement et sur
arcades ([46]). Le sixième rang en niveau est occupé par
l'*Anio Vetus*, qui pourrait, de la même façon, desservir
même les quartiers les plus élevés si, aux endroits où

que l'eau coule, de jour et de nuit à la disposition du public ».
V. la note compl. 121. — 2. Sur ces plans, dont les modèles
remontaient sans doute à Agrippa, v. Introd., p. XI.

quidem sollicitudin*i* non suffecit singula oculis subie-
cisse, formas quoque ductuum facere curauimus, ex
quibus adparet ubi ualles quantaeque, ubi flumina
traicerentur, ubi montium lateribus specus adplicitae
maiorem adsiduamque petendi ac muniendi *r*iui
exigant curam. 4 Hinc illa contingit utilitas ut rem
statim ueluti in conspectu habere possimus et deli-
berare tamquam adsistentes.

XVIII. 1 Omnes aquae diuersa in urbem libra
perueniunt. 2 Inde fl*u*unt quaedam altioribus locis
et quaedam erigi in eminentiora non possunt ; nam
et colles sensim propter frequentiam incendiorum
excreuerunt rudere. 3 Quinque sunt quarum altitudo
in omnem partem urbis adtollitur, sed ex his aliae
maiori, aliae leuiori pressura coguntur. 4 Altissimus
est Anio nouus, proxima Claudia, tertium locum tenet
Iulia, quartum Tepula, dehinc Marcia, quae, capite,
etiam Claudiae libram aequat, sed ueteres humiliore
derectura perduxerunt, siue nondum ad subtile explo-
rata arte librandi, seu quia ex industria infra terram
aquas mergebant, ne facile ab hostibus interciperentur,
cum frequentia adhuc contra Italicos bella gererentur.
5 Iam tamen, quibusdam locis, sicubi ductus uetustate dilapsus est, omisso circuitu subterraneo uallium,
breuitatis causa, substructionibus arcuationibusque
traiciuntur. 6 Sextum tenet librae locum Anio uetus,
similiter suffecturus etiam altioribus locis urbis si,

-a *codd.* ‖ sollicitudini *Joconde* : -ne *codd.* ‖ suffecit *Joconde* :
-ficit *codd.* ‖ maiorem - riui *om. V M* ‖ riui *Heinrich* : ui *C U* ‖
4 contingit *C U* : -tigit *V M* ‖ possimus *C* : -sumus *U V M* ‖ assis-
tentes ω : -tem *V*.
   XVIII. 1 omnes *C U* : -que *M* omnem *V* ‖ perueniunt *C U* :
pro- *V M* ‖ 2 fluunt *edd.*: fiunt *codd.* ‖ erigi *C*: enim ω ‖ sensim *Bücheler* : si sint *codd.* ‖ rudere *C U* : rudes *V M* ‖ 3 quarum *Schultz*:
dua- *codd.* ‖ attolitur *om. V M* ‖ maiori *C U* : -e *V M* ‖ minori
C U : -e *V M* ‖ 4 est *om. V M* ‖ martie *ante* Claudiae *inser. V M* ‖
aequat ω : -ta *C* ‖ derectura *C U* : directam *V M* ‖ ad ω : a *V* ‖
5 est *om. V M* ‖ -que *om. V M* ‖ traiciuntur *C U* : -mur *V M* ‖

l'exige la disposition des vallées et des dépressions, il était porté par des murs de soutènement ou des arches ([47]). Au-dessous du niveau de l'*Anio Vetus* vient la *Virgo*, et après encore, l'*Appia* qui, ayant leur source dans un terrain de banlieue ([48]), n'ont pu être portés à un niveau aussi élevé que les autres. Le plus bas de tous est l'*Alsietina* qui dessert la région du Trastevere et des quartiers très en contre-bas [1].

XIX. Parmi ces aqueducs, six, sur la *Via Latina*, en deçà du septième mille ([49]), se déversent dans des bassins couverts où le courant reprend en quelque sorte haleine et où ils déposent leurs impuretés. C'est là aussi qu'on détermine leur débit par des jauges ([50]). Ensemble, la *Julia*, la *Marcia* et la *Tepula* (celle-ci, après avoir été captée, comme nous l'avons exposé plus haut, et dérivée dans le conduit de la *Julia* [1], reçoit alors, en quittant le bassin de la *Julia*, la quantité d'eau qui lui revient et continue son chemin dans son canal particulier et sous son nom à elle) — donc, ces trois aqueducs [2], après leurs bassins, passent sur les mêmes arches ([51]). Le plus élevé est la *Julia*, puis vient la *Tepula*, enfin la *Marcia*. Coulant constamment ensemble au niveau du Viminal, ils parviennent jusqu'à la Porte Viminale [3]. Là, ils émergent de nouveau ([52]). Auparavant, toutefois, une partie de la *Julia*, prélevée à la Vieille Espérance, est distribuée dans les réservoirs du mont Célius. Et la *Marcia* déverse une partie de son eau derrière les Jardins de Pallas dans le canal qu'on appelle canal d'Hercule [4] ([53]). Celui-ci traverse le Célius, mais sans desservir cette colline à cause de son niveau trop bas ; il se termine au-dessus de la porte Capène ([54]).

.

XVIII. 1. Ce sont les quartiers situés dans la dépression qu'enserre la boucle du Tibre, et qui seront plus tard compris à l'intérieur de l'enceinte d'Aurélien. V. note compl. 63.

XIX. 1. *Supra*, chap. 9. — 2. La construction de la phrase latine est coupée, ce qui a fait croire parfois à une lacune ; mais le texte peut être conservé. V. note compl. 51. — 3. Porte de l'enceinte servienne située au nord-est de Rome (non loin de l'actuelle Gare Termini). — 4. Pour le nom du canal, v. *supra*, chap. XV, n. 3.

ubi uallium submissarumque regionum condicio exigit,
subtructionibus arcuationibusue in is erigeretur.
7 Sequitur huius libram Virgo, deinde Appia : quae,
cum ex urbano agro perducerentur, non in tantum
altitudinis erigi potuerunt. **8** Omnibus humilior Alsietina est quae Transtiberinae regioni et maxime iacen-
tibus locis seruit.

XIX. 1 Ex his sex uia Latina intra septimum
contectis piscinis excipiuntur ubi, quasi respirante
riuorum cursu, limum deponunt. **2** Modus quoque
earum mensuris ibidem positis initur. **3** Una autem
[earum] Iulia, Marcia, Tepula (quae, intercepta sicut
supra demonstrauimus, riuo Iuliae accesserat, nunc a
piscina eiusdem Iuliae modum accipit ac proprio
canali et nomine uenit), hae tres a piscinis in eosdem
arcus recipiuntur. **4** Summus *ex* his est Iuliae, inferior
Tepulae, dein Marcia. **5** Quae, ad libram *collis Vimi-*
nalis *continenter una fluentes*, ad Viminalem usque
portam deueniunt. **6** Ibi rursus emergunt. **7** Prius
tamen pars Iuliae ad Spem Veterem excepta castellis
Caelii montis diffunditur. **8** Marcia autem partem sui
post hortos Pallantianos in riuum qui uocatur Herculaneus deicit. **9** Is, per Caelium ductus, ipsius montis
usibus nihil, ut inferior, subministrans, *f*initur supra
portam Capenam.

6 si ubi *Joconde* : sicubi *codd.* ‖ uallium ω : -lum *C* ‖ arcuationibusue in is *Krohn* : arcuationibus ueteris *C* que ueteris *U* que ueteres
V M ‖ erigeretur *C* : -gentur *U* exi- gentur *V M* ‖ 7 huius *C U* :
hanc *V M*.
  XIX. 1 his *C U* : huius *V M* is *edd.* ‖ excipiuntur *C U* : -mur
V M ‖ limum *C* : 1 *tantum* (*dum lac. indic.*) *U om. V M* ‖ 3 earum
deleui (*u. ad pag.* 77) ‖ quae *edd.* : que *C U* quoque *V M* piscina
C U : -sania *V M* ‖ modum *C U* : nomen *V M* ‖ accipit *Joconde* :
-epit *codd.* ‖ 4 ex *add. Schultz* ‖ est *om. V M* ‖ dein *C U* : deinde
V M ‖ 5 collis Viminalis *edd.* : nalis *post lac. codd.* ‖ continenter
una fluentes *ego* : con ntea [intra *V M*] entes [euntes *V M*] *codd.*
dum lac. inter uerba quaeque indic. ‖ 6 emergunt *C U* : -git *V M* ‖
7 prius *C U* : -or *V M* ‖ celii *C U* : cuuii *V M* ‖ 8 is *Dederich* : se
codd. ‖ celium *C U* : celum *V M* ‖ nihil *C U* : nisi *V M* ‖ finitur
edd. : initur *C* anitur *U* oritur *V M*.

XX. L'*Anio Novus* et la *Claudia*, après leurs bassins, passent sur des arches plus élevées (que les précédentes), l'*Anio* au-dessus [1]. Leurs arches se terminent après les Jardins de Pallas [2] et ensuite ils sont distribués par tuyaux pour le service de la Ville. Auparavant, toutefois, la *Claudia* fait passer une partie de son eau sur les arches qu'on appelle les arches de Néron, à la Vieille Espérance. Ces arches descendent la colline du Célius et prennent fin à côté du temple du Divin Claude [3]. La quantité d'eau qu'elles ont reçue est distribuée tant sur cette colline elle-même que sur le Palatin, l'Aventin et dans la région du Trastevere ([55]).

XXI. L'*Anio Vetus*, en deçà du quatrième mille ([56]), avant le conduit de l'*Anio Novus*, à l'endroit où il traverse les arches pour passer de la *Via Latina* à la *Via Labicana*, a lui aussi un bassin ([57]). Puis, en deçà du second miliaire ([58]), il déverse une partie de son eau dans le conduit qu'on appelle « Canal d'Octave » ([59]), qui va [dans la région de la *Via Nova* ([60])], près des Jardins d'Asinius [1], point d'où son eau est distribuée dans le quartier. Le conduit principal, cependant, longe la Vieille Espérance, jusqu'en deçà de la Porte Esquilline et son eau est distribuée dans la Ville par des canalisations profondes ([61]).

XXII. Ni la *Virgo*, ni l'*Appia*, ni l'*Alsietina* n'ont de réservoir, c'est-à-dire de bassin. Les arches de la *Virgo* commencent sous les Jardins de Lucullus [1] ; elles se terminent au Champ de Mars, le long de la façade des *Saepta* ([62]). Le conduit de l'*Appia*, passant sous le Célius et l'Aventin, réapparaît, nous l'avons dit, sous le *Clivus Publicii* [2]. Le conduit de l'*Alsietina* se termïne après la

---

XX. 1. *Supra*, note compl. 36. — 2. Sur ces Jardins, situés non loin de la Porte Majeure et taillés par Claude dans les anciens jardins de T. Statilius Taurus, v. *Mél. Ec. Fr.*, 1936, p. 258. — 3. Temple entouré d'un portique, qui avait été détruit en grande partie par Néron pour établir le parc de sa Maison d'Or, et qui fut rebâti par Vespasien. (Cf. Chap. 76).

XXI. 1. Asinius Pollion. C'est sur l'emplacement de ces jardins que s'élèveront, plus tard, les Thermes de Caracalla.

XXII. 1. Ces jardins s'étendaient sur la pente du Pincio, non loin de la Trinité des Monts actuelle. V. nos *Jardins Romains*, fig. 4 à la p. 128. — 2. *Supra*, chap. 5.

XX. **1** Anio nouus et Claudia, a piscinis, in altiores
arcus recipiuntur ita ut superior sit Anio. **2** Finiuntur
arcus earum post hortos Pallantianos et inde in usum
urbis fistulis diducuntur. **3** Partem tamen sui Claudia
prius in arcus qui uocantur Neroniani ad Spem ueterem transfert. **4** Hi, directi per Caelium montem, iuxta
templum Diui Claudii terminantur. **5** Modum quem
acceperunt aut circa ipsum montem aut in Palatium
Auentinumque et regionem Transtiberinam dimittunt.

XXI. **1** Anio uetus citra quartum miliarium, intra
noui *specum*, qua a uia Latina in Lauicanam inter
arcus traicit, et ipse piscinam habet. **2** Inde, intra
secundum miliarium, partem dat in specum qui uocatur Octauianum et peruenit [in regionem Viae Nouae]
ad hortos Asinianos, unde per illum tractum distribui-
tur. **3** Rectus uero ductus secundum Spem ueniens, intra
Portam Exquilinam in altos riuos per urbem diducitur.

XXII. **1** Nec Virgo nec Appia nec Alsietina conceptacula, id est piscinas, habent. **2** Arcus Virginis
initium habent sub hortis Lucullanis, finiuntur in
Campo Martio secundum frontem Saeptorum. **3** Riuos
Appiae sub Caelio monte et Auentino actus emergit,
ut diximus, infra cliuum Publicii. **4** Alsietinae ductus
post naumachiam, cuius causa uidetur esse factus,
finitur.

XX. 1 et *C U* : in *V M* ‖ arcus *C U* : -ces *V M* ‖ recipiuntur
C U : -unt *V M* ‖ 2 finiuntur *C U* : finitimus *V M* ‖ post *C U* :
praeter *V M* ‖ diducuntur *C U* : de- *V M* ‖ 4 celium *C U* : cœlum
V M ‖ 5 in *post* et *add.* *V M* ‖ regionem Transtiberinam *C U* :
Transtiberina regione *V M*.

XXI. 1 noui specum *ego* : nouie *codd. dum spat. inter* no *et*
uie *indic.* *V M* ‖ qua a *ego* : quia *C U* quia a *V M* ‖ 2 octauianum
C U : -nus *V M* ‖ 3 uero ductus *C U* : inductus *V M*.

XXII. 1 conceptacula *C U* : conceptela *V M* ‖ piscinas *C U* :
cianos *V M* ‖ 2 Lucullanis *edd.* : lucillianis *codd.* ‖ frontem saeptorum *C U* : fontem scipionum *V M* ‖ 3 emergit *C U* : -itur *V M* ‖
publicii *C U* : p. *V M* ‖ 4 alsietina *C* : alsi et inde *cet.* ‖ ductus *C* :
ed- *U* eductos *V M* ‖ post *C* : preter *M* est *U om.* *V* ‖ cuius *C U* :
nam cum *V M* ‖ esse *om.* *V M* ‖ finitur *C U* : finisi *V M*.

Naumachie, pour laquelle il a été visiblement fait ([63]).

XXIII. Puisque j'ai achevé d'exposer pour chaque aqueduc son auteur, sa date, et en outre l'origine, la longueur de son conduit et le rang que lui donne son niveau [1], <je vais indiquer maintenant le débit de chacun> ([64]), mais il ne me semble pas inutile d'entrer dans le détail et de montrer l'importance de la quantité d'eau qui satisfait non seulement au service et aux besoins du public et des particuliers, mais encore à leurs plaisirs, d'indiquer le nombre des châteaux d'eau utilisés et les régions où cette eau est répartie, les quantités distribuées hors de la ville et dans la ville, et, parmi celles-ci, celles qui sont fournies pour les bassins, les fontaines monumentales [2] les établissements publics, au titre de la maison impériale et pour le service des particuliers. Mais j'estime rationnel, avant de prononcer les mots de *quinaria*, de *centenaria* [3] et des autres calibres étalons qui servent réglementairement aux mesures, d'indiquer quelle est leur origine, quelles sont leurs caractéristiques, et de donner le sens de chacun de ces noms ; puis, après avoir exposé le principe servant à calculer leur système et sa base, de montrer comment j'y ai trouvé des incohérences et quel procédé j'ai employé pour y remédier.

XXIV. Les calibres étalons de distribution des eaux ont été établis tantôt avec le pouce comme unité de mesure, tantôt avec l'once [1] : le pouce est employé en Campanie et dans la plus grande partie de l'Italie, l'once dans les cités d'Apulie. Or, le pouce est, on le sait, le 1/16e du pied, l'once le 1/12e. Et, de même qu'il y a une différence entre le pouce et l'once, de même l'usage du pouce lui-même n'est pas toujours constant. Il y a un pouce que l'on appelle *carré*, et un autre que l'on appelle *rond*. Le pouce carré est de 3/14e de ses parties plus grand

XXIII. 1. Son altitude à l'entrée à Rome, dont dépendaient évidemment ses possibilités d'utilisation. V., *supra*, le chap. 18 et la note compl. 44. — 2. V., *supra*, chap. 3 et note compl. 3. — 3. C'est-à-dire de « tuyau de 5 » et « tuyau de 100 », v. *infra*.

XXIV. 1. Nous donnons à ce mot sa valeur propre : 1/12e d'une unité quelconque, ici 1/12e de pied. C'est donc une mesure de longueur, soit 0m,024, le pouce équivalant à 0m,018, en valeur linéaire.

XXIII. **1** Quoniam auctoris euiusque aquae et aetates, praeterea origines et longitudines riuorum et ordinem librae persecutus sum,.... + ... non alieni autem modi mihi uidetur etiam singula subicere et ostendere quanta sit copia quae publicis priuatisque non solum usibus et auxiliis uerum etiam uoluptatibus sufficit, et per quot castella quibusque regionibus diducatur, quantum extra urbem, quantum in urbe et ex eo quantum lacibus, quantum muneribus, quantum operibus publicis, quantum nomine Caesaris, quantum priuatis usibus erogetur. **2** Sed rationis existimo, priusquam nomina quinariarum centenariarumque et ceterorum modulorum per quos mensura constituta est proferamus, et indicare quae sit eorum origo; quae uires et quid quaeque adpellatio significet, propositaque regula ad quam ratio eorum et initium computatur, ostendere qua ratione discrepantia inuenerim et quam emendandi uiam sim secutus.

XXIV. **1** Aquarum moduli aut ad digitorum aut ad unciarum mensuram instituti sunt : digiti in Campania et in plerisque Italiae locis, unciae in Apuliae *ciuitatibus ad*huc obseruatur. **2** Est autem digitus, ut conuenit, sextadecima pars pedis, uncia duodecima. **3** Quemadmodum autem inter unciam et digitum diuersitas, ita et ipsius digiti *non* simplex obseruatio est. **4** Alius uocatur quadratus, alius rotundus. **5** Quadratus tribus quartisdecumis suis

XXIII. 1 quoniam *C U* : inde *V M* || origines *Schultz* : ordinem *V* ordines *cet.* || longitudines *V M* : -nem *C U* || persecutus ω : pro-*V* || *post* sum *lac. ind. edd.* || alieni *C* : -num *cet.* || modi *C* : *om. cet.* || etiam *om.* *V M* || per *om.* *V M* || diducatur *Dederich* : de- *codd.* || in urbe *edd* : in [intra *V M*] urbem ω *om.* *U* || 2 quinariarum *C U* : quiararum *V M* || centenariarum *Joconde* : -narium ω -tana-rum *V* || ceterorum *V M* : ceterum *C U* || est *om.* *V M* || uires *om.* *V M* || quaeque ω : que *C* || emendandi *C U* : -datur *V M.*

XXIV. 1 Apuliae *Scaliger* : papula *C U* pupula *V M* || ciui-tatibus adhuc *ego* : citahuc *C U* tita haec *V* tota haec *M* || obserua-tur *C U* : -antur *V M* || 2 ut ω : in *M* || 3 non *hic pos. Krohn* : ante est *E om. cet.* || est *om.* *V M* || 4 nam *ante* alius *pos.* *V M* ||

que le rond, le rond de 3/11ᵉ des siennes plus petit que le carré — cela vient évidemment de ce qu'il lui manque des angles ([65]).

XXV. Ensuite, un calibre étalon, qui n'est fondé ni sur l'once ni sur aucun des deux pouces, et introduit, pensent certains, par Agrippa, d'autres pensent par les fabricants de tuyaux de plomb et l'intermédiaire de l'architecte Vitruve ([66]), est venu en usage à Rome à l'exclusion des précédents : on l'appelle du nom de *quinaria* (tuyau de 5). Ceux qui l'attribuent à Agrippa expliquent ce nom en disant que cinq tuyaux anciens, minces et pareils à des points [1], qui servaient autrefois à distribuer l'eau quand il n'y en avait pas beaucoup, furent réunis en une seule conduite ; ceux qui l'attribuent à Vitruve et aux plombiers, en disant qu'une bande plate de plomb ayant une largeur de 5 pouces, roulée en cylindre [2], donne un tuyau de cette mesure. Mais cela n'est pas sûr car, lorsqu'on la roule, tandis que la face interne est contractée, la face externe est distendue ([67]). Le plus probable, c'est que la *quinaria* doit son nom à son diamètre de 5/4 de pouce [3], système qui se continue également dans les tuyaux suivants jusqu'à la *vicenaria* (tuyau de 20), le diamètre croissant chaque fois par addition de 1/4 de pouce ; par exemple, dans la *senaria* (tuyau de 6), qui a un diamètre de six quarts de pouce, et la *septenaria* (tuyau de 7), qui en a un de sept, et ainsi de suite, par des accroissements semblables, jusqu'à la *vicenaria*.

XXVI. Tout calibre est déterminé[1] par son diamètre ou par son périmètre ou par la mesure de sa section, toutes grandeurs qui définissent aussi sa capacité d'absorption.

XXV. 1. C'est-à-dire pareils à des « unités », et considérés comme tels. V. aussi *infra*, chap. 115 et note compl. 135. — 2. Tel était, effectivemeut, le procédé habituel pour la fabrication des tuyaux. V. la note compl. 66. — 3. Cinq *quadrantes* = 0ᵐ,0225 ; le *quadrans* vaut 3/12ᵉ d'unité (ici de pouce) soit 1/4. Cf. le tableau des fractions, p. 100.

XXVI. 1. Déterminé mathématiquement en grandeur, par l'une quelconque des quantités qui le caractérisent (diamètre, périmètre, section) et qui sont entre elles dans un rapport fixe, chacune

rotundo maior, rotundus tribus undecumis suis quadrato minor est, scilicet quia anguli deteruntur.

XXV. 1 Postea modulus nec ab uncia nec ab
alterutro digitorum originem accipiens inductus, ut
quidam putant, ab Agrippa, ut alii, a plumbariis per
Vitruvium architectum, in usum urbis exclusis prio-
ribus uenit, adpellatus quinariae nomine. 2 Qui autem
Agrippam auctorem faciunt dicunt quod quinque
antiqui moduli exiles et uelut puncta, quibus olim
aqua cum exigua esset diuidebatur, in unam fistulam
coacti sint ; qui Vitruuium et plumbarios ab eo quod
plumbea lammina plana quinque digitorum latitudinem habens circumacta in rotundum hunc fistulae
modulum efficiat. 3 Sed hoc incertum est quoniam,
cum circumagitur, sicut interiore parte adtrahitur,
ita per illam quae foras spectat extenditur. 4 Maxime
probabile est quinariam dictam a diametro quinque
quadrantum. 5 Quae ratio in sequentibus quoque
modulis usque ad uicenariam durat, diametro per
singulos adiecione singulorum quadrantum crescente ;
ut in senaria, quae sexs quadrantes in diametro
habet et septenaria, quae septem, et deinceps simili
incremento usque ad uicenariam.

XXVI. 1 Omnis autem modulus colligitur aut
diametro aut perimetro aut areae mensura, ex quibus
et capacitas adparet. 2 Differentiam unciae digiti

5 rotundus - est *om.* V ‖ undecumis C U : decumis M ‖ quadrato
C U : rotundo M ‖ deteruntur ω : -tenr- C.
    XXV. 1 quinariae *Bücheler* : -ario *codd.* ‖ 2 uelut C U : ultimi
V M ‖ sint *Heinrich* : sunt *codd.* ‖ qui ω : quique V ‖ et C U :
in V M ‖ lamina - habens *om.* M ‖ plana quinque C U : planaque
V ‖ circumacta *om.* V M ‖ rotundum *post* modulum *transp.*
V ‖ 3 agitur C U : circag- V M ‖ 4 est *om.* V M ‖ quinque C U :
quinum V M ‖ quadrantem C U : -dratum V M ‖ 5 uicenariam ω :
uici- C ‖ diametro C U : -os V M ‖ per - diametro *om.* V M ‖
adiectione U : -em C ‖ sexs *Bücheler* : sex. s. C sex scilicet U ‖
septenaria C U : -rios V M.
    XXVI. 1 a *ante* diametro *pos.* V ‖ areae mensura *Poleni* :

Pour voir plus aisément les différences introduites par
l'once, le pouce carré, le pouce rond et la *quinaria* elle-
même, prenons comme base la *quinaria*, qui est le calibre
le mieux défini et le plus courant. Ainsi, un tuyau d'une
once a un diamètre de 1 pouce 1/3 [2] ; sa capacité est
supérieure à celle de la *quinaria* de plus d'un huitième de
celle-ci, soit 1/8e de *quinaria*, trois scrupules (3/288)
et 2/3 de scrupules (2/864). Le pouce carré réduit à la
circonférence donne un diamètre de 1 pouce 1/8e et 1/72e ;
sa capacité est de 5/6e de *quinaria*. Le pouce rond a un
diamètre de un pouce ; sa capacité est de 7/12e' 1/24e
et 1/72e de *quinaria* [3].

XXVII. Les calibres engendrés à partir de la *quinaria*
prennent des accroissements selon deux principes : le
premier, lorsque la *quinaria* elle-même est multipliée,
c'est-à-dire lorsque plusieurs *quinariae* sont incluses dans
une même section [1] : en ce cas, les dimensions de la section
croissent proportionnellement au nombre de *quinariae*
que l'on ajoute. C'est le procédé le plus souvent en usage
lorsque, plusieurs *quinariae* ayant été concédées, pour ne
pas percer la conduite en trop d'endroits [2], on les amène
avec un seul tuyau dans un réservoir à partir duquel
chacun reçoit la quantité qui lui est due.

XXVIII. Le second principe est employé chaque fois
que le tuyau ne prend pas ses accroissements d'après le
nombre de *quinariae* [1], mais d'après la dimension de son
diamètre : accroissement qui, en même temps, lui donne
son nom et augmente sa capacité d'absorption.

Par exemple, une *quinaria*, si on ajoute 1/4 de pouce

d'elles suffisant pour calculer les autres. — 2. Soit 0m,024. — 3.
Tous ces chiffres sont donnés par Frontin avec une approximation de l'ordre de 1/10.000e, ce qui est plus que suffisant en égard
au principe de mesure du débit des aqueducs. (v. la note 69).

XXVII. 1. Pour la traduction, v., *infra*, chap. XXIX, n. 1. —
2. Cf. Chap. 106 et la note compl. 129. Application d'un sénatus-
consulte de 11 av. J.-C. Le « réservoir » dont il est question ici est
soit un château d'eau public soit un château d'eau particulier
construit par plusieurs concessionnaires à frais communs.

XXVIII. 1. C'est-à-dire par l'addition d'un nombre exact de
quinariae.

quadrati et digiti rotundi et ipsius quinariae ut facilius dinoscamus utendum est substantie quinariae,
qui modulus et certissimus et maxime receptus est.
3 Unciae ergo modulus habet diametri digitum unum
et trientem digiti : capit plus quam *quinaria plus*
quinariae octaua, hoc est sescuncia quinariae et scripulis tribus et bese scripuli. 4 Digitus quadratus in
rotundum redactus habet diametri digitum unum et
digiti sescunciam sextu*lam* : capit quinariae dextantem. 5 Digitus rotundus habet diametri digitum unum:
capit quinariae septuncem semunciam sextulam.

XXVII. 1 Ceterum moduli qui a quinaria oriuntur
duobus generibus incrementum accipiunt. 2 Et
una cum ipsa multiplicatur, id est eodem lumine
plures quinariae includuntur, in quibus secundum
adiectionem quinariarum amplitudo luminis crescit.
3 Est autem fere tunc in usu cum plures quinariae
impetratae, ne riuus saepius conuulneretur, una fistula
excipiuntur in castellum ex quo singuli suum modum
recipiunt.

XXVIII. 1 Alterum genus est quotiens non ad
quinariarum necessitatem fistula incrementum capit,
sed ad diametri sui mensuram, secundum quod et
nomen accipit et capacitatis *modum* ampliat ; ut puta
quinaria, cum adiectus est ei ad diametrum quadrans,

eree mensure *C U* ex recto mensure *V M* ‖ 2 ipsius ω : ipsi *C* ‖
et *post* ut *pos. V M* ‖ utendum *C U* : ut enim *V M* ‖ modulus
C V : modus *U M* ‖ 3 modulus *C*: modus *cet.* ‖ et trientem — (5)
digitum unum *om. V M* ‖ quinaria plus *addidi e Bücheler coniect.* ‖
sescuntia *Joconde* : seseuntia *C* seseinitia *U* ‖ 4 et digiti — (5)
digitum unum *om. U* ‖ sextulam *edd.* : sextum *C.*
XXVII. 1 quinaria ω : -ie *C* ‖ 2 multiplicatur *V M* : -antur
C U ‖ lumine *V M* : iumine *C* uimine *U* ‖ 3 usu *edd.* : -um *C U*
uisum *V M* ‖ ne riuus saepius *edd.* : neminis septus *C* ne in uiis
septus *U* ne in quaternis septinariis *V M* ‖ conuulneretur *C* :
cum uulneretur ω.
XXVIII. 1 necessitatem ω : -te *C* ‖ quod et *C U* :
quote et *V* quare et *M* ‖ modum *add. Krohn* ‖ adiectus *C U* :
deiectus *V M* ‖ est *om. V M* ‖ senariam *Schultz* : -ium *codd.* ‖

à son diamètre, devient une *senaria* (tuyau de 6) ; mais elle n'augmente pas sa capacité d'absorption d'un nombre exact d'unités ; elle absorbe, en effet, 1 *quinaria* 5/12e et 1/48e [2]. Et ensuite, de la même façon, en ajoutant 1/4 de pouce chaque fois au diamètre, comme nous l'avons dit, on obtient par accroissements successifs la *septenaria*, l'*octonaria*, et jusqu'à la *vicenaria* [3].

XXIX. Ensuite vient le système fondé sur le nombre de pouces carrés contenus dans la surface (c'est-à-dire dans l'ouverture) [1] de chaque calibre, nombre qui donne aussi leur nom aux tuyaux. Ainsi, celui qui a une surface (c'est-à-dire une ouverture) de 25 pouces carrés réduits à la circonférence s'appelle tuyau de 25. De la même façon la *tricenaria* (tuyau de 30), et ainsi de suite par accroissements successifs de 5 pouces carrés, jusqu'au tuyau de 120.

XXX. Dans la *vicenaria* (tuyau de 20), qui se trouve à la limite des deux systèmes, ceux-ci coïncident presque. Elle a en effet, d'après la règle de calcul suivie pour les tuyaux antérieurs, un diamètre de 20 quarts de pouce, c'est-à-dire un diamètre de 5 pouces. Et, d'après le système des calibres suivants, elle a une section légèrement inférieure à 20 pouces carrés.

XXXI. Le système des tuyaux dérivés de la *quinaria* jusqu'au tuyau de 120 est, dans toute la série des calibres, celui que nous avons dit, système cohérent dans tous les cas. Il est d'accord aussi avec les calibres étalons officiellement enregistrés dans les Registres de notre Prince Très-Invincible et Très-Pieux [1]. Que l'on veuille par conséquent suivre le calcul ou bien l'autorité, dans les deux cas les calibres des Registres l'emportent. Mais les fontainiers, bien qu'ils soient dans la plupart des cas d'accord avec

2. Cette mesure est ici donnée approchée (*infra*, chap. 40) à titre d'exemple. — 3. Tuyaux de 7, de 8, de 20.

XXIX. 1. Les termes d'*area* et de *lumen* signifient respectivement : « surface » et « ouverture » ; le latin ne possède pas d'équivalent pour « section droite ». Frontin se sert d'abord du terme mathématique le plus voisin, et le précise par un terme emprunté à la langue courante, et qui fait image.

XXXI. 1. Épithètes officielles des Empereurs. Frontin désigne ici l'Empereur en général, et non Trajan ou Nerva en particulier.

senariam facit. **2** Nec iam in solidum capacitatem
ampliat : capit enim quinariam unam et quincuncem
sicilicum *scripulum*. **3** Et deinceps eadem ratione
quadrantibus diametro adiectis, ut supra dictum est,
crescunt septenaria, octonaria, usque ad uicenariam.

XXIX. **1** Subsequitur illa ratio quae constat ex
numero digitorum quadratorum qui area, id est
lumine cuiusque moduli continentur : a quibus et
nomen fistulae accipiunt. **2** Nam quae habet areae,
id est luminis, in rotundum coactos digitos quadratos
uiginti quinque uicenum quinum adpellatur ; similiter
tricenaria et deinceps per incrementum *quinque* digitorum quadratorum usque ad centenum uicenum.

XXX. **1** In uicenaria fistula, quae in confinio
utriusque rationis posita est, utraque ratio paene
congruit. **2** Nam habet secundum eam computationem quae in *ante*cedentibus modulis seruanda est
in diametro quadrantes uiginti, cum diametri eiusdem
digiti quinque sint ; et secundum eorum modulorum
rationem qui sequuntur, aream habet digitorum quadratorum exiguo minus uiginti.

XXXI. **1** Ratio fistularum quinariarum usque
ad centenum uicenum per omnes modulos ita se
habet ut ostendimus et omni genere inita constat
sibi. **2** Conuenit et cum is modulis qui in commentariis
inuictissimi et piissimi principis positi et confirmati
sunt. **3** Siue itaque ratio siue auctoritas sequenda est,
utroque commentariorum moduli praeualent. **4** Sed

---

2 scripulum *add. Krohn* || 3 est *om. V M.*
   XXIX. 1 continentur *edd.* : -etur *codd.* || a *C U* : alii *V M* || 2 id
est *om. V M* || coactos *edd.* : -cti *codd.* || quinque *add. edd.* || qua-
dratorum *om. V M.*
   XXX. 1 in *C U* : prima a *V M* || est *om. V M* || congruit *C U* :
-unt *V M* || 2 habet *edd.* : -es *codd.* || antecedentibus *Poleni* : intece-
C intercenditus *U* inter iacentibus *V M* || seruanda est *C U* :
seruantur *V M* || sint *C U* : fuerint *V M* || aream *Bücheler* : ad
eam *codd.* || exiguominus *C* : exignominiis *cet.*
   XXXI. 1 et *C U* : in *V M* || inita *C U* : et ita *V M* || 3 est *om.*

les résultats évidents du calcul, ont innové pour quatre calibres, la *duodenaria*, la *vicenaria*, la *centenaria* et le tuyau de 120 [2].

XXXII. Pour la *duodenaria* (tuyau de 12), à la vérité, l'erreur n'est pas grande et son usage n'est pas fréquent. A son diamètre ils ont ajouté $1/24^e$ de pouce et $1/288^e$ [1], à sa capacité d'absorption $1/4$ de *quinaria*. Mais, pour les trois autres calibres, la différence constatée est plus grande. Ils font la *vicenaria* (tuyau de 20) trop petite, en diamètre, de $1/2$ pouce [2], en capacité d'absorption, de 3 *quinariae* $1/24^e$. C'est avec ce calibre qu'on effectue en général les distributions. La *centenaria* (tuyau de 100) par contre, et le tuyau de 125, qui servent très fréquemment aux fontainiers à recevoir l'eau, ne sont pas diminués par eux, mais augmentés : au diamètre de la *centenaria*, il ajoutent plus de $2/3$ de pouce et $1/24^e$ [3], à sa capacité 10 *quinariae* $2/3$ et $1/24^e$. Au diamètre du tuyau de 125 ils ajoutent 3 pouces $7/12^e$, $1/24^e$ $1/288^e$ [4] ; à sa capacité 66 *quinariae* $1/6^e$.

XXXIII. Ainsi, tant en diminuant la *vicenaria*, avec laquelle ils livrent souvent l'eau, qu'en augmentant la *centenaria* ou le tuyau de 125 qui leur servent toujours à la recevoir, ils détournent, pour une *centenaria*, 27 *quinariae*, pour un tuyau de 125, 86 *quinariae*. C'est ce que prouve le calcul et ce que montre aussi l'expérience. Car, au lieu d'une *vicenaria* [1], assignée par l'Empereur pour

— 2. Tuyaux de 12, de 20, de 100 et de 120. On voit que, jusqu'à Nerva, les fonctionnaires subalternes avaient acquis une très grande indépendance et ne suivaient même plus les règlements officiels. Cet état durait sans doute au moins depuis le règne de Domitien (v. *infra*, chap. 118,3), peut-être datait-il de plus loin encore. V. aussi les notes compl. 66 et 68.

XXXII. 1. Environ 0 mm. 775. — 2. Environ 9 mm., 2. — 3. Un peu plus de 13 mm. — 4. Un peu plus de 6 cm., 32.

XXXIII. 1. On voit que les concessions étaient, à l'origine évaluées directement en « *moduli* » ; le brevet impérial donnait théoriquement le droit au particulier d'implanter dans le château d'eau un tuyau d'une dimension déterminée, sans autre restriction explicite ; ce n'est que peu à peu que s'établit un barème d'équivalences, faisant entrer un jeu les autres facteurs. C'est l'histoire de ces tâtonnements empiriques que nous révèle le traité de Frontin. V. aussi la note compl. 66.

aquarii, cum manifestae rationi *in* pluribus consen-
tiant, in quattuor modulis nouauerunt : duodenaria
et uicenaria et centenaria et cen*ten*um uicenum.

XXXII. 1 Et duodenaria*e* quidem nec magnus
error nec usus frequens est. 2 Cuius diametro adiece-
runt digiti semunciam sicilicum, capacitati quinariae
quadrantem... + ebesem +. 3 *In* reliquis autem tribus
modulis plus deprenditur. 4 Vicenariam exiguiorem
faciunt diametro digiti semisse, capacitate quinariis
tribus et semuncia. 5 Quo modulo plerumque erogatur. 6 Centenaria autem et centenum uicenum,
quibus adsidue accipiunt, non minuuntur sed augen-
tur. 7 Diametro enim centenariae adiciunt digiti plus
besem et semunciam, capacitati quinarias decem
besem semunciam [sicilicum]. 8 Centenum uicenum
diametro adiciunt digitos tres septuncem semunciam *sicilicum*, capacitati quinaria*s* sexaginta sex
sextantem.

XXXIII. 1 Ita, dum aut uicenariae, qua subinde
erogant, detrahunt, aut cent*en*ariae et centenum uicenum adiciunt, quibus semper accipiunt, intercipiun-
tur in centenaria quinariae uiginti septem, in centenum uicenum quinariae octoginta sex [uncia]. 2 Quod
cum ratione adprobetur, re quoque ipsa manifestum
est. 3 Nam pro uicenaria, quam Caesar pro quinariis

V M ‖ utroque *C U* : utrique *V M* ‖ 4 cum *C U* : cur *V M* ‖ in
add. Poleni ‖ pluribus ω : -rimum *V* ‖ nouauerunt *C* : nominauc-
ω ‖ centenum *edd.* : centum *C U* ceterum *V M.*
XXXII. 1 duodenariae *edd.* : -ria *codd.* ‖ 2 cuius *C U* : cum
V M ‖ quadrantem *add. Poleni* ‖ ebesem *C U* et besem *V M, loc.
corruptus uid.* ‖ 3 in *add. Poleni* ‖ 6 centenum *C U* : centum *V M* ‖
minuuntur *V M* : -uunt *C U* ‖ 7 digiti plus besem *Krohn* : deigitibus
bese *C U* digitis bese *M* dientis bese *V* ‖ besem *Krohn* : semissem
codd. ‖ sicilicum *del. Bücheler* ‖ 8 centenum uicenum *Poleni* :
-no -no *codd.* ‖ semunciam *edd.* : -cia *codd.* ‖ sicilicum *add. Bücheler* ‖ quinarias *edd.* : -ia *codd.*
XXXIII. 1 qua *edd.* : quas *codd.* ‖ detrahunt *C U* : dater habet
V M ‖ aut *C U* : at *V M* ‖ centenariae ω : centariae *C* ‖ uncia *del.
Bücheler* ‖ 2 quod *C U* : quae *V M* ‖ est *om. V M* ‖ 3 assignat *C U* :

16 *quinariae*, ils n'en distribuent pas plus de 13 ; tandis que sur une *centenaria*, qu'ils ont augmentée, et un tuyau de 125, ils n'effectuent évidemment de distribution que jusqu'à concurrence du chiffre inférieur, puisque lorsque, conformément aux Registres impériaux, la distribution a atteint 81 *quinariae* 1/2 pour chaque *centenaria* et 98 *quinariae* pour chaque tuyau de 125, l'Empereur arrête la distribution, le débit total étant épuisé ([68]).

XXXIV. En tout, il y a vingt-cinq calibres. Tous sont en accord et avec le calcul et avec les Registres, sauf les quatre qui sont des innovations des fontainiers. Or, tout ce qui relève de la mesure doit être déterminé, immuable et en accord avec soi-même. C'est ainsi que le calcul aura une valeur universelle. Et, de la même façon, par exemple, qu'un calcul de setiers se retrouve en cyates [1], un calcul de boisseaux en setiers et en cyates, de même la multiplication des *quinariae* dans des tuyaux plus gros doit être constamment et régulièrement en accord avec elle-même. Autrement, lorsqu'on trouve un débit inférieur dans un tuyau de distribution et un débit supérieur dans un tuyau d'arrivée, il est évident qu'il n'y a pas erreur, mais fraude ([69]).

XXXV. Rappelons-nous que tout aqueduc, chaque fois que l'eau vient d'un point assez élevé et arrive dans un réservoir après un petit parcours, n'a pas seulement un débit correspondant à son calibre, mais un débit supérieur ; chaque fois, au contraire, que, venant d'un point assez bas, — c'est-à-dire sous faible pression — il a un parcours assez long, l'inertie du conduit le fait descendre au-dessous même de son débit théorique ; aussi faut-il, d'après ce principe, forcer le chiffre de la distribution, ou le diminuer [1].

XXXIV. 1. Le cyate, mesure pour les matières sèches, vaut 1/12e de setier ; celui-ci 1/16e de *modius* (boisseau) ; soit en mesures modernes, respectivement 0,046 l., 0,55 l. et 8,80 l.

XXXV. 1. Frontin, après avoir, dans le chapitre précédent, exposé des principes très rigoureux, sait bien qu'il doit les assouplir, son expérience lui ayant appris que les débits ne sont pas proportionnels à la seule section des tuyaux. Il fait intervenir d'autres facteurs, la *charge* et le *frottement*. De l'action de ces facteurs, il ne pouvait donner une formule mathématique, mais

sedecim adsignat, non plus erogant quam tredecim et
ex centenaria, quam ampliauerunt eque *centenum
uicenum* certum est illos non erogare nisi ad artiorem
numerum, quia Caesar, secundum suos commentarios,
cum ex quaque centenaria expleuit quinarias octoginta unam se*missem*, item ex centenum uicenum quinarias nonaginta octo, tamquam exhausto modulo
desinit distribuere.

XXXIV. **1** In summa, moduli sunt uiginti quinque.
2 Omnes consentiunt et rationi et commentariis,
exceptis his quattuor quos aquarii nouauerunt.
3 Omnia autem quae mensura continentur certa et
immobilia congruere sibi debent ; ita enim uniuersitati
ratio constabit. **4** Et, quemadmodum uerbi gratia
sextarii ratio ad cyatos, modii uero ad sextarios et ad
cyatos respondent, ita et quinariarum multiplicatio
in amplioribus modulis seruare consequentiae suae
regulam debet. **5** Alioqui cum in erogatorio modulo
minus inuenitur, in acceptorio plus, adparet non
errorem esse sed fraudem.

XXXV. **1** Meminerimus omnem aquam, quotiens
ex *altiore loco* uenit et intra breue spatium in caste-
lum cadit, non tantum respondere modulo suo sed
etiam exuberare ; quotiens uero ex humiliore, id est
minore pressura, longius ducatur, segnitia ductus
modum quoque deperdere ; *et* ideo secundum hanc
rationem aut oneranda esse erogatione aut releuanda.

˙ant *V M* ‖ centenum uicenum *add. Bücheler* ‖ artiorem *C U* cer-
tiorem *V M* ‖ semissem *Poleni :* se item *codd.* ‖ exhausto *C U :* ex
augusto *V M.*
XXXIV. 1 xxu *C M :* xu *U* xxxu *V* ‖ 2 nouauerunt *C :* nomina-
ω ‖ 3 continentur ω : -etur *C* ‖ uniuersitati *C U :* -tis *V M* ‖ 4 sextarii *C U :* sextertii *V M* ‖ modii *C U :* moduli *V M* ‖ respondent
C V : -det *M* -derit *U* ‖ consequentiae *C :* se- ω ‖ 5 in *om. U M* ‖
sint *ante* erogatorio *add. M* ‖ acceptorio ω : -ore *C.*
XXXV. 1 meminerimus *edd. :* -ramus *codd.* ‖ altiore loco *edd. :*
o *tantum ·post lac. codd.* ‖ breue spatium *Joconde :* breues at cum
C U breues et cum *V M* ‖ deperdere et *Schultz :* deperderet *C U*
deperdere *V M* ‖ aut — eragatione *om. V M.*

XXXVI. De plus, la position de la prise a de l'importance. Normale à la paroi et horizontale, elle conserve son débit théorique ; opposée au courant et tournée vers le bas [c'est-à-dire plus apte à puiser l'eau [1]], elle capte davantage d'eau ; tournée dans le sens du courant et vers le haut, elle n'absorbe l'eau que mollement et en petite quantité. La prise est un calibre de bronze que l'on fixe au conduit ou au réservoir ; c'est à elle que l'on adapte la tuyauterie. Sa longueur doit être au moins de 12 pouces [2], son ouverture [3] (c'est-à-dire sa capacité d'absorption) égale à celle qui a été fixée. Cette prise a été évidemment faite ainsi à dessein parce que le bronze, qui est rigide et ne peut être aisément fléchi, ne saurait être facilement élargi ou rétréci ([70]).

XXXVII. Je donne ci-dessous les caractéristiques des calibres, qui sont en tout 25 (bien que, en pratique, 15 seulement se rencontrent surtout), calculées selon le principe dont nous avons parlé [1], après en avoir corrigé quatre, qui étaient des innovations des fontainiers. C'est conformément à ce tableau que tous les tuyaux dont on aura besoin devront être établis ou, si l'on conserve les tuyaux dont je parle [2], que l'on devra évaluer leur capacité en *quinariae* [3]. Les calibres qui ne sont pas en usage sont chaque fois signalés.

XXXVIII. [Le tuyau d'une once a un diamètre d'un pouce 1/3 ; sa capacité d'absorption est supérieure à celle de la *quinaria* de 1/8e de *quinaria* 3/288e et 2/3 de scru-

on peut démontrer que ses calculs en tiennent suffisamment compte pour conserver une bonne approximation. Voir aussi les notes compl 69 et 133.

XXXVI. 1. Cette proposition est sans doute une note introduite abusivement dans le texte ; v. l'apparat critique. — 2 Soit 0,216 m. — 3. V. *supra*, chap. XXIX, n. 1.

XXXVII. 1. Le double système, par additions successives de 1 *quadrans* (4 m/m,5) au diamètre, ou bien par additions successives de 5 pouces carrés (0 m2,00127 env.) à la surface. *Supra*, chap. 27 et suiv. — 2. C'est-à-dire les tuyaux irrationnels introduits par les fontainiers, les tuyaux de 12, de 20, de 100 et de 120. *Supra*, chap. 31 et suivants. — 3. Au lieu d'évaluer les concessions en multiples de la *quinaria* comme c'était, semble t-il, l'usage dans les brevets impériaux (v. *Supra*, chap. 33 et note 1).

XXXVI. 1 Sed et *calicis* positio habet momentum.
2 In rectum et ad libram conlocatus, modum seruat ;
ad cursum aquae obpositus et deuexus [id est ad
haustum pronior] amplius rapit ; ad latus praetereuntis
aquae conuersus et supinus, segniter et exiguum sumit.
3 Est autem calix modulus aeneus qui riuo uel castello
inditur ; huic fistulae adplicantur. 4 Longitudo eius
habere debet digitos non minus duodecim, lumine, id
est capacitate, quanta imperata fuerit. 5 Excogitatus
uidetur, quoniam rigor aeris difficilior ad flexum non
temere potest laxari uel coartari.

XXXVII. 1 Formulas modulorum, qui sunt
omnes uiginti et quinque, subieci, quamuis in usu
quindecim tantum frequentes sint, derectas ad rationem de qua locuti sumus, emendatis quattuor, quos
aquarii nouauerant. 2 Secundum quod et fistulae
omnes, quae opus facient, derigi debent aut, si haec
fistulae manebunt, ad quinarias quot capient compu-
tari. 3 Qui non sint in usu moduli, in ipsis est adno-
tatum.

XXXVIII. [1 *Uncia habet* diametri *digitum
unum et* trientem digiti : *capit plus* quam qui*naria*
quinariae sescuncia et scripulis tribus et bese scripuli.

XXXVI. 1 calicis *add. Joconde* || 2 seruat *Joconde* : -uauit
codd. || et *ante* ad *pos.* V M || id est - pronior *del. Bücheler* : *post*
supinus *codd., huc transp. seruatque Krohn* || amplius C U : ampli-
tudini V M || segniter et *Bücheler* : segnitur et C et *om.* U signo
V M || 3 inditur *Krohn* : -duitur *codd.* || 4 lumine *ego* : lumen *codd.*
|| capacitate C U : -tem V M || 5 temere *edd.* : timeri *codd.* || coar-
tari ω : coortari C.

XXXVII. 1 subieci *Schultz* : -cti *codd.* || sunt C U : sint
V M || derectas *Bücheler* : derectam C U directam V M || nouaue-
rant C : nomina- *cet.* || 2 quod C U : qui V M || quae *om.* V M || haec
C : hac *cet.* || quot C U : quo V M || capient C : -ientur U -ietur
V M || computari C U : quo imputari *ante* capietur V M || 3 sint
C : sunt *cet.* || est *om.* V M.

XXXVIII. *Hoc cap. del. Schultz* || 1. uncia habet *edd.* : et
tantum codd. || digitum unum et *add. edd.* || trientem ω : -dentem
V || digiti *edd.* : digitum *codd.* || capit plus *edd.* : dici C U dico
V M || quinaria *edd.* : qui *codd.* || 2 et *ante* digitus *add.* V || in - (3)

pule (2/864e). Le pouce carré a la même dimension en largeur et en longueur. Le pouce carré réduit à la circonférence a un diamètre de un pouce 1/8e et 1/72e ; sa capacité est de 5/6e de *quinaria*. Le pouce rond a un diamètre d'un pouce, sa capacité est de 7/12e de *quinaria*, 1/24e et 1/72e ([71]) [1].]

XXXIX. *Quinaria* (tuyau de 5) :

> diamètre, 1 pouce 1/4 ;
> périmètre, 3 pouces 11/12e, 6/288e ;
> capacité, 1 *quinaria*.

XL. *Senaria* (tuyau de 6) :

> diamètre, 1 pouce 1/2 ;
> périmètre, 4 pouces 2/3, 1/24e, 2/288e ;
> capacité, 1 *quinaria* 5/12e, 7/288e.

XLI. *Septenaria* (tuyau de 7) :

> diamètre, 1 pouce 3/4 ;
> périmètre, 5 pouces 1/2 ;
> capacité, 1 *quinaria* 11/12e et 1/24e ;
> n'est pas utilisée [1].

XLII. *Octonaria* (tuyau de 8) :

> diamètre, 2 pouces ;
> périmètre, 6 pouces 1/4 et 10/288e ;
> capacité, 2 *quinariae* 1/2, 1/24e et 5/288e.

XLIII. *Denaria* (tuyau de 10) :

> diamètre, 2 pouces 1/2 ;

XXXVIII. 1. Chapitre introduit abusivement dans le texte V. note compl. 71.

XLII. 1. C'est un tuyau théorique, peut-être introduit dans la série par désir de la compléter. V. la note compl. 72.

2 Digitus quadratus in latitudine et longitudine aequalis est. **3** Digitus quadratus in rotundum redactus habet diametri digitum unum et digiti sescunciam *sextulam* : capit quinariae *dextantem*. **4** Digitus rotundus habet diametri digitum unum ; capit quinariae septuncem et semiunciam sext*ulam*.]

XXXIX. Fistula quinaria :
diametri digitum unum = —
perimetri digitos tres S = = —Ꝺ III,
capit quinaria*m* una*m*.

XL. Fistula *senaria* :
diametri digitum unum S,
perimetri digitos IIII S = £ Ꝺ II,
capit quinariam unam = = —Ꝺ *VII*.

XLI. Fistula septenaria :
diametri digitum I S = —,
perimetri digitos V S,
capit quinariam I <*S* = = —£> ;
in usu non est.

XLII. Fistula octonaria :
diametri digitos duos,
perimetri digitos sex <= —Ꝺ X>,
capit quinarias II S £ Ꝺ V.

XLIII. Fistula denaria :
diametri digitos duos et semis,

quadratus *om.* *V M* ‖ 3 et - (4) digitum *om.* *V M* ‖ sextulam *add. edd.* ‖ dextantem *add. edd.* ‖ 4 sextulam *edd.* : sextam *codd.*
XXXIX. *a* diametri *usq. ad fin cap. om.* U ‖ = — perimetri *add. Poleni* ‖ S = = — Ꝺ iii *Poleni* : Ꝺ S = = iiii C *om.* *V M* ‖ quinariam unam *edd.* : -ia -a *codd.*
XL. senaria *add. edd.* ‖ unum *om.* *V M* ‖ S = £ *om.* *V M* ‖ Ꝺ ii *Bücheler* : Ꝺ iii C U *om.* *V M* ‖ quinariam unam *Bücheler* : quinarias nouem *codd.* ‖ = = — Ꝺ uii *Bücheler* : = = — Ꝺ C U *om.* *V M.*
XLI. I S = — C U : *om.* *V M* ‖ V S *Poleni* : sex C U ui sex *V M* ‖ quinariam *edd.* : -ias *codd.* ‖ I *om.* *V M* ‖ S = = — £ *add. Poleni.*
XLII. = — Ꝺ x *add. Bücheler* ‖ S £ Ꝺ *om.* *V M.*

périmètre, 7 pouces 5/6e et
7/288e ;
capacité, 4 *quinariae*.

XLIV. *Duodenaria* (tuyau de 12) :
diamètre, 3 pouces ;
périmètre, 9 pouces 5/12e et
3/288e ;
capacité, 5 *quinariae* 3/4 et
3/288e ;
n'est pas utilisée [1].
Dans l'usage des fontainiers,
elle avait un diamètre de
3 pouces 3/24e et 6/288e, une
capacité de 6 *quinariae* [2].

XLV. Tuyau de 15 :
diamètre, 3 pouces 3/4 ;
périmètre, 11 pouces 3/4 et
10/288e ;
capacité, 9 *quinariae* ([72]).

XLVI. *Vicenaria* (tuyau de 20) [1] :
diamètre, 5 pouces :
périmètre, 15 pouces 2/3, 1/24e
et 2/288e ;
capacité, 16 *quinariae*.
Dans l'usage des fontainiers, elle
avait un diamètre de 4 pouces
1/2, une capacité de 12 *quinariae* 11/12e et 1/24e [2].

XLVII. Tuyau de 25 :
diamètre, 5 pouces 7/12e, 1/24e
et 5/288e ;
périmètre, 17 pouces 2/3, 1/24e
et 6/288e ;

XLIV. 1. V. Chap. 42 et la note. — 2. *Supra*, chapitre 32.
XLVI. 1. V. Pour les indications données à partir du chap. 46,
cf. la note compl. 73. — 2. *Supra, ibid.*

perimetri digitos septem S = = Ꙅ VII,
capit quinarias IIII.

-XLIV. 1 Fistula duodenaria :
diametri digitos *III*,
perimetri digitos VIIII = = —Ꙅ *III*,
capit quinarias quinque S = —Ꙅ *III* ;
in usu non est.

2 [Alia] apud aquarios habebat diametri digitos III £ Ꙅ VI capacitatis quinarias sex.

XLV. Fistula denum quinum :
diametri digitos III S = —,
perimetri digitos XI S = — <Ꙅ *X*>.

[Alia] capit quinarias nouem.

XLVI 1 Fistula uicenaria :
diametri digitos quinque,
perimetri digitos XV S = £ Ꙅ II,
capit quinarias sedecim.

2 Apud aquarios habebat diametri digitos IIII S,
capacitatis quinarias *duodeci*m <*S* = = —£>.

XLVII. Fistula uicenum quinum :
diametri digitos quinque S —£ Ꙅ V,
perimetri digitos decem et septem S = £ Ꙅ VI,

XLIII. S = = Ꙅ uii *Bücheler* : ≐ —Ꙅ uiii *C* Ꙅ uii i *U om. V M*
XLIV. iii perimetri digitos *add. Bücheler* ‖ uiiii *Bücheler* : **sex**
codd. ‖ = = — Ꙅ *om. V M* ‖ iii *add. Bücheler* ‖ S = — Ꙅ *om.*
U V M ‖ iii *add. Bücheler* ‖ in usu non est *om. V M* ‖ alia *C U secl.*
Bücheler : unde *V M* ‖ iii *om. V M* ‖ £ Ꙅ ui *Bücheler* : S Ꙅ u *C U.*
XLV. *capita XLV & XLVI om. M* ‖ iii S = — *Poleni* :
iiii = — *C* quatuor = *U* iiii *V M* ‖ perimetri *C V* : diametri
U ‖ XI S = — Ꙅ X *Bücheler* : duodecim = — £ *C* duodecim = £
U XII *V* ‖ alia *codd., secl. edd.*
XLVI. quinque *C* : uii *U* uiii *V* ‖ *post* quinque £ Ꙅ *pos. C* ‖
perimetri — ii *om. U* ‖ XV S = £ Ꙅ ii *Krohn* : xu S = = Ꙅ ui s *C* ‖
post sedecim, = —*add. C lac. ind. U* ‖ iiii S *Poleni* : octo S *C* octo *U*
uiii *V* ‖ quinarias *edd.* : quinas *codd.* ‖ duodecim S = = — £
Krohn : iiii *C U om. V.*
XLVII. quinque S — £ Ꙅ u *C* : quinque *U* quinque — peri·
metri *om. V M* ‖ S = £ Ꙅ ui *Krohn* : S = £ Ꙅ uii *C om. cet.*

capacité, 20 *quinariae* 1/3,
8/288e ;
n'est pas utilisé [1].

XLVIII. *Tricenaria* (tuyau de 30) :

diamètre, 6 pouces 1/6e et
4/288e ;
périmètre, 19 pouces 5/12e ;
capacité, 24 *quinariae* 5/12e et
5/288e ;

XLIX, Tuyau de 35 :

diamètre, 6 pouces 2/3 et 2/288e ;
périmètre, 20 pouces 11/12e et
5/288e ;
capacité, 28 *quinariae* 1/2 et
3/288e ;
n'est pas utilisé [1].

L. *Quadragenaria* (tuyau de 40) :

diamètre, 7 pouces 1/8e et
3/288e ;
périmètre, 22 pouces 5/12e ;
capacité, 32 *quinariae* 7/12e.

LI. Tuyau de 45 :

diamètre, 7 pouces 1/2, 1/24e
et 8/288e ;
périmètre, 23 pouces 3/4, et
10/288e ;
capacité, 36 *quinariae* 7/12e,
·1/24e et 8/288e ;
n'est pas utilisé [1].

LII. *Quinquagenaria* (tuyau de 50) :

diamètre, 7 pouces 11/12e, 1/24e
et 5/288e ;
périmètre, 25 pouces 1/24e et
9/288e ;
capacité, 40 *quinariae* 2/3, 1/24e
et 5/288e.

XLVII. 1. V. le chap. 41 et la note.
XLIX. 1. *Id.*
LI. 1. *Id.*

capit quinarias XX = = ɘ VIIII ;
in usu non est.

XLVIII. Fistula tricenaria :
diametri *digitos* sex = ɘ IIII,
perimetri digitos decem et nouem = = —,
capit quinarias uiginti quattuor = = —ɘ V.

XLIX. Fistula tricenum quinum :
diametri digitos sex S = ɘ II,
perimetri digitos XX S = = —£ ɘ V,
capit quinarias XX*VIII* S ɘ *III* ;
in usu non est.

L. Fistula quadragenaria :
diametri digitos septem —£ ɘ III,
perimetri digitos XXII = = —,
capit quinarias XXXII S —.

LI. Fistula quadragenum ·quinum :
diametri digitos septem S £ ɘ octo,
perimetri digitos XXIII S = —ɘ *X*,
capit quinarias XXXVI S —£ ɘ VIII ;
in usu non est.

LII. Fistula quinquagenaria :
diametri digitos septem S = = —£ ɘ V,
perimetri digitos XXV £ ɘ VIIII,
capit quinarias XL S = £ ɘ V.

‖ = = ɘ uiii *Bücheler* : = = S ɘ iiii *C om. V M.*
 XLVIII. tricenaria *C U* : tride- *V M* ‖ digitos *add. edd.* ‖ = ɘ
iiii *Krohn* : = ɘ iii *C om. cet.* ‖ = = —*om. U V M* ‖ = = —ɔ
C : = = ɘ *U om. V M.*
 XLIX. S = ɘ ii *Bücheler* : S ɘ ii *C* S ɘ iii *U om. V M* ‖ xx *add.*
edd. ‖ S = = —£ ɘ u *edd.* : S = = £ iii *C om. cet.* ‖ uiii S ɘ iii
add. edd. ‖ est *om. V M* ‖.
 L. —£ ɘ iii *C* : et uiii *M om. U V* ‖ xxii *C V* xii *U* xxx *M* ‖
= = —*om.. U V M* ‖ S — *om. U V M.*
 LI. S £ ɘ octo *Poleni* : S = —£ ɘ octo *C* et octo *U V* ‖ xxiii
S = —ɘ x *Krohn* : xxiiii S = —£ *C* xxiiii *U V* ‖ S —£ ɘ octo
Bücheler : S £ ɘ octo *C om. U V* ‖ est *om. V.*
 LII. S = = —£ ɘ *om. U V M* ‖ xxv *C* : xxxi *U V om. M*
‖ £ ɘ uiiii *edd.* : £ ɘ iiii *C om. cet.* ‖ S = £ ɘ *C* : *om. cet.* ‖ u *Bücheler* :
iiii *codd.*

LIII. Tuyau de 55 :

> diamètre, 8 pouces 1/3 et 10/288e ;
> périmètre, 26 pouces 1/4 et 1/24e ;
> capacité, 44 *quinariae* 3/4, 1/24e et 2/288e ;
> n'est pas utilisé [1].

LIV. *Sexagenaria* (tuyau de 60) :

> diamètre, 8 pouces 2/3, 1/24e et 9/288e ;
> périmètre, 27 pouces 5/12e et 1/24e ;
> capacité, 48 *quinariae* 5/6e et 11/288e ;

LV. Tuyau de 65 :

> diamètre, 9 pouces 1/12e et 3/288e ;
> périmètre, 28 pouces 7/12e ;
> capacité, 52 *quinariae* 11/12e et 8/288e ;
> n'est pas utilisé [1].

LVI. *Septuagenaria* (tuyau de 70) :

> diamètre, 9 pouces 5/12e et 6/288e ;
> périmètre, 29 pouces 2/3 ;
> capacité, 57 *quinariae* 5/288e.

LVII. Tuyau de 75 :

> diamètre, 9 pouces 3/4 et 6/288e ;
> périmètre, 30 pouces 2/3 et 1/24e;
> capacité, 61 *quinariae* 1/12e et 2/288e ;
> n'est pas utilisé.

LIII. 1. V. le chap. 42 et la note.
LV. 1. *Id.*

LIII. Fistula quinquagenum quinum :
diametri digitos octo = = Ɔ X,
perimetri digitos XXVI = — £,
capit quinarias XLIIII S = — £ Ɔ II ;
in usu non est.

LIV. Fistula sexagenaria :
diametri digitos octo S = £ Ɔ IX,
perimetri digitos XXVII = = — £,
capit quinarias XL octo S = = Ɔ XI.

LV. Fistula sexagenum quinum :
diametri digitos nouem — Ɔ III,
perimetri *digitos* XX octo S —,
capit quinarias quinquaginta duo S = = —Ɔ VIII ;
in usu non est.

LVI. Fistula septuagenaria :
diametri digitos nouem = = —Ɔ VI,
perimetri digitos XXIX S =,
capit quinarias LVII Ɔ V.

LVII. Fistula septuagenum quinum :
diametri digitos nouem S = —Ɔ VI,
perimetri digitos XXX S = £,
capit quinarias LXI —Ɔ II,
in usu non est.

LIII. = = Ɔ *Poleni* : = = £ Ɔ *C om.* U V ‖ decem *C U*
X *V* ex *M* ‖ = — £ *om.* U V M ‖ S = — £ Ɔ *om.* U V M ‖ ii
Bücheler : nouem *C* viiii *V M* ‖ est *om. V M.*
LIV. octo *Bücheler* : nouem *C U* ‖ octo — perimetri digitos
om. V M ‖ S = £ Ɔ *om.* U ‖ nouem *Bücheler* : octo *C U* ‖ xxuii
C : xxuiii *cet.* ‖ S = = — £ *Poleni* : S = £ *C om.* U ‖ S = = Ɔ *om.*
U V M ‖ xi *Bücheler* : octo *codd.*
LV. nouem *C U* : x *V M* ‖ — Ɔ iii *om. V M* ‖ digitos *add. Büche-*
ler ‖ S — C : S U *om. V M*‖ S = = — Ɔ *Bücheler* : S = — £ Ɔ *C*
om. cet. ‖ est *om. V M.*
LVI. = = — Ɔ sex *Bücheler* : = = Ɔ sex *C U om. V M*
‖ S = *om.* U V M ‖ luii Ɔ u *Bücheler* : lii Ɔ sex *C U* liiui *V*
liiui *M.*
LVII. S = — Ɔ *om.* U V M ‖ S = £ *om.* U V M ‖ lxi — Ɔ ii
Bücheler : quadraginta unum — Ɔ iiii *C* xli *cet.* ‖ est *om. V M.*

LVIII. *Octogenaria* (tuyau de 80) :
diamètre, 10 pouces 1/12e, et 2/288e ;
périmètre, 31 pouces 2/3 et 1/24e ;
capacité, 65 *quinariae* 1/6e ;

LIX. Tuyau de 85 :
diamètre, 10 pouces 1/3, 1/24e et 7/288e ;
périmètre, 32 pouces 2/3 et 6/288e ;
capacité, 69 *quinariae* 1/6e, 1/24e et 8/288e ;
n'est pas utilisé [1].

LX. *Nonagenaria* (tuyau de 90) :
diamètre, 10 pouces 2/3 et 10/288e ;
périmètre, 33 pouces, 7/12e, 1/24e et 3/288e ;
capacité, 73 *quinariae* 1/4, 1/24e et 5/288e.

LXI. Tuyau de 95 :
diamètre, 10 pouces 11/12e, 1/24e et 11/288e ;
périmètre, 34 pouces 1/2, 1/24e et 5/288e ;
capacité, 77 *quinariae* 1/3, 1/24e et 2/288e ;
n'est pas utilisé [1].

LXII. *Centenaria* (tuyau de cent) :
diamètre, 11 pouces 1/4 et 9/288e ;
périmètre, 35 pouces 5/12e et 1/24e ;
capacité, 81 *quinariae* 5/12e et 10/288e.

LIX. 1. V. le chap. 42 et la note,
LXI. 1. *Id.*

LVIII. Fistula octogenaria :
diametri digitos decem —Ɔ II,
perimetri digitos XXXI S = £,
capit quinarias LXV =.

LIX. Fistula octogenum quinum :
diametri digitos decem = = £ Ɔ VII,
perimetri digitos XXXII S = Ɔ VI,
capit quinarias LXVIIII = £ *VIII* ;
in usu non est.

LX. Fistula nonagenaria :
diametri digitos decem S = Ɔ X,
perimetri digitos triginta tres S —£ Ɔ III,
capit quinarias septuaginta tres = —£ Ɔ V.

LXI. Fistula nonagenum quinum :
diametri digitos X S = = —£ Ɔ XI,
perimetri digitos *XXX*IIII S £ <Ɔ V>,
capit quinarias LXXVII = = £ Ɔ II ;
in usu non est.

LXII. Fistula centenaria :
diametri digitos XI = —Ɔ VIIII,
perimetri digitos XXXV = = —£,
capit quinarias octoginta unam = = —Ɔ X.

LVIII. — Ɔ ii *C* ui *V* uii *M om. U* ‖ xxxi S = £ *Bücheler* :
xxxii = £ *C* xxxii *V M* xxx *U* ‖ lxu = *C* : lxli *U* lxii *V M.*

LIX. = = £ Ɔ· *om. U V M* ‖ septem *C U* : uii M x *V* ‖ xxxii
ω : xxxiii *V* ‖ S = Ɔ ui *Krohn* : S = Ɔ iiii *C om. U V M* ‖ capit
— *usque ad fin. cap.* LX *om. V* ‖ capit — viii *add. edd.* ‖ est
om. M.

LX. nonagenaria *U M* : nonageria *C* ‖ S = Ɔ *om. U M* ‖ x
C U : ex *M* ‖ S — £ Ɔ iii *Krohn* : S = = — Ɔ ix *C om. U M* ‖
= — £ Ɔ v *Bücheler* : = = — £ Ɔ iiii *C* iiii *cet.*

LXI. S = = — £ Ɔ xi *Bücheler* : S = = — £ Ɔ uiiii *C om. cet.* ‖
xxx *add. Poleni* ‖ S £ *C* : *om. cet.* ‖ Ɔ u *add. Krohn* ‖ lxxuii = = £ Ɔ
ii *edd.* : lxxuii = = £ Ɔ iiii *C* lxxuiii *U* lxxuiii *M* cxii *V* ‖ in usu
non est *om. V* ‖ est *om. M.*

LXII. *hoc cap. om. V* ‖ = — Ɔ *om. U M* ‖ perimetri ω :
pimetri *C* ‖ xxxu = = — £ *C* : xxxii *U M* ‖ = = — Ɔ x
om. U M.

　　　　　　　　　　Dans l'usage des fontainiers,
　　　　　　　　　elle avait un diamètre de 12
　　　　　　　　　pouces, une capacité de 92
　　　　　　　　　quinariae, 1/12ᵉ, 1/24ᵉ et
　　　　　　　　　10/288ᵉ [1].

LXIII. Tuyau de 125 : diamètre, 12 pouces 1/3 et
　　　　　　　　　7/288ᵉ ;

　　　　　　　　　périmètre, 38 pouces 5/6ᵉ ;

　　　　　　　　　capacité, 97 *quinariae* 3/4.

　　　　　　　　　Dans l'usage des fontainiers, il
　　　　　　　　　avait un diamètre de 16 pouces,
　　　　　　　　　une capacité de 163 *quinariae*
　　　　　　　　　11/12ᵉ, ce qui est le débit de
　　　　　　　　　deux *centenariae* [73].

LXIV [1]. Une fois terminé ce que j'avais à dire au sujet des calibres, je vais indiquer maintenant quel débit chaque aqueduc semblait [2] avoir jusqu'à mon administration et quelles quantités il distribuait d'après les indications des Registres impériaux ; et ensuite quel débit j'ai constaté moi-même après une enquête minutieuse provoquée par la prévoyance de Nerva, le meilleur et le plus consciencieux des Empereurs [3].

Les Registres portaient donc un chiffre total de 12.755 *quinariae* et une distribution de 14.018 *quinariae* ! Les évaluations des sorties excédaient celles des rentrées de 1.263 *quinariae* ! Étonné de ce fait, et estimant que le principal devoir de ma charge consistait à m'assurer de l'honnêteté de la gestion des aqueducs et de leur débit, je fus vivement incité à rechercher comment on pouvait distribuer plus d'eau que, pour ainsi dire, il n'y en avait

LXII. 1. V. *Supra*, chap. 32.

LXIV. 1. Ici les manuscrits font commencer le Livre II ; cette division arbitraire, ne remonte vraisemblablement pas à Frontin ; V. Introd., p. XX. — 2. Les débits théoriques des aqueducs, tels qu'ils ressortaient des Registres impériaux ne représentaient qu'une apparence, et non la réalité. D'où l'expression « semblait ». — 3. La nomination de Frontin répondait à une intention politique de Nerva : il s'agissait vraiment d'entreprendre une réforme profonde du système, et Frontin, même quand il dit « je, » parle au nom de l'Empereur. V. Introd., p. XV et chap. 118, nᵒ 2 —

Apud aquarios habebat diametri digitos XII,
capacitatis quinarias nonaginta II — £ Ɔ X.

LXIII. **1** Fistula centenum uicenum :
diametri digitos duodecim = = Ɔ VII,
perimetri digitos XXXVIII S = =,
capit quinarias LXXXXVII S = —.

2 Apud aquarios habebat diametri digitos XVI,
capacitatis quinarias centum sexaginta tres S < = >
= — qui modus duarum centenariarum est.

LXIV. **1** Persecutus ea quae de modulis dici fuit
necessarium, nunc ponam quem [ad] modum quaeque
aqua, ut principum commentariis comprehensum est,
usque ad nostram curam habere uisa sit quantumque
erogauerit ; deinde quem ipsi scrupulosa inquisitione
praeeunte prouidentia optimi diligentissimique Neruae principis inuenerimus. **2** Fuerunt ergo in commentariis in uniuerso quinariarum decem duo milia
septingentae quinquaginta quinque, in erogatione
decem quattuor milia decem et octo : plus in distributione quam in accepto computabatur quinariis
mille ducentis sexaginta tribus. **3** Huius rei admi-
ratio, cum praecipuum officii opus in exploranda
fide aquarum atque copia crederem, non mediocriter
me conuertit ad scrutandum quemadmodum amplius

INSCRIPTIO : Liber primus explicit. Liber secundus incipit *C*
post cap. lxiii. Liber secundus *M ibid.*

habebat *C* : habet *U M* ‖ — £ Ɔ *om. U M* ‖ x *add. Krohn.*
LXIII. = = Ɔ uii *edd.* : = = Ɔ ui *C om. cet.* ‖ xxxuiii *C U* :
xxxuii *V M* ‖ S = = *edd.* : S S = = *C om. cet.* ‖ lxxxxuii *Poleni* :
octoginta septem *C* lxxxuii *U* lxxxi *M* ‖ capit — S = — *om. V* ‖
S = — *C* : *om. cet.* ‖ xui *C* : xii *M* xiii *U V* ‖ S = = — *Bücheler* :
S = — *C om. cet.* ‖ qui modus *C U* : quinos *V* qui mos *M* ‖ centenariarum *C U* : cerimoniarum *V M* ‖ est *om. V M.*
LXIV. 1 ad *del. Poleni* ‖ aqua ut *C U* : aquarum *V M* ‖
prouidentia ω : prouidi *V* ‖ optimi *om. V* ‖ neruae principis *C U* :
principis nerue *V M* ‖ inuenerimus *C U* : -nimus *V M* ‖ 2 in *om.*
C U ‖ 3 praecipuum *C U* : principium *V M* ‖ quam *C U* :

dans la maison. Aussi, avant tout, j'entrepris de mesurer les têtes des aqueducs, et je trouvai un chiffre de beaucoup supérieur (soit d'environ 10.000 *quinariae*) à celui des Registres, comme je vais le montrer pour chacun des aqueducs [4].

LXV. A l'*Appia* est attribuée dans les Registres une quantité de 841 *quinariae*. Il a été impossible de trouver un moyen de mesurer cet aqueduc à la tête, puisqu'il se compose de deux conduits. Aux Jumeaux, cependant, lieu-dit au-dessous de la Vieille-Espérance [1], où il fait sa jonction avec la branche de l'*Augusta*, j'ai trouvé une profondeur d'eau de 5 pieds et une largeur de 1 pied 3/4, ce qui fait une surface de 8 pieds 3/4, soit 22 *centenariae* et une *quadragenaria*, qui font 1.825 *quinariae*, chiffre supérieur à celui des Registres de 984 *quinariae*. L'*Appia* fournissait 704 *quinariae*, c'est-à-dire 137 de moins que ne le comportaient les Registres, et 1.121 de moins encore que n'en révèlent les mesures aux Jumeaux. Toutefois, il s'en perd une certaine quantité par la faute du conduit qui, étant à un niveau assez bas, ne laisse pas déceler facilement les fuites ; il y en a pourtant, on le voit au fait que dans la plupart des quartiers de la ville on trouve de l'eau répandue [2] : c'est ce qui s'en échappe. Mais j'ai aussi surpris à l'intérieur de la ville quelques tuyaux clandestins. Hors de la ville, en revanche, la profondeur de son niveau (puisqu'à la source il est à cinquante pieds sous terre ([74])) fait qu'il ne subit aucun dommage.

---

4. Frontin s'est livré à cette enquête au cours de l'année 97 ; il la continua pendant l'été de cette année-là, et c'est le rapport qu'il fit à l'Empereur (Nerva, peut-être, auquel succéda bientôt Trajan) qui détermina le programme des réformes exécuté:s par Trajan à partir de 98 v. Introd., p. XIV et suiv.

LXV. 1. Près de la Porte Majeure actuelle. Voir le chap. 5 et les notes compl. 10 à 12. — 2. Le texte est incertain ; tel que nous le traduisons, il résulte d'une conjecture de Poleni (v. apparat critique). Le texte des mss. peut, à la rigueur, signifier : « on trouve une eau excellente » (ss. entendu : qui s'échappe du conduit).

erogaretur quam in patrimonio, ut ita dicam, esset.
4 Ante omnia itaque capita ductuum metiri adgres-
sus sum, sed longe, id est circiter quinariis decem
milibus, ampliorem quam in commentariis modum
inueni, ut per singulas demonstrabo.

LXV. 1 Appiae in commentariis adscriptus est
modus quinariarum octingentarum *quadraginta* unius.
2 Cuius *a*quae ad caput inueniri mensura non potuit,
quoniam ex duobus riuis constat. 3 Ad Gemellos
tamen, qui locus est infra Spem ueterem, ubi iungitur
cum ramo Augustae, inueni altitudinem aquae pedum
quinque, latitudinem pedis unius dodrantis : fiunt
areae pedes octo dodrans, centenariae uiginti duae et
quadragenaria, quae efficiunt quinarias mille octingentas uiginti quinque : amplius quam commentarii
habent quinariis nongentis octoginta quattuor. 4 Erogabat quinarias septingentas quattuor : minus quam
in commentariis adscribitur quinariis centum triginta
septem, et adhuc minus quam ad Gemellos mensura
respondet quinariis mille centum uiginti una. 5 Inter-
cidit tamen aliquantum e ductus uitio qui, cum sit
depressi*o*r, non facile manationes ostendit, quas esse
ex eo adparet quod in plerisque urbis partibus pro-
*l*ata aqua obseruatur, id quod ex ea manat. 6 Sed
et quasdam fistulas intra urbem inlicitas deprehendimus. 7 Extra urbem autem, propter pressuram
librae, cum sit infra terram ad caput pedibus quinquaginta, nullam accipit iniuriam.

quasi *V M* ‖ 4 itaque *C U* : ita *V M* ‖ quam *C U* : quasi *V M*.
    LXV. 1 est *om. V M* ‖ quadraginta *add. Poleni* ‖ 2 aquae
Bücheler : que *codd.* ‖ 3 Gemellos *C* : -as *cet.* ‖ est *om. V M* ‖ infra
Bücheler : intra *codd.* ‖ pedum *Schultz* : pedes *codd.* ‖ *post* latitudinem, aque *ins. V M* ‖ unius *om. V M* ‖ fiunt ω : fuit *U* ‖ commentarii *Dederich* : -riis *C U* in com- *V M* ‖ octoginta quattuor *C* :
lxxxiii *cet.* ‖ 4 adhuc *C U* : ad haec *V M* ‖ gemellos ω : -as *V* ‖
5 quom *edd.* : quam *codd.* ‖ depressior *edd.* : -io *codd.* ‖ esse *Poleni* :
ei se *C U* eise esse *V M* ‖ prolata *Poleni* : probata *codd.* ‖ 6 inlicitas *C* : inuentas *cet.* ‖ 7 quom *Bücheler* : quam *codd.* ‖ infra *Poleni* :
ius *C V* uis *U M* ‖ terram *V U* : *bis pos. C* terrarum *M*.

LXVI. A l'*Anio Vetus* est attribuée, dans les Registres, une quantité de 1.541 *quinariae*. A la source, j'en ai trouvé 4.398, outre la quantité qui est dérivée dans l'aqueduc particulier des habitants de Tibur [1], soit 2.857 *quinariae* de plus que ne le comportent les Registres. Il était fourni avant l'arrivée au bassin [2] 262 *quinariae*. Au bassin, le débit atteint aux jauges disposées là [3] est de 2.382 *quinariae*. Il se perdait donc, entre la tête et le bassin, 1.774 *quinariae*. L'aqueduc fournissait après le bassin 1.348 *quinariae*, soit 69 *quinariae* de plus que la quantité portée en entrée dans les Registres, comme nous l'avons dit, et 1.014 *quinariae* de moins que la quantité passant dans le conduit après le bassin, comme nous l'avons montré. Total de ce qui se perdait entre la tête et le bassin et en aval du bassin : 2.788 *quinariae* ; je soupçonnerais là une erreur de mesure si je n'avais trouvé l'endroit où ces quantités étaient détournées ([75]).

LXVII. A *la Marcia* est attribuée dans les Registres une quantité de 2.162 *quinariae*. L'ayant mesurée à la source, je trouvai 4.690 *quinariae*, soit 2.528 de plus que dans les Registres. On fournissait, avant l'arrivée au bassin, 95 *quinariae* [1] et on donnait en complément à la

LXVI. 1. 'L'aqueduc, indépendant de l'*Anio Vetus*, qui partait du même point que lui, utilisant les mêmes travaux de captation, et se rendait directement à Tibur (Tivoli). Voir le chap. 6 et la note compl. 14. — 2. Le bassin du 4e mille sur la Voie Latine ; v. le chap. 21 et les notes compl. 56 et 57. Ces fournitures étaient faites sans doute aux grandes villas dont les ruines se voient encore dans toute cette région, le long de la Voie Latine. V. la carte à la fin du vol. — 3. Ouvertures calibrées destinées à régulariser le courant et à rendre les différentes mesures exécutées comparables entre elles, en éliminant les variations trop considérables de « charge », c'est-à-dire de violence du courant. V. la note compl. 69.

LXVII. 1. On remarquera que les quantités fournies officiellement par la *Marcia* aux particuliers, avant le bassin de la *Via Latina*, sont relativement très faibles, surtout comparées aux 262 *quinariae* distribuées par l'*Anio Novus* sur le même trajet (v. la carte à la fin du vol.). Ces distributions étaient faites aux villas suburbaines, et servaient surtout aux bains et à l'irrigation, tous usages pour lesquels l'eau de la *Marcia* était trop bonne. Dès l'origine, par conséquent, était admis le principe auquel s'efforcera de revenir Frontin ; on la réservait autant que possible à la boisson. L'*Anio Vetus,* au contraire, dont l'eau était trouble, était

LXVI. 1 Anioni ueteri adscriptus est in commentariis modus quinariarum mille quingentarum quadraginta unius. 2 Ad caput inueni quattuor milia trecentas nonaginta octo praeter eum modum qui in
proprium ductum Tiburtium deriuatur : amplius
quam in commentariis est quinariis duobus milibus
octingentis quinquaginta septem. 3 Eroga*ba*ntur antequam ad piscinam ueniret quinariae ducentae sexaginta duae. 4 Modus in piscina, qui per mensuras
positas initur, efficit quinariarum duo milia trecentas
sexaginta duas. 5 Intercidebant ergo inter caput et
piscinam quinariae mille septingentae septuaginta
quattuor. 6 Erogabat post piscinam quinarias mille
trecentas quadraginta octo : amplius quam in commentariis conceptionis modum significari diximus quinariis sexaginta nouem, minus quam recipi in ductum
post *pisci*nam posuimus quinarii*s* mille decem quattuor. 7 Summa quae inter caput et piscinam et post
piscinam intercidebat : quinariae duo milia septingentae octoginta octo, quod errore mensurae fieri
suspicarer nisi inuenissem ubi auerterentur.

LXVII. 1 Marciae in commentariis adscriptus est
modus quinariarum duum milium centum sexaginta
duarum. 2 Ad caput mensus inueni quinarias quattuor milia sexcentas nonaginta : amplius quam in
commentariis est quinariis duobus milibus quingentis
uiginti octo. 3 Erogabantur antequam ad piscinam
perueniret quinariae nonaginta quinque et dabantur in

LXVI. 1 sicut inueni quattuor milia *ineunt. cap. pos.* V M ||
est *om.* V M || quingentarum *Schultz* : quadring- *codd.* || quadra-
ginta unius *C* : xli *U* xxli *V M* || 2 caput *C U* : cal *V M* || inueni —
milia *om.* V M || nonaginta octo *C U* : xxxuiii *V M* || est *om.*
V M || octingentis *C U* : dcc *V M* || 3 erogabantur *Joconde* :
erogantur *codd.* || quinariae - (5) piscinam *om.* V M || 6 erogabat
C U : erogat *V M* || post *C U* : praeter *V M* || sexaginta nouem
C : lxuiiii *M* lxuiii *U V* || post piscinam *Schultz* : post iiseinam
C U : potest usque nam *V M* || quinariis *edd.* : -ias *codd.* || 7 inter-
cidebat ω : -cedebat *C* || quinariae *Bücheler* : -ias *codd.*

Tepula 92 *quinariae*, et, de même à l'*Anio*, 164 ([76]).
Total des fournitures avant le bassin : 351 *quinariae* [2].
Le débit atteint au bassin, aux jauges disposées là [3],
joint à ce qui contourne le bassin et est reçu dans le même
canal sur les arches ([77]), se monte à 2.944 *quinariae*. Total
des distributions antérieures au bassin et de la quantité
qui passe, après le bassin, dans le canal sur les arches :
3.295 *quinariae*, soit 1.133 de plus qu'il n'est indiqué en
entrée dans les Registres, et 1.395 de moins que ne donnent les mesures èffectuées à la tête.

La *Marcia* fournissait après son bassin 1.840 *quinariae*,
soit 227 de moins que la quantité indiquée en entrée dans
les Registres, nous l'avons dit, et 1.104 de moins qu'il
n'en passe du bassin sur les arches. Total de ce qui se
perdait tant entre la tête et le bassin qu'après celui-ci :
2.499 *quinariae*, dont, comme dans les autres cas, j'ai
constaté le détournement en plusieurs endroits. Qu'elles
n'aient pas disparu, c'est ce que montrent bien et ce fait et
celui que, à la tête, en plus du chiffre qui est atteint
comme nous l'avons indiqué, par la capacité d'absorption du conduit, il déborde plus de 300 *quinariae*.

LXVIII. A la *Tepula* est attribuée, dans les Registres,
une quantité de 400 *quinariae* [1]. Cet aqueduc n'a pas de
source ; il se composait de quelques nappes qui ont été

bien moins précieuse. V. les chap. 91 et 92. — 2. On voit que les
quantités fournies aux autres aqueducs sont bien plus considérables
que celles qui vont aux particuliers (note préc.). Cela laisse supposer
que ces emprunts datent du moment où les *aquarii* répartissaient
l'eau arbitrairement sans tenir compte des qualités propres de
chaque aqueduc. Par son niveau, et son abondance, la *Marcia*
constituait une véritable réserve d'eau toujours disponible pour
combler les déficits causés par des distributions abusives. L'adjonction à sa source de l'*Augusta* (chap. 12) montre que cette politique
remonte au plus tard à la réorganisation augustéenne de 11 av.
J.-C. : un apport supplémentaire ne se comprenant que si l'on
demandait davantage à la *Marcia*. C'est le moment où les aqueducs
perdent leur autonomie pour faire partie d'un système d'ensemble.
Politique contre laquelle réagira Trajan (v. les chap. 89 et suiv.).
— 3. V. Chap. préc., n. 3.
    LXVIII. 1. Frontin a déjà indiqué que, même après les travaux
d'Agrippa (v. ci-après) le réseau de la *Tepula* était demeuré en service ; c'est à ce titre qu'il continuait à figurer sur les Registres
impériaux dans un chapitre particulier. V. *supra*, chap. 9 et

adiutorium Tepulae quinariae nonaginta duae, item
in Anionem quinariae centum sexaginta quattuor.
4 Summa quae erogabatur ante piscinam : quinariae
trecentae quiquaginta una. 5 Modus qui in piscina
mensuris positis initur cum eo quod circa piscin*am*
ductu*m* eodem canali in arcu*s* excipitur, efficit quinarias duo milia nongentas quadraginta quattuor.
6 Summa, quae aut erogatur ante piscinam aut *a*
piscina in arcu*s* ri*u*o recipitur : quinariarum tria
milia ducentae nonaginta quinque, amplius quam in
conceptis commentariorum positum est quinariis mille
centum triginta tribus : minus quam mensurae ad
caput actae efficiunt quinariis mille trecentis nonaginta quinque. 7 Erogabat post piscinam quinarias
mille octingenta*s* quadraginta : minus quam in commentariis conceptionis *modum* significari diximus quinariis ducentis uiginti septem, minus quam ex piscina
in arcus recipiuntur sunt quinariae mille centum quattuor. 8 Summa utraque quae intercidebat aut inter
caput et piscinam aut post piscinam : quinariarum duo
milia quadringentae quinquaginta nouem, quas, sicut
in ceteris, pluribus locis intercipi deprehendimus.
9 Non enim eas cessare manifestum est et hoc *et ex* eo
quod *ad* caput praeter eam mensuram quam compre-
hendisse nos capacitate ductus posuimus, effunduntur
amplius trecentae quinariae.

LXVIII. 1 Tepulae in commentariis adscriptus
est modus quinariarum quadringentarum. 2 Huius
aquae fontes nulli sunt ; uenis quibusdam constabat

LXVII. 3 in *add. Bücheler* ‖ summa ω : -mam *C* ‖ piscinam
ego : -ne *codd.* ‖ arcus *Poleni* : -cu *codd.* ‖ 6 aut a piscina in arcus
riuo *ego* : quinarias arcuo *C U* quinarias arcus *V M* ‖ 7 octingentas
ω : -a *C* ‖ modum *add. Schultz* ‖ 8 quadringentae quinquaginta
novem *Bücheler* : d *dum spat. ante reliq. V* quingente *cet.* ‖ eas
edd. : eos *codd.* ‖ et ex *add. Schult*z ‖ ad *add. Poleni.*
LXVIII. 1 Tepula - quinariarum [quinariis *V M*] *post* (2)
interceptae sunt [intersunt *V M*] *transp. V M* ‖ 2 huius *C U* :

captées pour la *Julia* [2]. Il faut donc considérer comme sa
source le bassin de la *Julia* [3]. Là, elle reçoit d'abord
190 *quinariae*, puis, tout de suite, de la *Marcia*, 92 *quinariae* et, en plus de l'*Anio Novus*, à la hauteur des
Jardins d'Epaphrodite ([78]), 163 *quinariae*. Ce qui fait en
tout 445 *quinariae*, soit un chiffre supérieur à celui des
Registres de 45 *quinariae*, qui se retrouvent dans les
fournitures.

LXIX. A la *Julia* est attribuée dans les Registres une
quantité de 649 *quinariae*. Des mesures n'ont pu être
exécutées à la tête, puisqu'elle se compose de plusieurs
captations [1], mais, à six milles de Rome, elle est contenue
tout entière dans un bassin [2] où sa quantité, d'après des
mesures certaines, se monte à 1.206 *quinariae*, soit 557 de
plus que dans les Registres. En outre, elle reçoit, près de
la Ville, après les Jardins de Pallas ([79]), 162 *quinariae* de
la *Claudia*. L'ensemble de ce que reçoit la *Julia* se monte
à 1.368 *quinariae*. Sur cette quantité, elle donne à la
Tepula 190 *quinariae* : elle en fournit en son nom 803. Le
total de ses fournitures est de 993 *quinariae*, soit 344 de
plus que ne le portent les Registres et 213 de moins que
nous n'en avons constaté au bassin, quantité que nous
avons retrouvée chez ceux qui s'en emparaient sans concession du prince.

LXX. A la *Virgo* est attribuée dans les Registres une
quantité de 652 *quinariae* [1]. Je n'ai pu trouver un moyen

note compl. 24. — 2. *Supra*, chap. 8 et 9. — 3. Bassin au 6ᵉ mille
de la Voie Latine, chap. 19 et chap. 69.

LXIX. 1. Ses sources propres, et celles de la *Tepula* relativement voisines. V. notes compl. 20 et 23, et la carte à la fin du vol.
— 2. Sur la Voie Latine ; c'est le bassin de décantation déjà mentionné par Frontin (chap. 19) « en deçà du septième mille ».

LXX. 1. On ne sait comment on était parvenu à une évaluation
aussi faible, puisque ce chiffre n'avait pu résulter de mesures
directes, et qu'il n'était pas non plus celui des fournitures régulièrement effectuées. Peut-être était-ce le chiffre auquel était
parvenu Agrippa en additionnant les distributions originelles :
460 q. pour l'Euripe du Champ de Mars (chap. 84) et 200, environ,
hors de la ville (pour les Jardins de Lucullus, propriété, à cette
époque, de Valerius Messala ? *Ibid.*). Ce chiffre n'était qu'un
minimum, et ne prétendait pas être une évaluation rigoureuse.
Cf., sur les chiffres des Registres, en général, le chap. 74 et la

quae interceptae sunt in Iulia. 3 Caput ergo eius
obseruandum est a piscina Iuliae. 4 Ex ea enim primum accipit quinarias centum nonaginta, deinde
statim ex Marcia quinarias nonaginta duas, praeterea
ex Anione nouo ad Hortos Epaphroditianos quinarias
centum sexaginta tres. 5 Fiunt omnes quinariae quadringentae quadraginta quinque : amplius quam in
commentariis quinariis quadraginta quinque, quae
in erogatione comparent.

LXIX. 1 Iuliae in commentariis adscriptus est
modus quinariarum sexcentarum quadraginta nouem.
2 Ad caput mensura iniri non potuit, quoniam ex
pluribus adquisitionibus constat, sed *ad* sextum ab
urbe miliarium uniuersa in piscinam recipitur, ubi
modus eius manifestis mensuris efficit quinarias mille
ducentas sex : amplius quam in commentariis quinariis quingentis quinquaginta septem. 3 Praeterea
accipit prope urbem post Hortos Pallantianos ex
Claudia quinarias centum sexaginta duas. 4 Est
omne Iuliae in acceptis : quinariae mille trecentae
sexaginta octo. 5 Ex eo dat in Tepulam quinarias
centum nonaginta, erogat suo nomine octingentas
tres. 6 Fiunt quas erogat quinariae nongentae nonaginta tres : amplius quam in commentariis habet quinariis trecentis quadraginta quattuor, minus quam
in piscina habere posuimus ducentis decem tribus,
quas ipsas apud eos qui sine beneficiis principis
usurpabant deprendimus.

LXX. 1 Virgini in commentariis adscriptus est
modus quinariarum sexcentarum quinquaginta dua-

hae *V M* ‖ 3 eius *C U* : cum *V M*‖ obseruandum est *C U* : -seruauit
V M ‖ in erogatione *Poleni* : in erogatur ne *C* in [inde *V M*] ero-
gantur nec *cet.*
LXIX. 1 Iulia - adscriptus *post* (2) pluribus *transp. V M* ‖ sed
ad *Joconde* : sed *C U* et *V M* ‖ 3 accipit *edd.* : -epit *codd.* ‖ urbem
om. V M ‖ 6 quinariis *Schultz* : -ias *codd.* ‖ posuimus *C U* : possumus
V M ‖ deprendimus *V U* : deprensimus *C* -damus *M.*
LXX. 1 Virgini *edd.* : -is *codd.* ‖ est *om. V M* ‖ 2 huius *Büche-*

de la mesurer à la source, puisqu'elle se compose de plusieurs affluents et qu'elle entre trop lentement dans le conduit [2]. Près de la ville, pourtant, au 7e mille [3], dans un terrain qui appartient maintenant à Ceionius Commodus, où elle a désormais un cours plus rapide, j'ai effectué une mesure qui donne 2.504 *quinariae*, soit 1.852 de plus que le chiffre des Registres. La vérification de mes dires est très aisée : elle fournit toute la quantité révélée par ma mesure, soit 2.504 *quinariae* [4].

LXXI. La quantité reçue par l'*Alsietina* ne se trouve pas inscrite sur les Registres et, dans l'état actuel, n'a pu être déterminée de façon certaine, parce qu'elle reçoit du Lac Alsietinus et ensuite du Lac Sabatinus, près de Careiae ([80]), une quantité réglée chaque fois par les fontainiers ([81]). L'*Alsietina* fournit 392 *quinariae* [1].

LXXII. *La Claudia*, plus abondante que les autres, est très exposée aux déprédations. D'après les Registres, elle n'a pas plus de 2.855 *quinariae*, alors que, à la source, j'en ai trouvé 4.607, soit 1.752 de plus que le chiffre des Registres. Ma mesure est d'autant plus certaine que, au septième mille de Rome, dans le bassin, où les mesures sont indiscutables, je trouve 3.312 *quinariae*, chiffre supérieur de 457 à celui des Registres, bien que l'on

---

note compl. 82. — 2. A cause du caractère marécageux de terrain et des travaux spéciaux exécutés pour cette raison. V. *supra*, chap. 10, n. 6, et note compl. 32. Sur l'impossibilité d'effectuer des mesures précises résultant de ces circonstances, v. note compl. 69. — 3. Sur la *Via Collatina* ; v. la carte à la fin du vol.. — 4. On remarquera que la *Virgo* ne donnait pas lieu à fraudes. Cette adduction était autonome, presque entièrement souterraine, et n'avait pas un parcours voisin de celui qu'avaient suivi les aqueducs (v. la carte à la fin du vol.) ; les mélanges et emprunts réciproques étaient donc impossibles, ce qui évitait les fraudes. (V. chap. 72) De plus, établi avec le plus grand soin par Agrippa, il avait une administration spéciale, la *familia Cæsaris*, mieux organisée et apparemment mieux surveillée que celle des aqueducs antérieurs ; v. *infra*, chap. 98, 99, 116.

LXXII. 1. Ces eaux, destinées à l'irrigation des jardins, étaient entièrement distribuées hors de la ville (chap. 85). Cela implique que la *Naumachia*, que l'*Alsietina* desservait (chap. 11), ne recevait pas constamment de l'eau, mais était normalement à sec. Ce qui s'explique par des raisons d'hygiène évidentes

rum. 2 Huius mensuram ad caput inuenire non
potui, quoniam ex pluribus adquisitionibus constat
et lenior riuom intrat. 3 Prope urbem tamen ad miliarium septimum in agro qvi nunc est Ceionii Commodi,
ubi uelociorem iam cursum habet, mensuram egi quae
efficit quinariarum duo milia quingentas quattuor :
amplius quam in commentariis quinariis mille octingentis quinquaginta duabus. 4 Adprobatio nostra
expeditissima est : erogat enim omnes quas mensura
deprendimus, id est duo milia quingentas quattuor.

LXXI. 1 Alsietinae conceptionis modus nec in
commentariis adscriptus est nec in re praesenti certus
inueniri potuit, cum ex lacu Alsietino et deinde circa
Careias ex Sabatino *accipiat* quantum aquarii tem-
perauerunt. 2 Alsietina erogat quinarias trecentas
nonaginta duas.

LXXII. 1 Claudia abundantior aliis maxime
iniuriae exposita est. 2 In commentariis habet non
plus quinariis duobus milibus octingentis quinquaginta quinque, cum ad caput inuenerim quinariarum
quattuor milia sexcentas septem : amplius quam *in*
commentariis mille septingentis quinquaginta duabus.
3 Adeo autem nostra certior est mensura ut ad septimum ab urbe miliarium in piscina, ubi indubitatae
mensurae sunt, inueniamus quinarias tria milia trecentas decem duas : plus quam in commentariis qua-
dringentis quinquaginta septem, quamuis et ex bene-

---

ler : minus *codd.* ‖ potui *Bücheler* : - tuit *codd.* ‖ lenior *C U* : leni
V M ‖ riuom *Bücheler* : -uo *codd.* ‖ 3 ceionii *edd.* : celony *C* ceroni *U*
ceron *M* beron *V* ‖ iam *U* : sam *C om. V M* ‖ duabus *edd.* : mbus
C ni us *cet.*

LXXI. 1 alsietinae conceptionis *U* : a- -i *C* alsientinae conci-
pit *V M* (*post* deinde) ‖ circa *C U* : ccas *V M* ‖ sabatino *edd.* :
abatino *codd.* ‖ accipiat *add. Bücheler* ‖ 2 alsietina - duas *om. V M.*

LXXII. 1 claudiae - aliis *post* (2) milibus *transp. V M* ‖
claudia *edd.* : -iae *codd.* ‖ iniuriae *C* : in iure *cet.* ‖ 2 sexcentas *edd.* :
- a *C* ccc *cet.* ‖ amplius - duabus *om. U V M* ‖ in *add. edd.* ‖ 3 nostra certior *U* : nostr.. tior *C* ut certior *V* autem certior *M* ‖ quinarias *om. V M* ‖ trecentas *edd.* : -a *C U* ccc *V M* ‖ et *om. U V M* ‖

fournisse de l'eau à des concessionnaires avant le bassin et que j'aie constaté des détournements importants qui expliquent que l'on trouve 1.295 *quinariae* de moins qu'on ne le devrait en réalité. Mais à la distribution apparaît une fraude qui entraîne un désaccord à la fois avec la balance des Registres et avec les mesures que j'ai exécutées à la tête et même avec celles qui ont été faites au bassin, après tant de déprédations. On distribue en effet seulement 1.750 *quinariae*, chiffre inférieur à celui que donne le calcul des Registres de 1.105 *quinariae*, inférieur à celui qui a été établi par des mesures exécutées à la tête de 2.857, et même inférieur à celui que l'on trouve au bassin de 1.562. — C'est pourquoi, bien qu'elle parvînt pure jusqu'à la ville dans son canal particulier, à la ville, on la mélangeait à l'*Anio Novus* pour que, à la faveur de la confusion, leur débit initial et les distributions fussent moins claires. Si l'on croit que j'ai forcé le chiffre des gains, il faut se rappeler que les sources *Curtia* et *Caerula* de la *Claudia* [1] suffisent à fournir à son canal les 4.607 *quinariae* que j'ai dites, en en laissant déborder un excès de 1.600. Je ne conteste pas que cet excès n'appartient pas proprement à ces sources ; on le prend à l'*Augusta*, qui avait été captée comme supplément pour la *Marcia*, mais, comme celle-ci n'en avait pas besoin, je l'ai ajoutée aux sources de la *Claudia*, bien que le canal de celle-ci non plus ne puisse recevoir toute l'eau [2].

LXXIII. L'*Anio Novus* avait, d'après les Registres, 3.263 *quinariae*. L'ayant mesuré à la source [1], j'ai trouvé

LXXII. 1. *Supra*, chapitre 13. — 2 *Supra*, chapitre 14 et note compl. 38.

LXXIII. 1. La même était rendue possible par l'existence de bassins de décantation (chap. 15), qui jouaient le même rôle que les « *piscinae* » des autres aqueducs. V. note compl. 69. Toutefois, à cause de la proximité des prises, l'eau semble avoir conservé une vitesse relativement considérable qui faussait les mesures. V. la note suiv.

ficiis ante piscinam eroget et plurimum subtrahi depre-
henderimus ideoque minus inueniatur quam re uera
esse debeat quinariis mille ducentis nonaginta quinque. 4 [Et] circa erogationem autem fraus adparet quae
neque ad commentariorum fidem neque ad eas quas
ad caput egimus mensuras neque ad illas saltem *quae*
ad piscinam, post tot iniurias, *factae* sunt conuenit.
5 Solae enim quinariae mille septingentae quinquaginta erogantur : minus quam commentariorum ratio
dat quinariis mille centum quinque, minus autem
quam mensurae ad caput factae demonstrauerunt
quinariis duobus milibus octingentis quinquaginta
septem, minus etiam quam in piscina inuenitur quinariis mille quingentis sexaginta duabus. 6 Ideoque
cum sincera in urbem proprio riuo perueniret, in urbe
miscebatur cum Anione nouo ut, confusione facta, et
conceptio earum et erogatio esset obscurior. 7 Quod
si qui forte me adquisitionum mensuris blandiri
putant, admonendi sunt adeo Curtium et Caerulum
fontes aquae Claudiae sufficere ad praestandas ductui
suo quinarias quas significaui quattuor milia sexcentas
septem ut praeterea mille sexcentae effundantur.
8 Nec eo infitias quin ea quae superfluunt non sint pro-
prie horum fontium'; capiuntur enim ex Augusta
quam inuentam in Marciae supplementum, dum illa
non indiget, adiecimus fontibus Claudiae, quamuis
ne huius ductus omnem aquam recipiat.

LXXIII. 1 Anio nouus in commentariis habere
ponebatur quinarias tria milia ducentas sexaginta
tres. 2 Mensus ad caput repperi quinarias quattuor

---

4 et *deleui : lac. indic. Krohn* || autem *C* : aut *U* at *V M* || quae *huc*
addit. inserui : post iniurias *add. Krohn* || piscinam *Poleni* : -as *codd.* ||
factae *add. Krohn* || 5 solae *edd.* : -a *C* -e *cet.* || dat ω : datur *C* ||
6 ideoque *C U* : itaque *V M* || 7 caerulum *U* : ceruleum *V M*
cerolum *C* || sexcentas *edd.* : -a *C* lx *cet.* || effundantur ω : -atur
C || quam inuentam *Dederich* : quem -tum *C* quae -ta *cet.*
LXXIII. 1 mensus [-suram *V M*] - iiii *ante* Anio *transp.*

4.738 *quinariae*, soit 1.475 de plus que dans les entrées des Registres. Comment mieux prouver que je n'ai pas exagéré en évaluant ces entrées que par le fait que la plus grande partie s'en retrouve dans les distributions des Registres eux-mêmes ? On distribue en effet 4.211 *quinariae* alors que, par ailleurs, on ne trouve dans ces Registres qu'une quantité captée ne dépassant pas 3.263 *quinariae*. En outre, j'ai constaté le détournement non seulement des 527 *quinariae* qui font la différence entre mes mesures et les distributions, mais de quantités bien supérieures. Ce qui montre que même le chiffre de la mesure exécutée par moi est dépassé, et la raison en est que la force de l'eau, plus violente étant donné que celle-ci est captée dans une rivière large et rapide, augmente le débit par sa vitesse même [2].

LXXIV. Sans doute certains remarqueront-ils que l'on a constaté, après avoir effectué ces mesures, une quantité bien supérieure à celle que donnaient les Registres impériaux ([82]). La cause en est l'erreur de ceux qui, dès l'origine, n'avaient pas mis assez de soin à évaluer le débit de chacun de ces aqueducs. Et ce qui m'empêche de croire que la crainte des maigres d'été les ait tellement éloignés de la vérité, c'est que des mesures effectuées au mois de juillet m'ont donné à moi-même, pour chacun d'eux, la quantité que j'ai indiquée ci-dessus et ensuite, pendant tout l'été, j'ai vérifié qu'elle demeurait constante ([83]). Quoi qu'il en soit, cependant, de la cause précédente, il apparaît en tout cas que 10.000 *quinariae* [1] se perdaient en chemin tant que les Empereurs

---

— 2. Noter que Frontin reconnaît ici empiriquement l'action de la vitesse de l'eau sur le débit. V. note compl. 133, et *supra*, le chap. 36.

LXXIV. 1. Environ 400.000 mètres cube en 24 heures, selon l'évaluation la plus probable de la *quinaria* (v. note compl. 69), soit plus des 2/5e de la consommation totale de Rome, telle qu'elle ressort des chiffres de Frontin lui-même (992.200 m³).

milia septingentas triginta octo : amplius quam in
conceptis commentariorum est quinariis mille qua-
dringentis septuaginta quinque. 3 Quarum adquisi-
tionem non auide me amplecti quo alio modo mani-
festius probem quam quod in erogatione ipsorum commentariorum maior pars earum continetur ? 4 Erogantur enim quinariarum quattuor milia ducentae
undecim, *cum* alioquin in eisdem commentariis inueniatur conceptio non amplius quam trium milium
ducentorum sexaginta trium. 5 Praeterea intercipi
non tantum quingentas uiginti septem, quae inter
mensuras nostras et erogationem intersunt, *sed* longe
ampliorem modum deprendi. 6 Ex quo adparet etiam
exuberare comprehensam a nobis mensuram, cui*us*
rei ratio est quod uis aquae rapacior, ut ex largo
et celeri flumine excepta, uelocitate ipsa ampliat
modum.

LXXIV. 1 Non dubito aliquos adnotaturos quod
longe maior copia actis mensuris inuenta sit quam erat
in commentariis principum. 2 Cuius rei causa est
error eorum qui ab initio parum diligenter uniuscuiusque fecerunt aestimationem. 3 Ac ne metu aestatis
aut siccitatum in tantum a ueritate eos recessisse
credam obstat il*lud* quod ip*se actis* mensuris Iulio
mense hanc uniuscuiusque copiam, quae supra scripta
est, tota deinceps aestate durantem exploraui.
4 Quaecumque tamen est causa quae praecedit, illud
utique detegitur decem milia quinariarum interci-

V M ‖ tres *C U* : ii *V M* ‖ 3 alio *C U* : uero *V M* ‖ in *om. V M* ‖
erogatione *edd.* : -nem *codd.* ‖ continentur *C U* : -here *V M* ‖
4 erogantur *Poleni* : negantur *C U* negatur *V M* ‖ cum *add.*
edd. ‖ non *V M* : nam *C U* ‖ sexaginta trium *C U* : lxiiii *V M* ‖
5 sed *add. Joconde* ‖ 6 cuius *V M* : cui *C U.*
LXXIV. 1 adnotaturos *C U* : -tasse *V M* ‖ 2 est *C* : *post*
error *U om. V M* ‖ 3 obstat illud *ego* : obstantibus *codd.*, *lac. indic.*
Krohn ‖ ipse actis *Bücheler* : ips *C U dum lac. indic.* ipsis *V M* ‖
quae ω : quam *V* ‖ 4 est - praecedit *om. V M* ‖ principes

réglaient les concessions sur les quantités fixées dans les Registres.

LXXV. La deuxième différence consiste en ce qu'une certaine quantité est captée aux sources tandis qu'une autre, sensiblement plus faible, se trouve dans les bassins [1] et une autre encore, très faible, dans les distributions. La cause en est la malhonnêteté des fontainiers, que j'ai surpris à dériver l'eau des conduites publiques pour l'usage des particuliers. Mais aussi la plupart des propriétaires dont les champs sont longés par un aqueduc [2] perforent les canalisations si bien que les aqueducs publics suspendent leur route pour les particuliers ou même le service des jardins !

LXXVI. Au sujet d'abus de ce genre, on ne saurait en dire plus ni le dire mieux que les paroles de Célius Rufus dans son discours au peuple qui a pour titre « Les Aqueducs » ([84]). Si seulement nous n'avions pas à prouver par des mesures de rigueur [1] que tous se pratiquent maintenant avec la même licence ! Mais les champs sont arrosés, les tavernes, les cabanons [2] même, toutes sortes de mauvais lieux enfin sont pourvus de fontaines coulant sans arrêt [3], comme je l'ai constaté. Maintenant, que tel aqueduc fournisse de l'eau sous un nom qui n'est pas le sien à la place de tel autre, c'est là un abus moins grave que les autres. Il faut cependant mettre au nombre de ceux qui exigeaient visiblement réparation ce qui s'est presque toujours passé pour les quartiers du Célius et de l'Aventin. Ces collines, avant l'adduction de la *Claudia*, étaient desservies par la *Marcia* et la *Julia* [4]. Mais, après que l'empereur Néron eût capté au conduit ([85]) la *Claudia* et l'eût amenée sur des arches jusqu'au temple du divin Claude pour être distribuée à partir de ce point, les aqueducs précédents ne furent

LXXV. 1. Où se font les mesures ; note compl. 69. — 2. Et non *traversé* par lui ; *infra*, chap. 128.

LXXVI. 1. Cf. Chap. 130, pour le sens donné à *offensae*. — 2. Les petites maisons de plaisance dans les jardins de la banlieue romaine et celle des villes provençales. — 3. Le luxe de l'eau courante était fort commun dans les villas romaines. V. par ex. la villa de Toscane de Pline, son *stibadium* dans l'hippodrome V. aussi, *supra*, chap. 66 et n. 2. — 4. V chap. 19 et note compl. 91.

disse, dum beneficia sua principes secundum modum
in commentariis adscriptum temperant.

LXXV. **1** Sequens diuersitas est quod alius modus
concipitur ad capita, alius, nec exiguo minor, in
piscinis, minimus deinde distributione continetur.
2 Cuius rei causa est fraus aquariorum quos aquas ex
ductibus publicis in priuatorum usus deriuare deprehendimus. **3** Sed et plerique possessores [e] quorum
agris aqua circumducitur [unde] formas riuorum per-
forant, unde fit ut ductus publici hominibus priuatis
uel ad hortorum *usum* itinera suspendant.

LXXVI. **1** Ac de uitiis eiusmodi nec plura nec
melius dici possunt quam a Caelio Rufo dicta sunt in
ea contione cui titulus est « de aquis ». **2** Quae nunc
nos omnia simili licentia usurpata utinam non per
offensas probaremus : inriguos agros, tabernas, cena-
cula etiam, corruptelas denique omnes perpetuis
salientibus instructas inuenimus. **3** Nam quod falsis
titulis aliae pro aliis aquae erogabantur, etiam sunt
leuiora ceteris uitia. **4** Inter ea tamen quae emenda-
tionem uidebantur exigere numerandum est quod fere
circa montem Caelium et Auentinum accidit. **5** Qui
colles, priusquam Claudia perduceretur, utebantur
Marcia et Iulia. **6** Sed postquam Nero imperator
Claudiam opere arcuato a *specu* exceptam usque ad
templum Diui Claudii perduxit, ut inde distribueretur,
priores non ampliatae sed omissae sunt a *b illo*.
7 Nulla enim castella adiecit sed iisdem usus est quorum quamuis mutata aqua uetus adpellatio mansit.

C U : -ceps *V M* || in *add. edd.* || temperant *C U* : -at *V M*.
LXXV. 1 est *om. V M* || continetur *C U* : -nere *V M* || 2 causa
est *om. M* || usus *C* : usum *cet.* || 3 e *del. Krohn* : e *C U* et *V M* || unde
C, del. Bücheler : inde *cet.* || usum *addidi* : usus *add. Bücheler* ||
itinera *C U* : utim *V* utinam *M*.
LXXVI. 1 cui *om. V M* || 2 quae *C U* : quod *V M* || 3 nam *C* :
non *cet.* || sunt *C* : inter *cet.* || 4 numerandum est *C U* : mirandum
V M || 6 a specu *ego* : ascus *C* as *cet.* ad spem *Bücheler* || exceptam
U : -um *V M* -a *C* || ab illo nulla *ego* : anulla *C* nulla *cet.*

pas augmentés par lui mais supprimés. Il n'ajouta aucun
château d'eau, mais se servit des mêmes, qui gardèrent
leur nom même après le changement d'eau ([86]).

LXXVII. En voilà assez sur le débit de chacun des
aqueducs, sur l'espèce de supplément nouveau qui leur
est ajouté [1], sur les fraudes et les abus à ce sujet. Il me
reste à donner le détail des distributions, que j'ai trouvées
bloquées et pour ainsi dire en masse (parfois même indiquées sous de faux noms) [2], par nom d'aqueduc, conformément à la situation réelle et par régions urbaines ([87]).
Cet exposé, je le sais, peut paraître non seulement aride
mais embrouillé ; je le ferai cependant, aussi bref que
possible, pour qu'il ne manque rien à la formule de ma
charge [3]. Ceux qui se contenteront de connaître l'ensemble
pourront passer rapidement sur le détail.

LXXVIII. Tandis que la distribution est de 14.018 *qui-*
nariae ([88]), 771 *quinariae*, qui sont données par certains
aqueducs en complément à d'autres et apparaissent deux
fois en sortie ne doivent entrer qu'une fois en ligne de
compte ([89]).

Dans cette quantité sont distribuées hors de la
ville. 4.063 q.
dont, au titre de la maison impériale [1]. . 1.718 q.
aux particuliers. . . . . 2.345 q.
Le reste était réparti à l'intérieur de
la ville, soit. . . . . 9.955 q.
en 247 châteaux d'eau, d'où l'on distribuait, au titre de la maison impériale . . 1.707 q. 1/2
aux particuliers. . . . . 3.847 q.
pour les usages publics. . . . . 4.401 q.

LXXVII. 1. Les « Récupérations » de Frontin ; v. les chap. 65
et suivants. — 2. Par ex. pour la *Tepula*, la *Tulia* et la *Marcia*, etc.
où le réseau d'un aqueduc était utilisé par l'eau d'un autre. Cf.
la note 2 au chap. 67. A la suite de tels emprunts, la plus grande
confusion s'était établie. Le but de Frontin était de remettre de
l'ordre dans le système. — 3. V. Chap. 2 et note compl. 1.

LXXVIII. 1. A l'Empereur comme personne privée, pour ses

LXXVII. 1 Satis iam de modo cuiusque et uelut
noua quadam adquisitione aquarum et fraudibus et
uitiis quae circa ea erant dictum est. 2 Superest ut
erogationem quam confertam et, ut sic dicam, in
massa inuenimus, immo etiam falsis nominibus positam, per nomina aquarum, uti quaeque se habet, et
per regiones urbis digeramus. 3 Cuius'comprehensio-
nem scio non ieiunam tantum sed etiam perplexam
uideri posse. 4 Ponemus tamen quam breuissime ne
quid uelut formulae officii desit. 5 Iis quibus sufficiet
cognouisse summa, licebit transire leuiora.

LXXVIII. 1 Vt ergo distributio quinariarum
quattuor decim milium decem et octo, ita et quinariae DCCLXXI, quae ex quibusdam aquis in adiutorium aliarum dantur et bis in speciem erogationis
cadunt, semel in computationem ueniunt. 2 Ex his
diuiduntur extra urbem quinariae quattuor milia
sexaginta tres, ex quibus nomine Caesaris quinariae
mille septingentae decem et octo, priuatis quinariae
MMCCCXXXXV. 3 Reliquae intra urbem *nouem*
milia nongentae quinquaginta quinque distribue-
bantur in castella ducenta quadraginta septem, *ex*
quibus erogabantur sub nomine Caesaris quinariae
mille septingentae septem semis, priuatis quinariae
tria milia octingentae quadraginta septem, usibus
publicis quinariae quattuor milia quadringentae una ;

LXXVII. 1 aquarum ω : quarum *C* ‖ ea *C* : eas *cet.* ‖ est *om.*
V M ‖ 2 confertam *C U* : -fectum *V M* ‖ et *om. V M* ‖ massa
edd. : -am *codd.* ‖ positam ω : -a *C* ‖ 3 comprenhensionem scio ω :
comprehensio nescio *C* ‖ ieiunam *om. U V M* ‖ 4 officii *edd.* :
-iis *codd.* ‖ 5 summa *edd.* : -mam *codd.* ‖ transire *C U* : tamen super
V M.
LXXVIII. 1 milium *add.* : -ia *codd.* ‖ quinariae DCCLXXI
Poleni : quadranogenum triginta sex qua unus *C* quadragene triginta sex quia unus *U* quadragenum xxxui quia unus *V M* ‖ aquis
om. V ‖ adiutorium ω : adiutori uis *C* ‖ aliarum *C* : salmarum *U*
sabinarum *V M* ‖ semel *C U* : sed *V M* ‖ 2 urbem *C U* : cccxlui
V M ‖ quinariae - cccxxxu *om. V M* ‖ 3 nouem *add. Poleni* ‖ ex
add. Schultz ‖ duodeuiginti quinariae *Krohn* : ducentinariae *C*

FRONTIN. — Les aqueducs de Rome.

soit : pour 22 (?) camps . . . .   279 q.
       pour 95 (?) services publics[2]. .   2.301 q.
       pour 39 fontaines monumentales[3].   386 q.
       pour 591 bassins publics . . . .   1.335 q.

Mais cette répartition elle-même doit être divisée par nom d'aqueduc et par régions urbaines.

LXXIX. Des 14.018 *quinariae* qui sont, nous l'avons dit, le total des distributions de tous les aqueducs, on n'en donne que 5 au compte de l'*Appia* hors de la ville, parce que le faible niveau de sa source rend son canal difficilement accessible (*ou* : parce que le niveau de sa source est inférieur à celui des endroits les plus bas) ([90]).

Les 699 *quinariae* restantes étaient réparties à l'intérieur de la ville dans les régions II, VIII, IX, XI, XII, XIII, XIV, en 20 châteaux d'eau.

Dans cette quantité, au titre de la
maison impériale . . . .   151 q.
aux particuliers. . . . .   194 q.
pour les usages publics. . . . .   354 q.
soit : pour 1 camp. . . . .   4 q.
       pour 14 services publics. . . . .   123 q.
       pour 1 fontaine monumentale . .   2 q.
       pour 92 bassins publics. . . . .   226 q.

LXXX. Au compte de l'Anio Vetus on distribuait, hors de la ville :
au titre de la maison impériale . . . . .   169 q.
aux particuliers. . . . .   404 q.

Les 1.508 *quinariae* 1/2 restantes étaient réparties à l'intérieur de la ville entre les régions I, III, IV, V, VI, VII, VIII, IX, XII, XIV, en 35 châteaux d'eau.

Dans cette quantité, au titre de la
maison impériale.. . . . .   64 q. 1/2
aux particuliers. . . . .   490 q.

---

jardins, ses palais, etc.... — 2. Termes vague : bains, gymnases, et aussi établissements d'utilité publique tels que entrepôts (*horrea*), amphithéâtres, etc. — 3. Pour les *munera*, cf. chap. 3 ,2, et note compl. 3.

ex eo castris du*odeuiginti quin*ariae ducentae septuaginta nouem, operibus publicis LXX*X*V quinariae
MMCCCI, muneribus triginta nouem quinariae
CCCLXXXVI, lacibus quingentis nonaginta uni quinariae MCCCXXXV. 4 Sed et haec ipsa dispensatio
per nomina aquarum et regiones urbis partienda est.
LXXIX. 1 Ex quinariis ergo quattuordecim milibus decem et octo quam summam erogationibus
omnium aquarum seposuimus, dantur nomine Appiae
extra urbem quinariae tantummodo quinque, quoniam
humilior *oritur quam ut adea*tur riuus. 2 Reliquae
quinariae sexcentae nonaginta nouem intra urbem
diuidebantur per regiones II, VIII, VIIII, XI, XII,
XIII, XIIII in castella uiginti; ex quibus nomine
Caesaris quinariae centum quinquaginta una, priuatis
quinariae centum nonaginta quattuor, *usibus* publicis quinariae trecentae quinquaginta quattuor ; ex
eo castris I quinariae quattuor, operibus publicis
quattuordecim quinariae centum uiginti tres, muneri
uni quinariae duo, lacibus nonaginta duo quinariae
ducentae uiginti sex.
LXXX. 1 Anionis ueteris erogabantur extra
urbem, nomine Caesaris, quinariae centum sexaginta
nouem; priuatis quinariae CCCCIIII. 2 Reliquae quinariae mille quingentae octo semis intra urbem diuidebantur per regiones I, III, IIII, V, VI, VII, VIII,
VIIII, XII, XIIII in castella triginta quinque : ex
quibus nomine Caesaris quinariae sexaginta IV S,
priuatis quinariae CCCCXC, *usibus* publicis quinariae

-enariae *cet.* ‖ lxxxxu *Poleni* : lxxxu ·*V. M* septuaginta quinque
C lxxu *U* ‖ uni *edd.* : unum *C* i *cet.*
LXXXIX. 1 summam *C U* : -ma *V* supra *M* ‖ humilior oritur
etiam quam ut adeatur riuus *ego* : humil03rituretiametitoribus
C humilior oritur et a mentitoribus [met- *V M*] *cet.* ‖ 2 usibus *add.*
edd. ‖ I *C U* : .i. *M* id est *V.*
LXXX. 1 CCCCIIII *C U* : CCCIIII *V om. M* ‖ 2 VIIII -
XIIII *om. V M* ‖ IV S *edd.* : ius *C* usibus *cet.* ‖ quinariae - usibus
om. V M ‖ usibus *add. edd.*

pour les usages publics. . . . .   552 q.
    soit : pour 1 camp. . . . .   50 q.
        pour 19 services publics. . . . .   196 q.
        pour 9 fontaines monumentales .   88 q.
        pour 94 bassins publics . . . . .   218 q.

LXXXI. Au compte de *La Marcia* étaient fournies, hors de la ville :
au titre de la maison impériale . . . . .   261 q. 1/2

Les 1.472 *quinariae* restantes étaient réparties à l'intérieur de la ville dans les régions, I, III, IV, V, VI, VII, VIII, IX, X, XIV, en 51 châteaux d'eau.

Dans cette quantité, au titre de la
maison impériale . . . .   116 q.
aux particuliers. . . . .   543 q.
pour les usages publics. . . . .   ?
    soit : pour 4 camps . . . .   4 ?
        pour 15 services publics . . . .   61 q.
        pour 12 fontaines monumentales.   104 q.
        pour 113 bassins publics . . . .   256 q.

LXXXII. Au compte de la *Tepula* étaient distribuées, hors de la ville :
au titre de la maison impériale .. . . . .   58 q.
aux particuliers. . . . .   56 q.

Les 331 *quinariae* restantes étaient réparties à l'intérieur de la ville dans les régions IV, V, VI, VII, en 14 châteaux d'eau.

Dans cette quantité, au titre de la
maison impériale . . . .   34 q.
aux particuliers. . . . .   237 q.
pour les usages publics. . . . .   50 q.
    soit : pour un camp . . . .   12 q.
        pour 3 services publics . . . . .   7 q.
        pour 13 bassins publics. . . . .   32 q.

LXXXIII. La *Julia* donnait, hors de la ville :
au titre de de la maison impériale. . .   85 q.
aux particuliers. . . . .   121 q.

Les 548 *quinariae* restantes étaient réparties à l'intérieur de la ville dans les régions II, III, V, VI, VIII, X, XII, en 17 châteaux d'eau.

quingentae LII ; ex eo castris unis quinariae quinquaginta, operibus publicis XIX quinariae centum nonaginta sex, muneribus nouem quinariae octoginta octo, lacibus nonaginta quattuor quinariae ducentae decem et octo.

LXXXI. 1 Marciae erogabantur extra urbem, nomine Caesaris, quinariae CCLXI S. 2 Reliquae quinariae mille quadringentae septuaginta duae intra urbem diuidebantur per regiones I, III, IV, V, VI, VII, VIII, VIIII, X, XIIII in castella quinquaginta unum ; ex quibus, nomine Caesaris, quinariae CXVI, priuatis quinariae quingentae quadraginta tres, *usibus publicis quinariae..* +, *ex eo* castris IIII quinariae XLI.. +, operibus publicis quindecim quinariae XLI, muneribus XII quinariae CIIII, lacibus CXIII quinariae CCLVI.

LXXXII. 1 Tepulae erogabantur extra urbem, nomine Caesaris, quinariae LVIII, priuatis quinariae quinquaginta sex. 2 Reliquae quinariae CCCXXXI intra urbem diuidebantur per regiones IV, V, VI, VII in castella XIIII, ex quibus, nomine Caesaris, quinariae XXXIIII, priuatis quinariae CCXXXVII, usibus publicis quinariae quinquaginta ; ex eo, castris I quinariae duodecim, operibus publicis III quinariae septem, lacibus XIII quinariae XXXII.

LXXXIII. 1 Iulia fluebat extra urbem, nomine Caesaris, quinariis LXXX quinque, priuatis quinariis CXXI. 2 Reliquae quinariae quingentae quadraginta octo intra urbem diuidebantur per regiones II, III, V, VI, VIII, X, XII in castella decem et septem : ex quibus, nomine Caesaris, quinariae decem et octo,

LXXXI. 1 CCLXIS *C* : CCIXIX *cet.* || 2 VI *om. U* || VII *om·*
V || X *om. U M* || VIIII - XIIII *om. V* || usibus - ex eo *add. edd.* || xlⁱ
corrup. uidet. XLI.IS *C* XIII *V* XLI *U M.*
LXXXII. 1 quinariae *C* : *om. cet.* || quinquaginta sex *C* : lui *U*
ibi *V* lu *M* || 2 regiones *edd.* : -nem *codd.* || castris I *C* : castris II *cet.*
LXXXIII. 1 quinariis *Krohn* : -i● *codd.* || 2 VI *om. V* || VII

Dans cette quantité, au titre de la
maison impériale. . . . .   18 q.
< aux particuliers > . . . .   ?
pour les usages publics. . . . .   383 q.
 soit : pour (?) camps [1] . . . .   69 q.
  pour (?) services publics [1]. . . .   181 q.
  pour (?) fontaines monumentales [1]   67 q.
  pour 28 bassins publics. . . . .   65 q.

LXXXIV. Au compte de la *Virgo* sont inscrites hors
de la ville, 200 *quinariae*.

Les 2.304 *quinariae* restantes étaient réparties à l'intérieur de la ville dans les régions VII, IX, XIV, en
18 châteaux d'eau.

Dans cette quantité, au titre de la
maison impériale . . . .   509 q.
aux particuliers. . . . .   338 q.
pour les usages publics. . . . .   1.457 q.
 soit : pour 2 fontaines monumentales .   26 q.
  pour 25 bassins publics. . . . .   51 q.
pour 16 services publics . . . .   1.380 q.
parmi lesquelles, rien qu'à l'Euripe auquel elle donne
son nom [1], 460 *quinariae*.

LXXXV. Au compte de l'*Alsietina*, 392 *quinariae*.
Cette eau est consommée entièrement hors de la ville,
au titre de la maison impériale [1] . . . . .   254 q.
aux particuliers. . . . .   138 q.

LXXXVI. La *Claudia* et l'*Anio Novus*, en dehors de
la ville, distribuaient l'eau chacun de sa conduite particulière ; à l'intérieur de la ville, ils étaient confondus [1].

La *Claudia* donnait, hors de la ville :
au titre de la maison impériale . . . . .   246 q.
aux particuliers. . . . .   439 q.

LXXXIII. 1. Le nombre manque dans le texte.

LXXXIV. 1. L'Euripe des Bains d'Agrippa, au Champ de
Mars.

LXXXV. 1. Sans doute pour les jardins impériaux du Vatican,
qui ne semblent pas avoir été englobés dans la ville des XIV régions.
V. *Supra*, chap. 71, n. 1, et chap. 11, n. 2.

LXXXVI. 1. Chap. 72 et Chap. 91. Trajan remédia à cette
situation.

priuatis quinariae.. +, usibus publicis quinariae
CCCLXXXIII : ex eo castris.. + quinariae sexaginta
nouem, operibus publicis.. + quinariae CXXCI, muneribus.. + quinariae sexaginta septem, lacibus uiginti
octo quinariae sexaginta quinque.

LXXXIV. 1 Virginis nomine exibant extra urbem
quinariae ducentae. 2 Reliquae quinariae duo milia
trecentae quattuor intra urbem diuidebantur per
regiones VII, VIIII, XIIII in castella decem et octo :
ex quibus, nomine Caesaris, quinariae quingentae
nouem, priuatis quinariae CCCXXXVIII, usibus
publicis MCDLVII : ex eo muneribus II quinariae
XXVI, lacibus uiginti quinque quinariae quinquaginta una, operibus publicis sedecim quinariae
MCCCLXXX. 3 In quibus per se Euripo, cui ipsa
nomen dedit, quinariae CCCCLX.

LXXXV. 1 Alsietinae quinariae trecentae nonaginta duo. 2 Haec tota extra urbem consumitur,
nomine Caesaris quinariae CCLIIII, priuatis quinariae centum triginta octo.

LXXXVI. 1 Claudia et Anio nouus extra urbem
proprio quaeque riuó erogabantur, intra urbem confun-
debantur. 2 Et Claudia quidem extra urbem dabat,
nomine Caesaris, quinarias CCXLVI, priuatis quinarias CCCCXXXVIIII ; Anio nouus, nomine Caesaris,

om. M || XII *CU* : XI *V M* || priuatis quinariae.... *add. edd.* ||
post castris, *item post* publicis *et post* muneribus *desunt numeri.*
    LXXXIV.   1 ducentae *C* : CO *U* tres *V om. M* || 2 reliquae qui-
nariae *om. M* || decem et octo *C U* : xuii *V M* || quingentae *C* cl
cet. || MDLVII *Bücheler* : centum sexaginta septem *C* clxuii *cet.* || cui
C U : cum *V M.*
    LXXXV. 2 CC *C U* : CCC *V M* || octo *C U* : uii *V M.*
    LXXXVI. 1 erogabantur *C U* : -atur *V M* || confundebantur
C U : -atur *V M* || 2 nomine Caesaris *ante* extra urbem *V* || dabat
C U : -bit *V M* || CCXVI *C* : ccx et uii *V* ccxuii *U M* || 3 DCCC XVI

L'*Anio Novus,*
au titre de la maison impériale . . . . .   728 q.

Les 3.498 *quinariae* restantes de l'un et de l'autre étaient divisées à l'intérieur de la ville dans les 14 régions urbaines, en 92 châteaux d'eau.

Dans cette quantité, au titre de la
maison impériale . . . .   816 q.
aux particuliers. . . . .   1.567 q.
pour les usages publics. . . . .   1.115 q.
  soit : pour 9 camps . . . .   149 q.
         pour 18 services publics. . . . .   374 q.
         pour 12 fontaines monumentales.   107 q.
         pour 226 bassins publics. . . . .   485 q.

LXXXVII [1]. Cette quantité d'eau était, jusqu'au règne de Nerva, évaluée et répartie de la façon que j'ai dite ([91]). Maintenant, grâce à la vigilance d'un prince très consciencieux, tout ce qui était intercepté par les fraudes des fontainiers ou gaspillé par incurie est venu l'accroître comme si l'on avait découvert de nouvelles sources. La quantité totale a été presque doublée et distribuée selon une répartition si exacte que l'on a pu donner plusieurs aqueducs aux régions qui n'étaient desservies que par un seul, par exemple au Célius ou à l'Aventin, où la seule *Claudia* était amenée sur les arcs de Néron [2], avec cette conséquence que, chaque fois que survenait quelque réparation, ces collines si peuplées étaient privées d'eau. Maintenant, elles ont plusieurs aqueducs, et d'abord la *Marcia* qu'on leur a rendue et que l'on a conduite avec des travaux considérables de la Vieille Espérance jusqu'à l'Aventin ([92]). En outre, dans chaque partie de la ville, les fontaines publiques, aussi bien les nouvelles que les anciennes, furent, pour la plupart, dotées chacune de deux bouches alimentées par des aqueducs différents afin que, si un accident arrêtait l'une ou l'autre, l'autre la remplaçât et que le service ne fût point interrompu.

LXXXVII. 1. Le manuscrit de Middlehill fait commencer ici un 3e livre ; voir. *supra*, p. XVIII et n. 4. — 2. *Supra*, chap. 20 et note compl. 55 ; chap. 76 et note compl. 85.

quinarias septingentas uiginti octo. **3** Reliquae utriusque quinariae tria milia quadringentae nonaginta octo
intra urbem diuidebantur per regiones urbis XIIII in
castella nonaginta duo ; ex quibus, nomine Caesaris,
quinariae DCCCXVI, priuatis quinariae MDLXVII,
usibus publicis quinariae M*C*XV ; ex eo, castris
nouem quinariae centum quadraginta nouem, operibus publicis decem et octo quinariae CCCLXXIIII,
muneribus XII quinariae centum septem, lacibus
*C*CXXVI quinariae CCCCXXCV.

LXXXVII. 1 Haec copia aquarum ad Neruam
imperatorem usque computata ad hunc modum des-
cribebatur. **2** Nunc, prouidentia diligentissimi principis, quicquid aut fraudibus aquariorum intercipie-
batur aut inertia peruertebatur, quasi noua inuen-
tione fontium adcreuit. **3** Ac prope duplicata uber-
tas est et tam sedula deinde partitione distributa ut
regionibus quibus singulae seruiebant aquae plures
darentur, tamquam Caelio et Auentino in quos sola
Claudia per arcus Neronianos ducebatur, quo fiebat
ut, quotiens refectio aliqua interuenisset, celeberrimi
colles sitirent. **4** Quibus nunc plures aquae et in primis
Marcia reddita amplo opere a S*pe* in Auentinum
usque perducitur. **5** Atque etiam omni parte urbis
lacus, tam noui quam ueteres, plerique binos salientes
diuersarum aquarum acceperunt ut, si casus alteru-
tram impedisset, altera sufficiente non destitueretur
usus.

INSCRIPTIO : Liber tertius *M.* *post cap. LXXXVI.*

Krohn : octingentae quindecim. u. *C* dcccxu *cet.* || MDLXVII
Bücheler : MLXVII *codd.* || M*C*XV *Bücheler* : mcxii *cet.* || CCXXVI
edd. : CCXXVI *M* ccxxu *V* cxxui *C U* || CCCCXXCV *C* :
ccccxx et uii *U* ccccxxuii *V M.*
LXXXVII. 1 Haec *om. V M* || discribebatur *Bücheler* : desc-
codd. || 2 peruertebatur *P* : -bat *cet.* || 3 duplicata *Fea, Storia,* p. 53:
publicata *codd.* || et tam *Bücheler* : tam et *C* et tamen *V M* tamen
et *U* || ut *edd.* : aut *codd.* || darentur *C U* : darent *V M* || 4 amplo
opere *edd.* : amplo operi *C* amplio opere *U* ampliore opera *M*
ampliore ac opera *V* || a spe *Schultz* : ase *C U om. V M.*

LXXXVIII. L'effet de cette sollicitude de son Chef,
le Très-Pieux Empereur Nerva [1], se fait sentir de jour en
jour sur la reine et souveraine du monde, qui se dresse
comme la déesse de la Terre, et qui n'a ni égale ni
seconde ([93]) ; il se fera sentir davantage sur l'hygiène de
cette même ville grâce à l'augmentation du nombre des
châteaux d'eau, des ouvrages [2], des fontaines monumentales et des bassins publics. En même temps, les particuliers aussi reçoivent maints avantages, grâce à l'augmentation du nombre des concessions impériales ; ceux-là
même qui dérivaient timidement une eau à laquelle ils
n'avaientpas droit jouissent maintenant en sécurité d'une
concession régulière. Même les eaux d'écoulement ne restent pas oisives ; les causes du mauvais air [3] sont enlevées,
l'aspect des rue sest propre, l'atmosphère plus pure et cet
air qui, du temps des anciens, donna toujours mauvaise
réputation à la ville a été chassé. Il ne m'échappe pas
que mon ouvrage exigerait un tableau de la nouvelle distribution, mais bien que cela ait accompagné nos accroissements, on comprendra qu'on ne doive faire entrer ici
que ce qui a été effectivement achevé ([94]).

LXXXIX. Que dire de ce que cela non plus n'a pas
satisfait le dévouement du Prince, dont il fait si largement profiter ses concitoyens et qu'il a estimé avoir trop
peu fait pour notre sécurité et nos plaisirs en apportant
un tel accroissement s'il ne rend pas cette eau elle-même
plus pure et plus agréable ? Il vaut la peine d'énumérer
les différentes mesures par lesquelles, en remédiant aux
défauts de telle ou telle adduction, il a augmenté l'utilité
de toutes. En effet, quand donc notre cité, lorsqu'étaient
survenues des pluies même faibles, n'a-t-elle pas eu des
eaux troubles et boueuses ? Non que telle soit la nature

LXXXVIII. 1. Trajan. Cette partie du traité (87-93), comme
le montrent les indications qui concernent les réalisations de
Frontin, a été rédigée après sa première année de fonction. Elle
a été intercarlée après l'avènement de Trajan, dont elle célèbre
l'œuvre et se termine à la fin du chapitre 93, par une expression
officielle qui fait penser à un Panégyrique. — 2. Opera est vague,
et désigne, en général, des travaux d'adduction. — 3. Graue caelum
équivaut à peu près à la malaria, au sens le plus général : atmosphère malsaine.

LXXXVIII. **1** Sentit hanc curam imperatoris
piissimi Neruae principis suis regina et domina orbis
in dies, quae terrarum dea consistit, cui par nihil et
nihil secundum, et magis sentiet salubritas eiusdem
aeternae urbis aucto castellorum, operum, munerum
et lacuum numero. **2** Nec minus ad priuatos commo-
dum ex incremento beneficiorum eius diffunditur ; illi
quoque qui timidi inlicitam aquam ducebant, securi
nunc ex beneficiis fruuntur. **3** Ne pereuntes quidem
aquae otiosae sunt : ablatae causae grauioris caeli,
munda uiarum facies, purior spiritus, quique apud
ueteres *semper* urbi infamis aer fuit est remotus.
4 Non praeterit me deberi operi nouae erogationis
ordinationem, sed haec cum incremento adiunxerimus, intelligi oportet non esse ea ponenda nisi consummata fuerint.

LXXXIX. **1** Quid quod nec hoc diligentiae pri-
cipis, quam exactissimam ciuibus suis praestat, sufficit, parum praesidiis ac uoluptatibus nostris contu-
lisse sese credentis, quod tantam copiam adiecit, nisi
eam ipsam sinceriorem iocondioremque faciat ?
2 Operae pretium est ire per singula per quae ille
occurendo uitiis quarumdam uniuersis adiecit utilitatem. **3** Etenim quando ciuitas nostra, cum uel
exigui imbres superuenerant, non turbulentas limo-
sasque aquas habuit ? **4** Nec quia haec uniuersis ab
origine natura est, aut quia istud incommodum sen-
tire debeant quae capiuntur ex fontibus, in primis

LXXXVIII. 1 curam ω : -ra *C* || orbis *C U* : urbs *V M* || quae
C U : quaque *V M* || 3 ablatae causae grauiroris caeli munda uiarum
facies purior spiritus quique *Krohn* : alla [alia *U*] munditiarum
facies purior spiritus et cause grauioris celi [et cum grauioris
celi *V M*] quibus *codd.* || semper *Krohn* : se *C om. cet.* || urbi *C* :
-is *cet.* || est remotus *C U* : sunt remotae *V M* || 4 ordinationem
ω : -es *V*.
  LXXXIX. 1 nec *edd.* : ne *codd.* || praesidiis *Poleni* : -ii *codd.* ||
uoluptatibus *C* : -tatis *cet.* || adiecit *C* : -iciat *cet.* || 2 per *ante* quae
om. V M || quarumdam *Schultz* : quo- *codd.* || 3 natura *C U* :

de toutes les adductions à l'origine ou que cet inconvénient doive frapper celles qui proviennent de sources, en particulier la *Marcia*, la *Claudia* et les autres dont la transparence à la tête est parfaite et n'est pas du tout, ou presque pas, troublée par la pluie, pourvu qu'on les entoure et les protège par une margelle [1].

XC. Les deux captations de l'*Anio*, elles, restent moins limpides, car elles sont prises dans une rivière et, même par beau temps, elles sont troubles car, bien que l'*Anio* sorte d'un lac très pur, la rapidité de ses eaux arrache toujours à ses rives friables de quoi le troubler ([95]) avant qu'il n'entre dans les conduits. Cet inconvénient ne se fait pas sentir seulement pendant les pluies d'hiver et de printemps, mais encore pendant celles d'été, époque où, naturellement, l'on réclame et l'on apprécie davantage la pureté de l'eau.

XCI. L'un de ces deux aqueducs, à la vérité, l'*Anio Vetus*, étant d'un niveau inférieur à la plupart des autres, garde cet inconvénient pour lui. L'*Anio Novus* au contraire gâtait tous les autres car, son cours étant le plus élevé de tous ([96]) et son eau particulièrement abondante, il sert à compléter les autres. Or, le manque d'habileté des fontainiers, qui l'introduisaient dans les conduits qui n'étaient pas les siens plus souvent que ne se faisait sentir le besoin d'un complément, souillait même des aqueducs suffisants, et surtout la *Claudia* qui, amenée pendant des milles et des milles dans un conduit indépendant, finalement, à Rome, était mélangée à l'Anio ([97]) et, dès ce moment, perdait ses qualités propres. On se préoccupait si peu de remédier aux inconvénients de ces eaux de complément que l'on avait recours à la plupart d'entre elles sans discernement, les eaux étant réparties autrement qu'elles ne le méritaient ([98]). La *Marcia* elle-même, que sa fraîcheur et son éclat rendent si agréable, je l'ai trouvée utilisée pour des bains, des blanchisseries et des usages que l'on ne saurait honnêtement nommer.

LXXXIX. 1. Pour éviter les éboulements des terres voisines. Comparer les travaux dont on avait entouré les sources de la *virgo* (*Supra*, chap. 10 et note compl. 32).

Marcia et Claudia ac reliquae, quarum splendor a
capite integer nihil aut minimum pluuia inquinatus
sit si *plutea* extructa et obiecta sint.

XC. 1 Duae Aniensis minus permanent limpidae,
nam sumuntur ex flumine ac saepe etiam sereno
turbantur, quoniam Anio, quamuis purissimo defluens
lacu, mobilibus *aquis* tamen cedentibus ripis aufert
aliquid quo turbetur priusquam deueniat in riuos.
2 Quod incommodum non solum hibernis ac uernis
sed etiam aestiuis imbribus sentit, quo tempore *scilicet* gratior aquarum sinceritas exigitur.

XCI. 1 Et alter quidem ex his, id est Anio vetus,
cum plerisque libra sit inferior, incommodum intra
se tenet. 2 Nouus autem Anio uitiabat ceteras ;
nam, cum editissimus ueniat et in primis abundans,
defectioni aliarum succurrit. 3 Imperitia uero aquariorum, deducentium in alienos eum specus frequen-
tius quam explemento opus erat, etiam sufficientes
aquas inquinabat, maxime Claudiam quae per multa
milia passuum proprio ducta riuo, Romae demum
cum Anione permixta in hoc tempus perdebat pro-
prietatem. 4 Adeoque + obuenientibus + non succurrebatur ut pleraeque accerserentur per impruden-
tiam non uti dignum erat aquas partientium. 5 Marciam ipsam, frigore et splendore gratissimam, balneis ac fullonibus et relatu quoque fœdis ministeriis
deprehendimus seruientem.

non *V M* ‖ debeant *edd.* : -eat *codd.* ‖ sit *addidi* ‖ plutea *edd.* :
putae *C U* putei *V M*.

XC. 1 Aniensis *Schultz* : antensis *C* amensis *U* anienis *V M* ‖
sumuntur *C U* : -itur *V M* ‖ mobilibus *Joconde* : moblib *C* mobili
cet. ‖ aquis *addidi, dum lac. ind. C* ‖ 2 quod *C U* : qui *V M* ‖ scilicet
Walther, Phil. Woch. 1929, p. 959 : exiii *codd.*

XCI. 1 intra *C U* : infra *V M* ‖ 2 uitiabat ω : intrabat *V* ‖
3 aquas *om. V M* ‖ 4 obuenientibus *codd.*, *quod corruptum
uidetur* ‖ uti dignum *edd.* : ut indignum *codd.* ‖ partientium *C U* :
-rientium *V M* ‖ 5 frigore *Schultz* : inrogore *codd.* ‖ et splendore
p^{ost} frigore *Krohn* : ante, exhib. *codd. dum* et *om.*

XCII. Aussi décida-t-on de séparer tous les aqueducs et de les reclasser un par un, de façon que d'abord la *Marcia* fût tout entière utilisée pour la boisson et ensuite que chacun d'eux, selon ses qualités propres, se vît attribuer l'emploi qui lui convenait : que l'*Anio Vetus*, par exemple, pour plusieurs raisons, et parce qu'il est d'autant moins sain qu'il est capté plus bas, servît à arroser les jardins et aux usages les moins nobles de la ville.

XCIII. Mais il ne sembla pas suffisant à notre Prince d'avoir rendu aux autres aqueducs leur abondance et leurs qualités ; il a vu que les défauts de l'*Anio Novus* lui-même pouvaient être corrigés. Il donna l'ordre d'abandonner la captation au courant et d'aller chercher l'eau au lac qui est en amont de la villa de Néron à Subiaco, où elle est très limpide. Car l'*Anio* prend sa source au-dessus de Treba Augusta [1], mais soit parce qu'il descend de montagnes rocheuses avec très peu de terres cultivées autour du bourg lui-même, soit parce que la profondeur du lac qu'il traverse le fait en quelque sorte se décanter et, comme il est, de plus, ombragé par l'épaisseur des forêts voisines, il parvient jusque là très froid et parfaitement limpide. Ces qualités si heureuses de son eau, destinée à égaler les avantages de la *Marcia* et à surpasser celle-ci en quantité, viendront remplacer l'eau trouble et sans charme d'autrefois et une inscription fera savoir que cette transformation sera l'œuvre de l'Empereur César Nerva Trajan Auguste [2].

XCIV. Nous avons maintenant à exposer la législation de l'adduction des eaux et celle de leur entretien [1] : la première a pour objet de contenir les particuliers dans les limites de la concession obtenue, l'autre le maintien en état des conduites elles-mêmes. En remontant assez haut pour reprendre les lois votées à propos de chaque

---

XCIII. 1. Bourgade du pays des Eques, dans le Simbruinum. — 2. Évocation du début de l'inscription commémorative (*Supra*, chap. 88, n. 1). Ces travaux n'étaient pas encore terminés en 98 ap. J.-C. ; cf. *Supra*, le chap. 73.

XCIV. 1. Frontin, après la longue parenthèse des chapitres 87 à 93, revient à son plan primitif tel qu'il est annoncé au chap. 3.

XCII. **1** Omnes ergo discerni placuit, tum singulas ita ordinari ut in primis Marcia potui tota seruiret et deinceps reliquae secundum suam quaeque qualitatem aptis usibus adsignarentur, sic ut Anio uetus pluribus ex causis, quo inferior excipitur minus salubris, in hortorum rigationem atque in ipsius urbis sordidiora exiret ministeria.

XCIII. **1** Nec satis fuit principi nostro ceterarum restituisse copiam et gratiam ; Anionis quoque noui uitia excludi posse uidit. **2** Omisso enim flumine *aquam* repeti ex lacu qui est super uillam Neronianam Sublaquensem, ubi limpidissima est, iussit. **3** Nam, cum oriatur Anio supra Trebam Augustam, seu quia per saxosos montes decurrit, paucissimis circa ipsum oppidum obiacentibus cultis, seu quia lacuum altitudine in quos excipitur uelut defaecatur, imminentium quoque nemorum opacitate inumbratus, frigidissimus simul ac splendidissimus eo peruenit. **4** Haec tam felix proprietas aquae omnibus dotibus aequatura Marciam, copia uero superatura ueniet in locum deformis illius ac turbidae, nouum auctorem imperatorem Caesarem Neruam Traianum Augustum praescribente titulo.

XCIV. **1** Sequitur ut indicemus quod ius ducendae tuendaeque sit aquae, quorum alterum ad cohibendos intra modum impetrati beneficii priuatos, alterum ad ipsorum ductuum pertinet tutelam. **2** In quibus, dum altius repeto leges de singulis aquis latas,

---

XCII. 1 nam *om.* *V M* ‖ quaeque *C U* : quamque *V M* ‖ inferior *Dederich* : interior *codd.* ‖ exiret *C U* extaret *V M.*
XCIII. 2 aquam *add.* *Heinrich* ‖ 3 trebam *edd.* : tribam *C U* tubam *V M* ‖ paucissimis *Schultz* : paucihis *C* paucis *cet.* ‖ altitudine *edd.* : -nem *codd.* ‖ quos *Poleni* : quo *codd.* ‖ uelut *C U* : uult *V M* ‖ defaecatur *C* : deferatur *cet.* ‖ nemorum *C U* : riuorum *V M* ‖ 4 aequatura *V M U* ² : a- *C U*¹ ‖ auctorem *om.* *V M.*
XCIV. 1 sequitur - quod *post* priuatos *pos.* *V* ‖ quod ω : qua *C* ‖ ius - alterum *om.* *M* ‖ ius *C* : uis *U om.* *V* ‖ ducendae *C* : dicet. ‖ tuendae *om.* *U V* ‖ sit *om.* *V*,‖ 2 aquis latas *Bücheler* : quilata

aqueduc, j'ai constaté chez les anciens certains usage différents des nôtres.

Chez eux, toute eau était distribuée pour l'usage de tous, avec la prescription suivante : « Que pas un particulier ne prélève d'autre eau que celle qui tombe du bassin à terre » (tels sont les termes de cette loi), — c'est-à dire l'eau qui a débordé du bassin, ce que nous appelons le trop-plein ([99]). Et même cette eau-là n'était accordée que pour l'usage des bains et des blanchisseries [2] et il y avait une redevance de tarif fixe à payer à l'État ([100]). Ce qui montre bien à quel point nos ancêtres faisaient passer le souci de l'intérêt commun avant celui des plaisirs privés, puisque même l'eau que prélevaient les particuliers servait à l'usage du public ([101]). On en accordait aussi aux maisons des principaux citoyens avec l'assentiment des autres ([102]).

XCV. Quant au magistrat auquel appartenait le droit de concéder (ou de vendre) l'eau ([103]), il varie dans ces lois elles-mêmes. Parfois je constate que ce sont les édiles, et parfois les censeurs qui donnèrent cette permission, mais, il apparaît que chaque fois qu'il y avait des censeurs dans l'État, c'est à eux que l'on s'adressait de préférence ; quand il n'y en avait pas, c'est aux édiles qu'appartenait ce rôle ([104]).

XCVI. Je constate que l'entretien de chaque aqueduc était ordinairement donné à ferme [1] et que l'on imposait au concessionnaire la charge d'avoir en permanence un nombre déterminé d'esclaves de métier ([105]) affectés aux conduits hors de la ville et un nombre déterminé à l'intérieur ; on allait jusqu'à lui faire inscrire sur le cahier des charges [2] le nom des hommes qu'il comptait employer pour chaque région. Le soin d'inspecter leurs travaux apparte-

---

— 2. Ces restrictions dans la concession des eaux de trop-plein seront reprises dans la législation impériale : v. *infra*, le chap. 110.

XCVI. 1. C'était le procédé ordinaire pour l'exécution des travaux publics en Italie. — 2. Litt. : les registres officiels.

quaedam apud ueteres aliter obseruata inueni.
3 Apud antiquos omnis aqua in usus publicos eroga-
batur et ita cautum fuit : « Ne quis priuatus aliam
ducat *aquam* quam quae ex lacu humum accidit, »
(haec enim sunt uerba eius legis), id est quae ex lacu
abundauit ; eam nos caducam uocamus. 4 Et haec
ipsa non in alium usum quam in balnearum aut fullo-
nicarum dabatur, eratque uectigalis statuta mercede
quae in publicum penderetur. 5 Ex quo manifestum
est quanto potior cura maioribus communium utili-
tatium quam priuatarum uoluptatium fuerit, cum
etiam ea quae priuati ducebant ad usum publicum
pertineret. 6 Aliquid et in domos principum ciuitatis
dabatur concedentibus reliquis.

XCV. 1 Ad quem autem magistratum ius dandae
uendendaeue aquae pertinuerit, in iis ipsis legibus
uariatur. 2 Interdum enim ab aedilibus, interdum
a censoribus permissum inuenio ; sed adparet, quotiens
in republica censores erant, ab illis potissimum peti-
tum ; cum ii non erant, aedilium eam potestatem
fuisse.

XCVI. 1 Tutelam autem singularum aquarum
locari solitam inuenio positamque redemptoribus
necessitatem certum numerum circa ductus extra
urbem, certum *in* urbe seruorum opificum habendi,
et quidem ita ut nomina quoque eorum quos habituri
essent in ministerio per quasque regiones in tabulas
publicas deferrent ; eorumque operum probandorum

C U quae lata *V* quem lata *M* ‖ 3 omnis *edd.* : -es *codd.* ‖ eroga-
batur *Joconde* : -gatur *codd.* ‖ et *Poleni* : ea *codd.* ‖ aquam *add.*
Bücheler ‖ eius legis *V M* : et leges *C U* ‖ 4 publicum penderetur
Joconde : publico impenderetur *codd.* ‖ 5 ex quo - pertineret *huc*
Bücheler : *in fin. sequent. cap. codd.* ‖ uoluptatium *V M* : uoluntatium
C uoluntatum *U*.
XCV. 2 censores *om.* *V M* ‖ erant ω : -rat M ‖ ii ω :
duodecim *C*.
XCVI. 1 certum in *Joconde* : centum ab *C U* c ab *V M* ‖
quidem *C U* : qui *V M* ‖ essent *C U* : sunt *V M* ‖ penes *edd.* : per

nait tantôt aux censeurs, tantôt aux édiles ; parfois
même les questeurs ont obtenu cette mission, comme
on le voit d'après un sénatus-consulte datant du consulat
de C. Licinius et Q. Fabius [3] ([106]).

XCVII. A quel point on se préoccupait d'empêcher
que personne osât violer les conduites ou dériver de l'eau
qui ne lui avait point été accordée, c'est ce qui ressort de
bien des faits, et en particulier de celui-ci : le Grand
Cirque, même les jours où il y avait jeux du cirque,
n'était pas arrosé sans la permission des édiles ou des
censeurs. Cet état se prolongea encore après le passage de
l'administration des eaux aux curateurs sous Auguste ([107]),
comme nous le voyons dans Ateius Capito [1]. Quant aux
champs qui avaient été arrosés avec de l'eau appartenant
à l'État contrairement à la loi, ils étaient saisis. Contre
le concessionnaire (de l'aqueduc), si sa complicité ressor-
tait dans un manquement commis par quelqu'un à la loi,
une amende était prononcée ([108]).

Dans ces mêmes lois il y avait en outre cet article :
« Que personne ne souille l'eau sciemment et maligne-
ment là où elle jaillit pour l'usage public. Si quelqu'un
la souille, que l'amende soit de 10.000 sesterces [2] ». C'est
pourquoi les édiles curules avaient l'ordre de désigner
dans chaque quartier parmi ceux qui l'habitaient ou y
possédaient des biens fonds deux délégués responsables
des fontaines publiques ([109]).

XCVIII. Le premier, M. Agrippa, après l'édilité qu'il géra
postérieurement à son consulat ([110]), fut une sorte de curateur à vie ([111]) de ses propres adductions et de ses fontaines
monumentales. Comme l'abondance de l'eau le permettait
désormais, il répartit les quantités à fournir aux services
publics, aux fontaines et aux particuliers [1]. Il eut aussi
un personnel d'esclaves spéciaux pour les eaux, chargés
d'entretenir les aqueducs, les réservoirs et les fontaines.

— 3. 116 av. J.-C.
XCVII. 1. Juriste dont les écrits datent du 1er tiers du 1er siècle ap.
J.-C. Il fut *curator aquarum* de 13 à 22 ap. J.-C. (cf. chap. 102, 2 et 3).
V. Bremer, *Jurisp antehadr. quae supersunt*. II. 1 (Teubner, 1898), p.
261 à 287. — 2. Dans le texte latin s'est introduite ici une note défi-
nissant le vieux mot *oletare* (souiller) : *souille, c'est-à-dire rende sale*.
XCVIII. 1. V. les tableaux des chap. 78 et suivants.

curam fuisse penes censores aliquando et aediles,
interdum etiam quaestoribus eam prouinciam obue-
nisse, ut adparet ex senatus consulto quod factum
est C. Licinio et *Q.* Fabio *cos.*

XCVII. **1** Quanto opere autem curae fuerit ne
quis uiolare ductus aquamue non concessam deriuare
auderet, cum ex multis adparere posset, tum et ex
hoc quod Circus Maximus ne diebus quidem ludorum
circensium nisi aedilium aut censorum permissu irri-
gabantur. **2** Quod durasse etiam postquam res ad
curatores transiit sub Augusto apud Ateium Capi-
tonem legimus. **3** Agri uero qui aqua publica contra
legem essent inrigati publicabantur. **4** Mancipi etiam,
si cum eo quem *constaret* aduersus legem fecisse
multa dicebatur. **5** In isdem legibus adiectum est ita :
« ne quis aquam oletato dolo malo, ubi publice
saliet. **6** Si quis oletarit, sestertiorum decem milium
multa esto ». **7** [Oletato uidetur esse olidam facito.]
8 Cuius rei causa aediles curules iubebantur per uicos
singulos ex iis qui in unoquoque uico habitarent
praediaue haberent binos praeficere quorum arbitratu aqua in publico saliret.

XCVIII. **1** Primus M. Agrippa, post aedilitatem
quam gessit consularis, operum suorum et munerum
uelut perpetuus curator fuit. **2** Qui, iam copia per-
mittente, discripsit quid aquarum publicis operibus,
quid lacibus, quid priuatis daretur. **3** Habuit et
familiam propriam aquarum quae tueretur ductus
atque castella et lacus.

codd. ‖ quaestoribus *C* : censoribus *cet.* ‖ senatus consulto *edd.* :
eo *codd.* ‖ C. Licinio *edd.* : clycynio *C* C. Liciaio *U* C. Liciano
V M ‖ consule *C V* : caesula *U M* ‖ Q. *add. edd.* ‖ cos. *ego* : censoribus *codd.*

XCVII. **4** mancipi *C U* : -pia *V M* ‖ si cum *C U* : sicut *V M* ‖
constaret *add. Mommsen, Röm. Strafrecht,* p. 824 ‖ dicebatur *edd.* :
-antur *codd.* ‖ 7 oletato - facito *del. Bücheler.*

XCVIII. **2** discripsit *Bücheler* ; des- *codd.* ‖ quid (*ante* lacibus) ω :
quod *C.*

XCIX. C'est ce personnel qu'Auguste hérita et qu'il donna à l'État. Après Agrippa, sous le consulat de Q. Aelius Tubero et Paulus Fabius Maximus [1], dans cette matière qui jusque là avait été traitée en vertu des pouvoirs particuliers des magistrats ([112]) sans législation définie, on prit des sénatus-consultes et on promulga une loi. Auguste, également, définit par un édit la situation juridique de ceux qui avaient des concessions d'eau sur les registres d'Agrippa en faisant passer tout le chapitre au compte de ses largesses particulières ([113]). Il détermina aussi les tuyaux étalons dont il a été question [2] et, pour gérer cette administration, il nomma curateur Messala Corvinus ([114]) avec, comme seconds, Postumius Sulpicius, un ancien préteur, et L. Cominius, qui n'avait pas encore exercé de magistrature. On leur accorda des insignes comme à des magistrats et, au sujet de leurs fonctions, fut voté le sénatus-consulte suivant :

C. « Sur le rapport des consuls Q. Aelius Tubero et Paulus Fabius Maximus concernant le rang à attribuer [1] à ceux qui ont été nommés curateurs des eaux publiques par César Auguste en accord avec le Sénat, les consuls ayant demandé au Sénat son avis sur ce sujet, celui-ci a pris la décision suivante :

« Lorsque ceux qui ont la charge des eaux publiques seront hors de la ville dans l'exercice de leurs fonctions, ils auront chacun deux licteurs et trois esclaves publics : un architecte, un secrétaire et un teneur de livres chacun ([115]), des huissiers et des crieurs publics en nombre égal à celui dont disposent ceux qui sont chargés de distribuer le blé à la plèbe ([116]). Quand ils auront à faire dans la ville pour la même raison, ils auront à leur disposition les mêmes employés, sauf les licteurs. Que les employés attribués aux curateurs des eaux par ce sénatus-consulte soient déclarés au Trésor dans un délai de dix jours à courir de la date de ce sénatus-consulte ; à ceux qui seront ainsi déclarés, que les préteurs du Trésor

XCIV. 1. 11 av. J.-C. — 2. Cf. chap. 25 et la note compl. 66.
C. 1. On a proposé (Bergk, *Philol.* XXXII, p. 567), peut-être avec raison, de lire : *ornandis* ; l'*ornatio magistratus* est, on le sait, l'équipement du magistrat (indemnité d'entrée en charge, etc...).

XCIX. 1 Hanc Augustus hereditate ab eo sibi
relictam publicauit. 2 Post eum Q. Aelio Tuberone
Paulo Fabio Maximo cos., in re quae usque in id
tempus quasi potestate acta certo iure eguisse*t*, senatus
consulta *f*acta sunt ac lex promulgata. 3 Augustus
quoque edicto complexus est quo iure uterentur qui
ex commentariis Agrippae aquas haberent, tota re
in sua beneficia translata. 4 Modulus etiam, de quibus
dictum est, constituit et rei continendae exercen-
daeque curatorem fecit Messalam Coruinum cui adiu-
tores dati Postumius Sulpicius praetorius et L. Cominius pedarius. 5 Insignia eis quasi magistratibus con-
cessa, deque eorum officio senatus consultum factum,
quod infra scriptum est. [S. C.]

C. 1 « Quod Q. Aelius Tubero Paulus Fabius
Maximus consules uerba fecerunt de iis qui curatores
aquarum publicarum ex consensu senatus a Caesare
Augusto nominati essent ordinandis, de ea re quid
facere placeret, de ea re ita censuerunt : placere huic
ordini eos qui aquis publicis praeessent, cum eius rei
causa extra urbem essent, lictores binos et seruos
publicos ternos : architectos singulos et scribas et
librarios, accensos praeconesque totidem habere quot
habent ii per quos frumentum plebei datur. 2 Cum
autem in urbe eiusdem rei causa aliquid agerent, ceteris apparitoribus isdem praeterquam lictoribus *uti*.
3 Vtique quibus apparitoribus ex hoc senatus consulto
curatoribus aquarum uti liceret, eos diebus decem
proximis quibus senatus consultum factum esset
ad aerarium deferrent ; quique ita delegati essent,

XCIX. 1 hereditate *U* : -ti *C* -tem *V M* ‖ 2 eum Q. ω : cumque
V ‖ coɔ. *edd.* : consuli *C* cons. i. *cet.* ‖ usque in id *C U* : in id usque
V M ‖ eguisset *edd.* : -eguisse *codd.* ‖ facta *Poleni* : acta *codd.*
‖ 4 curatorem *C U* : auctorem *V M* ‖ 5 insignia *C U* : in figura
V M ‖ eis *C U* : eius *V M* ‖ S. C. *del. edd.*

C. 1 quod - senatus *om. V M* ‖ Paulus *edd.* : P. *U* pullus *C* ‖ I
(*sc.* ita) *Joconde* : E *codd.* ‖ eius ω : ius *C* ‖ 2 agerent ω : agent *C* ‖
uti *add. edd.* ‖ 3 proximis ω : oximis *C* ‖ deferrent *edd.* : -renti *C*

donnent et attribuent comme traitement une indemnité de vivre pour l'année égale à celle que donnent et délivrent habituellement les préposés à la répartition du blé ([117]) ; et que l'on puisse leur verser cette indemnité en espèces sans qu'il y ait faute. Que la fourniture des tableaux[2], des feuillets et de tout ce qui est nécessaire à ces curateurs pour l'exercice de leur curatèle soit mise en adjudication par Q. Aelius et Paulus Fabius, les deux consuls, ou l'un des deux comme il leur plaira par l'intermédiaire des préteurs chargés du Trésor.

CI. Et de même, lorsque les curateurs des routes et les curateurs de l'annone sont libres de vaquer aux procès publics et privés, que les curateurs des eaux soient, pendant ce temps, libres de vaquer aux procès publics et privés ([118]). »

Les huissiers et les employés, bien que le Trésor continue encore aujourd'hui à payer leur traitement, semblent avoir cessé d'appartenir aux curateurs par suite de l'incurie et du manque d'énergie de ceux qui n'ont pas exercé leur charge.

Quand ils sortaient de la ville (dans l'exercice de leurs fonctions s'entend), le Sénat avait mis des licteurs à leur disposition. Moi, quand je ferai l'inspection des aqueducs, ma bonne foi et l'autorité dont le Prince m'a revêtu me serviront de licteurs.

CII. Puisque nous en sommes arrivés, dans cet exposé, à l'institution des curateurs, il n'est pas hors de propos de donner la liste de ceux qui ont été chargés de cette fonction après Messala jusqu'à moi ([119]).

A Messala succéda Ateius Capito, sous le consulat de Plancus et de Silius [1] ;

A Capito, Tarius Rufus, sous le consulat de· C. Asinius Pollion et de C. Antistius Vetus [2] ;

A Tarius, sous le consulat de Ser. Cornelius Cethegus et de L. Visellius Varro [3], M. Cocceius Nerva, le grand-père du divin Nerva, qui était aussi un jurisconsulte distingué,

---

— 2. Tablettes à écrire, plaques de bronze pour affichage et contrats de ferme, etc....

CII. 1. 13 ap. J.-C. — 2. 23 ap. J.-C. — 3. 24 ap. J.-C. —

iis praetoris aerarii mercedem cibaria quanta praefecti frumento dando dare deferreque solent annua
darent et adtribuerent ; isque eas pecunias sine fraude
sua facere liceret. **4** Vtique tabulas, chartas ceteraque
quae eius curationis causa opus essent iis curatoribus
praebenda, Q. Aelius Paulus Fabius consules ambo
alterue, si iis uidebitur, adhibitis praetoribus qui aerario praesint, ea praebanda locent.

CI. **1** Itemque, cum uiarum *curatores* curatoresque
frumenti *iudiciis uacarent priuatis publicisque* [qui
parte quarta anni publico fungebantur ministerio],
ut curatores aquarum iudiciis uacarent priuatis publicisque. » **2** Apparitores et ministeria, quamuis per-
seueret adhuc in eos erogare, tamen esse curatorum
uidentur desisse inertia ac segnitia non agentium
officium. **3** Egressis autem urbem, dumtaxat agendae
rei causa, senatus praesto esse lictores iusserat.
4 Nobis circumeuntibus riuos fides nostra et auctoritas a principe data pro lictoribus erit.

CII. **1** Cum perduxerimus rem ad initium curatorum, non est alienum subiungere qui post Messalam
huic officio ad nos usque praefuerint : **2** Messalae
successit, Planco et Silio cos., Ateius Capito. **3** Capi-
toni, *C. Asinio Pollione* C. Antistio Vetere cos.
Tarius Rufus. **4** Tario [et] Ser. Cornelio Cethego
L. Visellio Varrone cos., M. Cocceius Nerua, diui
Nervae auus, scientia etiam iuris inlustris. **5** Huic

-rentur *cet.* || mercedem *codd.* : -de *codd.* || 4 alterue ω : terue *C* ||
adhibitis praetoribus ω : bitis praetor *C* || ea *edd.* : et *codd.*

CI. 1 curatores *addidi* || frumenti iudiciis uacarent priuatis
publicisque qui parte quarta *ego* : frumenti qui quarta parte
V M frumentique parte quarta *C U* || qui — ministerio *delend.*
censeo. (u. ad p. 93) || 2 erogare *edd.* : eroget *codd.* || 3 agendae
C U : age nec *V M*.

CII. 1 perduxerimus *C U* : pro- *V M* || praefuerint *C U* :
-erunt *V M* || 3 C. Asinio Pollione *add. Poleni* || 4 et *del. Joconde* ||
Ser. *edd.* : serio *C* segrio *U* segerio *V M* || auus *C* : cuius *U V* cui
M || iuris *C* : uiris *cet.* || 6 iuliano *edd.* : iunianus *C* iuniano *cet.* || nonio

Son successeur fut, sous le consulat de Fabius Persicus et de L. Vitellius [4], C. Octavius Laenas.

Celui de Laenas, sous le consulat d'Aquila Julianus et de Nonius Asprenas [5], M. Porcius Cato.

Son successeur fut, après <quatre> mois, sous le consulat de Ser. Asinius Celer et de Sex. Nonius Quintilianus [6], A. Didius Gallus ([120]).

A Gallus, sous le consulat de Q. Veranius et de Pompeius Longus [7] succéda Cn. Domitius Afer.

A Afer, sous le 4e consulat de l'Empereur Néron Claude et celui de Cossus, fils de Cossus [8], succéda L. Pison ;

A Pison, sous le consulat de Verginius Rufus et de Memmius Regulus [9], succéda Petronius Turpilianus ;

A Turpilianus, sous le consulat de Crassus Frugi et de Laecanius Bassus [10], succéda P. Marius.

A Marius, sous le consulat de Luccius Telesinus et de Suetonius Paulinus [11], succéda Fonteius Agrippa.

A Agrippa, sous le consulat de Silius et de Galerius Trachalus [12] succéda Albius Crispus ;

A Crispus, sous le 3e consulat de Vespasien et celui de Cocceius Nerva [13], succéda Pompeius Silvanus ;

A Silvanus, sous le 2e consulat de Domitien et celui de Valerius Messalinus [14], succéda Tampius Flavianus.

A Flavianus, sous le 5e consulat de Vespasien et le 3e de Titus [15], succéda Acilius Aviola ;

Après celui-ci, sous le 3e consulat de l'Empereur Nerva et le 3e de Verginius Rufus [16], c'est à moi que cette charge a été transférée.

CIII. Maintenant, je vais indiquer les règles que doit suivre le curateur des eaux ainsi que la loi et les sénatus-consultes intéressant l'organisation de sa gestion. En ce qui concerne le droit de dériver de l'eau pour des particuliers, il faut prendre garde que personne n'en dérive sans une lettre de l'Empereur, c'est-à-dire ne dérive de l'eau publique sans en avoir obtenu le droit, et n'en prenne plus qu'il n'en a obtenu. De cette façon, les quantités

4. 34 ap. J.-C. — 5. 38 ap. J.-C. — 6. 38 ap. J.-C. — 7. 49 ap. J.-C — 8. 60 ap. J.-C. — 9. 63 ap. J.-C. — 10. 64 ap. J.-C. — 11. 66 ap. J.-C. — 12. 68 ap. J.-C. — 13. 71 ap. J.-C. — 14. 73 ap. J.-C. — 15. 74 ap. J.-C. — 16. 97 ap. J.-C.

successit, Fabio Persico L. Vitellio cos., C. Octauius
Laenas. **6** Laenati, Aquila Iuliano et Nonio Asprenate
cos., M. Porcius Cato. **7** Huic successit post *menses·*
quattuor, Ser. Asinio Celere *Sex*. Nonio Quintiliano
consulibus, A. Didius Gallus. **8** Gallo, Q. Veranio et
Pompeio Longo cos., Cn. Domitius Afer. **9** Afro,
Nerone Claudio Caesare IIII et Cosso Cossi f. consulibus, L. Piso. **10** Pisoni, Verginio Rufo et Memmio
Regulo consulibus, Petronius Turpilianus. **11** Tur-
piliano, Crasso Frugi et Laecanio Basso consulibus,
P. Marius. **12** Mario, Luccio Telesino et Suetonio
Paulino cos., Fonteius Agrippa. **13** Agrippae, Silio et
Galerio Trachalo cos., Albius Crispus. **14** Crispo,
Vespasiano III et Cocceio Nerva cos. Pompeius Si-
luanus. **15** Siluano, *Domitiano II* Valerio Messalino
consulibus, Tampius Flauianus. **16** Flauiano, Vespasiano V Tito III consulibus, Acilius Auiola. **17** Post
quem, imperatore Nerua III et Verginio Rufo III
consulibus, ad nos cura translata est.

CIII. **1** Nunc quae obseruare curator aquarum
debeat et legem senatusque consulta ad instruendum
actum pertinentia subiungam. **2** Circa ius ducendae
aquae in priuatis obseruanda sunt ne quis sine litteris
Caesaris id est ne quis aquam publicam non impetratam et ne quis amplius quam impetrauit ducat. **3** Ita
enim efficiemus ut modus quem adquiri diximus pos-

ω : nonius *C* ‖ 7 menses quattuor *scripsi e Fastis ostiens*. (Hülsen,
Philol. Woch., 1920, p. 306) : post quem *codd* ‖ Ser. asinio celere
Hülsen, ibid. : serasinius celera *C* seras iunio celer a *U* senus iunio
celeri *V* seranus iunio celere *M* ‖ sex nonio *Hülsen, ibid.* : tonio *C*
ionio *cet.* ‖ gallus ω : gallio *C* ‖ 8 Q. *edd.* : que *codd.* ‖ ueranio
ω : -ius *C* ‖ et *om. V M* ‖ Pompeio longo ω : -ius -us *C* ‖ 12 mario ω :
maior *V* ‖ L. Telesino et suetonio paulino ω : lucius telesinus et
suetonius paulinus *C* ‖ pompeius - (15) messalino cos. *om. M* ‖
15 Domitiano *add. Bücheler* ‖ 16 V *om. M* ‖ III *om. V M* ‖ 17
Nerua *om. M*.

CIII. 1 instruendum *C U* : instituendum *V M* ‖ actum - (2)
circa *om. V M, qui* cum particula sabini *ineunte cap. pos.* ‖ actum
C : eum *U* ‖ aquae ω : eaque *C* ‖ 2 impetrauit ω : impetratum

d'eau qui ont été recouvrées comme nous l'avons dit, pourront être attribuées à de nouvelles fontaines et à de nouvelles concessions impériales. Sur ces deux points, il faut mettre le plus grand soin à s'opposer à des fraudes de toutes sortes : inspecter à l'improviste et consciencieusement les conduites hors de la ville pour y vérifier les concessions ; faire la même chose pour les châteaux d'eau et les fontaines publiques de façon que, sans interruption, jour et nuit, l'eau y coule ([121]). C'est d'ailleurs l'ordre qui est donné au curateur par un sénatus-consulte dont voici le texte :

CIV. « Entendu le rapport des consuls Q. Aelius Tubero et Paulus Fabius Maximus concernant le nombre des fontaines publiques sises dans la ville et comprises dans les édifices adjacents à la ville ([122]) établies par M. Agrippa, les consuls ayant demandé au Sénat son avis à ce sujet, celui-ci a pris la décision suivante :

« Il a été décidé de ne pas augmenter ni diminuer le nombre des fontaines publiques qui existent maintenant, au nombre de 500 (?) ([123]) d'après le compte-rendu de ceux qui ont reçu du Sénat la mission d'inspecter les eaux publiques et d'établir le nombre des fontaines publiques. De même, il est décidé que les curateurs des eaux nommés par César Auguste sur la proposition du Sénat feront en sorte que les fontaines publiques déversent l'eau à la disposition de tous le plus régulièrement possible, de jour et de nuit. » Dans ce sénatus-consulte il est remarquable, je trouve, que le Sénat interdise aussi bien d'augmenter que de diminuer le nombre des fontaines publiques. Cela, je crois, parce que le débit des aqueducs qui venaient à cette époque dans la ville avant l'adduction de la *Claudia* et de l'*Anio Novus* [1] ne permettait pas, apparemment, des distributions plus abondantes.

CV. Quiconque voudra dériver de l'eau pour des usages privés devra en obtenir la concession et apporter au curateur une lettre [1] de l'Empereur ; le curateur, ensuite, donnera rapidement effet à la concession impériale et désignera aussitôt par écrit un affranchi impérial

CIV. 1. Avant 52 ap. J.-C.
CV. 1. Un « brevet » de concession. — 2. Frontin fixe ici des

sit ad nouos salientes et ad noua beneficia principis
pertinere. 4 In utroque autem magna cura multiplici
opponenda fraudi est : sollicite subinde ductus extra
urbem circumeundi ad recognoscenda beneficia ; idem
in castellis et salientibus publicis faciendum ut sine
intermissione, diebus *et noctibus*, aqua fluat. 5 Quod
senatus quoque consulto facere curator iubetur, cuius
haec uerba sunt :

CIV. 1 « *Quod Q.* Aelius Tubero Paulus Fabius
Maximus consules uerba fecerunt de numero publicorum salientium qui in urbe essent intraque aedificia urbi coniuncta, quos M. Agrippa fecisset, quid
facere placeret, de ea re ita censuerunt : neque augeri
placere nec minui *numerum* publicorum salientium,
quos nunc... + esse retulerunt ii quibus negotium a
senatu est imperatum ut inspicerent aquas publicas
inirentque numerum salientium publicorum. 2 Itemque placere curatores aquarum quos S. C. Caesar
Augustus ex senatus auctoritate nominauit, dare
operam uti salientes publici quam adsiduissime
interdiu et noctu aquam in usum populi funderent. »
3 In hoc senatus consulto crediderim adnotandum quod
senatus tam augeri quam minui salientium publicorum numerum uetuerit. 4 Id factum existimo quia
modus aquarum quae iis temporibus in urbem uenie-
bant, antequam Claudia et Anio nouus perducerentur, maiorem erogationem capere non uidebatur.

CV. 1 Qui aquam in usus priuatos deducere uolet,
impetrare eam debebit et a principe epistulam ad
curatorem adferre ; curator deinde beneficio Caesaris

fuerit *V* || 4 autem *C U* : enim *V M* || et noctibus *add. edd.* || 5 quo-
que *post* hec *add. C U M.*

CIV. 1 Quod Q. : *add. edd.* || numerum *add. Joconde* || *post*
esse *lac. indic.* Bücheler (*u. ad pag.* 93) || 2 itemque ω : itaque
V || S. C. *uindicat Kornemann, in R. E.,* IV, p. 1775 || aucto-
ritate *C U* : consulto *V M* || publici *edd.* : -is *codd.* || 4 uidebatur ω :
-ant *C.*

CV. 1 debebit *C U* : debet *V M* || 2 Ti. Claudius ω : Titus *C* ||

comme son procurateur pour cet office [2]. Un procurateur semble avoir été nommé pour la première fois par Claude après qu'il eût amené l'*Anio Novus* et la *Claudia* ([124]). Le contenu de cette lettre doit être communiqué aussi aux intendants ([125]) pour qu'ils ne puissent pas un jour essayer de déguiser une négligence ou une fraude de leur part en arguant de leur ignorance. Le procurateur doit faire poinçonner par l'intermédiaire des niveleurs ([126]) une prise calibrée à la quantité concédée ; il doit porter la plus grande attention à la façon dont sont faites les mesures que nous avons dites et se rendre compte de la position de la prise ([127]) pour que les niveleurs n'aient pas la faculté de valider une prise tantôt d'ouverture supérieure, tantôt d'ouverture inférieure selon l'intérêt qu'ils portent aux personnes. Et qu'il ne leur laisse pas non plus la faculté de fixer à cette prise n'importe quel tuyau de plomb, mais un tuyau de la même section que celle pour laquelle la prise est poinçonnée, sur une longueur de 50 pieds ([128]), comme cela est prévu dans le sénatusconsulte suivant :

CVI. « Entendu le rapport des consuls Q. Aelius Tubero et Paulus Fabius Maximus, selon lequel certains particuliers dérivent de l'eau des conduits des aqueducs publics, et les consuls ayant demandé au Sénat son avis sur ce sujet, celui-ci a pris la décision suivante :

« Que nul particulier n'ait le droit de dériver de l'eau des conduits des aqueducs publics et que ceux auxquels a été accordé le droit de dériver de l'eau la dérivent à partir de châteaux d'eau, et que les curateurs s'enquièrent des endroits où, à l'intérieur et à l'extérieur de la ville, les particuliers pourront efficacement faire bâtir des châteaux d'eau d'où ils dériveront l'eau qu'ils auront reçue en commun du château d'eau ([129]) par les soins des curateurs des eaux. Que pas un de ceux auxquels a été concédée de l'eau publique n'ait le droit, sur une lon-

règles pour l'avenir, et ne se borne pas à décrire la procédure en usage jusqu'à lui ; jusqu'à sa curatèle, en effet, le *procurator* semble bien avoir été indépendant du *curator*. C'est le fait qu'il soit désormais désigné par celui-ci qui constitue une véritable révolution administrative. V. note compl. 124.

praestare maturitatem et procuratorem eiusdem officii libertum Caesaris protinus scribere. 2 Procuratorem autem primus Ti. Claudius uidetur admouisse,
postquam Anionem nouum et Claudiam induxit.
3 Quid contineat epistula, uilicis quoque fieri notum
debet, ne quando neglegentiam aut fraudem suam
ignorantiae colore defendant. 4 Procurator calicem
eius moduli qui fuerit impetratus, adhibitis libratoribus, signari cogitet; diligenter intendat mensurarum
quas supra diximus modum et positionis notitiam
habeat, ne sit in arbitrio libratorum interdum maioris
luminis, interdum minoris, pro gratia personarum
calicem probare. 5 Sed nec statim ab hoc liberum
subiciendi qualemcumque plumbeam fistulam permittatur arbitrium, uerum eiusdem luminis quo calix
signatus est per pedes quinquaginta, sicut senatus
consulto quod subiectum est cauetur.

CVI. 1 « Quod Q. Aelius Tubero Paulus Fabius
Maximus consules uerba fecerunt quosdam priuatos
ex riuis publicis aquam ducere quid de ea re facere
placeret, de ea re ita censuerunt : ne cui priuato aquae
ducere ex riuis publicis liceret, utique omnes ii quibus
aquae ducendae ius esset datum ex castellis ducerent,
animaduerterentque curatores aquarum quibus locis
intra extra urbem apte castella priuati facere possent
ex quibus aquam ducerent quam ex castello communem accepissent a curatoribus aquarum. 2 Ne cui
eorum quibus aqua daretur publica ius esset intra
quinquaginta pedes eius castelli ex quo aquam ducerent laxiorem fistulam subicere quam + quina-

claudiam *C U* : -ias *V M* ‖ 3 uilicis *Poleni* : uilici *C* iulia *cet.* ‖
quoque fieri *Heinrich.* : fieri quoque *codd.* ‖ 4 libratoribus *C U* :
lictoribus *V M* ‖ positionis *Schultz* : posuimus *codd.* ‖ in ω :
ibi *V* ‖ 5 permittatur *C* : -tant *U V* -tunt *M*.
    CVI. 1 Q. *edd.* : que *C* ii *U om. V M* ‖ publicis *post* riuis *om.*
post castellis *transp. M* ‖ ducerent quam *om. V* ‖ 2 cui *edd.* :
qui *codd.* ‖ quinariam *corrupt. uidetur* ‖ adnotatione *C* : admiratione *cet.* ‖ frequenter *om.* **V** *M*.

gueur de 50 pieds à partir du château d'eau d'où il dérive l'eau, de fixer un tuyau plus large que [une *quinaria*] ([130]).

Dans ce sénatus-consulte il est à noter qu'on ne permette de dériver de l'eau que d'un château d'eau, pour éviter que les conduits et les tuyaux publics ne soient trop souvent percés [1].

CVII. Les concessions d'eau ne sont pas transmissibles à l'héritier, ni à l'acheteur, ni à aucun nouveau propriétaire du fonds. Aux bains destinés au public était concédé depuis très longtemps le privilège que l'eau une fois accordée le restât à perpétuité. C'est ce que nous apprennent de vieux sénatus-consultes dont je donne un exemple ci-après. Maintenant, toute concession d'eau est renouvelée avec tout nouveau propriétaire.

CVIII. « Entendu le rapport des consuls Q. Aelius Tubero et Paulus Fabius Maximus selon lequel il convient de fixer d'après quelle règle légale dérivent l'eau à l'intérieur et à l'extérieur de la ville ceux qui en ont la concession, et les consuls ayant demandé au Sénat son avis sur ce sujet, celui-ci a pris la décision suivante :

« Que toute concession d'eau, à l'exception de celles qui ont été accordées pour l'usage de bains ou à titre d'eau de puisage ([131]) reste valable tant que les mêmes propriétaires possèdent le fonds pour lequel l'eau leur a été concédée. »

CIX. Lorsque de l'eau vient à être disponible, on l'annonce et on la porte en rentrée dans les Registres, que l'on consulte pour pouvoir donner de l'eau aux demandeurs sur les disponibilités. Autrefois, on avait coutume de couper l'eau immédiatement pour pouvoir la vendre pendant la période intermédiaire, soit aux occupants du fonds, soit même à d'autres ([132]). Il a semblé moins brutal à notre Prince de ne pas priver d'eau brusquement les immeubles et de laisser un délai de grâce de trente jours pendant lesquels ceux auxquel il appartient (peuvent faire les démarches nécessaires) [1]. Au sujet de l'eau concédée à des biens-fonds appartenant à des sociétés, je ne trouve aucune prescription. Mais on observe comme si

CVI. 1. Cf., *supra*, le chap. 27.
CIX. 1. Il y a une lacune dans le texte ; la proposition entre

riam +. » **3** In hoc senatus consulto dignum adnota-
4ione est quod aquam non nisi ex castello duci per-
mitti, ne aut riui aut fistulae publicae frequenter
lacerentur.

CVII. **1** Ius impetratae aquae neque heredem
neque emptorem neque ullum nouum dominum praediorum sequitur. **2** Balneis quae publice lauarent pri-
uilegium antiquitus concedebatur ut semel data aqua
perpetuo maneret. **3** Sic ex ueteribus senatus consul-
tis cognoscimus, ex quibus unum subieci. **4** Nunc
omnis aquae cum possessore instauratur beneficium.

CVIII. **1** « Quod Q. Aelius Tubero Paulus Fabius
Maximus consules uerba fecerunt constitui oportere
quo iure intra extraque urbem ducerent aquas quibus
adtributae essent, quid de ea re facere placeret de
ea re ita censuerunt : uti usque eo maneret adtributio
aquarum, exceptis quae in usum balinearum essent
datae aut haustus nomine, quoad idem domini possi-
derent id solum in quod accepissent aquam. »

CIX. **1** Cum uacare aliquae coeperunt aquae,
adnuntiatur et in commentarios redigitur, qui respi-
ciuntur ut petitioribus ex uacuis dari possint. **2** Has
aquas statim intercipere solebant, ut medio tempore
uenderent aut possessoribus praediorum aut aliis
etiam. **3** Humanius [etiam] uisum est principi nostro
ne praedia subito destituerentur, triginta dierum spatium indulgeri, intra quod ii ad quos res pertineret +
4 De aqua in praedia sociorum data, nihil constitu-
tum inuenio. **5** Perinde tamen obseruatur ac iure

CVII. 1 dominum *V M* : hominum *C U* ‖ 2 sic *C* : sicut *cet.*
CVIII. 1 Quod *om. U* ‖ Q. *U* : que *C om. V M* ‖ intra extraque
U : extra intraque *V M* intra qui *C* ‖ ea re ita censuerunt *restit.*
edd. : I (*sc.* ita) *tantum exhib. codd.* ‖ uti usque eo *Bücheler* : ut
ius eoque *C* uti iis eo que *cet.* ‖ haustus *C U* : augustus *V M* ‖
id *C U* : a *V M.*
CIX. 1 aliquae *V M* : alieque *C U* ‖ 2 intercipere *Poleni* :
-cidere *codd.* ‖ 3 etiam *del. edd.* ‖ *post* pertineret *lac. ind. edd.,*
sine intermis. codd. ‖ 5 perinde *C U* : proinde *V M* ‖ quisque ω :

c'était une disposition légale la règle suivante : tant que
survit l'un de ceux qui ont obtenu la concession en
commun, la quantité assignée tout entière au fonds est
distribuée, et l'on ne renouvelle la concession que le jour
où tous ceux auxquels elle avait été accordée ont cessé
d'être propriétaires. Conduire l'eau concédée ailleurs que
dans le fonds pour lequel elle a été concédée ou la prendre
à un autre château que ne le porte la lettre de l'empereur [2] sont évidemment des pratiques prohibées ;
d'ailleurs cela est défendu par des ordonnances impériales.

CX. On obtient aussi la concession des eaux que l'on
appelle « eaux de trop-plein » [1], c'est-à-dire celles qui
coulent des châteaux d'eau ou des fuites des tuyaux. Cette
faveur est très parcimonieusement accordée par les
empereurs. Mais il y a là abondante matière à fraudes
pour les fontainiers ; on doit les empêcher avec le plus
grand soin, comme on le voit clairement d'après le paragraphe d'une ordonnance impériale que je donne ci-après :

CXI. « L'eau de trop-plein, je veux que personne ne
la dérive, sinon ceux qui en ont reçu la concession de moi
ou des princes précédents ; car il est indispensable qu'il
tombe des châteaux d'eau une partie de leur eau : non
seulement cela importe à l'hygiène de notre ville, mais
cela sert aussi à purger les égouts. »

CXII. Une fois exposé ce qui concernait l'organisation
du service des eaux pour les usages privés, il n'est pas
hors de mon sujet de donner sommairement quelques
exemples des procédés dont j'ai constaté, sur le fait, que
l'on se servait pour tourner les règlements les plus salu-
taires. J'ai trouvé, placées dans la plupart des châteaux
d'eau, des prises plus grosses que ne le comportait la
concession, et la plupart n'étaient pas même poinçonnées [1]. Or, chaque fois qu'une prise poinçonnée excède
la dimension légale, c'est le signe d'une complaisance du
procurateur qui l'a poinçonnée. Mais lorsqu'elle n'est
même pas poinçonnée, cela révèle évidemment la faute

parenthèses n'est qu'une restitution approximative. — 2. Le
brevet de concession ; V. le chapitre 105.
CX. 1. *Supra*, chap. 94.
CXII. 1. *Supra*, chapitre 105. — 2. Le *uilicus* de l'aqueduc ;

cautum ut dum quis ex iis qui communiter impetraue-
runt superesset, totus modus praediis adsignatus
flueret et tunc demum renouaretur beneficium cum
desisset quisque ex iis quibus datum erat possidere.
6 Impetratam aquam alio quam in ea praedia in
quae data erit aut ex alio castello quam ex quo epistula principis continebit duci palamst non oportere ;
sed et mandatis prohibetur.

CX. 1 Impetrantur autem et eae aquae quae
caducae uocantur, id est quae aut ex castellis aut
ex manationibus fistularum *effluunt,* quod beneficium
a principibus parcissime tribui solitum. 2 Sed fraudibus aquariorum obnoxium est quibus prohibendis
quanta cura debeatur ex capite mandatorum manifestum erit quod subieci :

CXI. 1 « Caducam neminem uolo ducere nisi qui
meo beneficio aut priorum principum habent. 2 Nam
necesse est ex castellis aliquam partem aquae effluere,
cum hoc pertineat non solum ad urbis nostrae salubritatem sed etiam ad utilitatem cloacarum abluen-
darum. »

CXII. 1 Explicitis quae ad ordinationem aquarum priuati usus pertinebant, non ab re est quaedam
ex iis quibus circumscribi saluberrimas constitu-
tiones in ipso actu deprehendimus exempli causa
attingere. 2 Ampliores quosdam calices quam impetrati erant positos in plerisque castellis inueni et ex
iis aliquos ne signatos quidem. 3 Quotiens autem
signatus calix excedit legitimam mensuram ambitio
procuratoris qui eum signauit detegitur. 4 Cum uero
ne signatus quidem est, manifesta culpa omnium,

-quam *C* ǁ 6 impetratam aquam *edd.* : -ta aqua *C U* -ta atque
V M ǁ erit *Bücheler* : erat *codd.* ǁ continebit *C* : contrahebat *cet.* ǁ
palamst *C* : palam s. c. *cet.*
  CX. 1 effluunt *add. Joconde.*
  CXI 2 nam *C U* : non *V M* ǁ est *om. V M.*
  CXII. 1 explicitis - aquarum *post* circumscribi *transp. V M* ǁ

de tout le monde, surtout celle du bénéficiaire, puis celle de l'intendant [2]. Dans certains cas, bien que des prises de dimensions régulières aient été poinçonnées, on avait ajusté aussitôt après des tuyaux de section plus grande, ce qui faisait que l'eau, n'étant plus maintenue sur la distance réglementaire, mais passant par un goulot étroit mais court, remplissait aisément le tuyau plus large qui venait tout de suite après [3]. Aussi chaque fois que l'on poinçonne une prise, faut-il encore ajouter par précaution de faire poinçonner également les tuyaux qui viennent ensuite sur la longueur prévue par le sénatus-consulte cité. Alors seulement, l'intendant, sachant qu'il ne doit poser que des tuyaux poinçonnés, n'aura plus aucune excuse.

CXIII. En ce qui concerne aussi la position des prises, il faut prendre garde qu'elles soient placées selon une ligne horizontale et que la prise de l'un ne soit pas située plus bas, celle de l'autre plus haut. Plus bas, elle absorbe davantage ; plus haut, comme le courant de l'eau est attiré par celle qui est plus bas, elle absorbe moins [133]. Pour les tuyaux de certains concessionnaires, on n'avait même pas posé de prise : ces tuyaux s'appellent « tuyaux volants » et ils sont élargis ou rétrécis comme il plaît au fontainier [134].

CXIV. Voici encore une fraude intolérable des fontainiers : lorsqu'une concession d'eau passe à un nouveau propriétaire, ils percent un nouveau trou dans le château d'eau et laissent l'ancien, d'où ils tirent de l'eau qu'ils vendent. Abus qu'il appartient tout particulièrement, à mon avis, au curateur de faire cesser. Il n'intéresse pas [1] seulement en effet la garde des eaux mais aussi l'entretien des châteaux d'eau qui sont dégradés par de nombreuses ouvertures inutiles.

CXV. Il faut également supprimer le revenu des fontainiers qu'ils appellent « les piqûres » [135]. Il y a un peu partout de longues distances sur lesquelles les tuyaux cheminent, dans toute la ville, cachés sous la pierre [136]. Je me suis aperçu que ces tuyaux étaient percés çà et là par les soins de celui qu'on appelait « le préposé aux

supra, note compl. 125. — 3. *Supra*, note compl. 128. La distance réglementaire était de 50 pieds.

maxime accipientis, deprehenditur, deinde uilici. **5** In
quibusdam, cum calices legitimae mensurae signati
essent, statim amplioris moduli fistulae subiectae
fuerunt, unde acciderat ut aqua non per legitimum
spatium coercita, sed per breuis angustias expressa,
facile laxiorem in proximo fistulam impleret. **6** Ideoque illud adhuc, quotiens signatur calix, diligentiae
adiciendum est ut fistulae quoque proxumae per
spatium quod senatus consulto comprehensum diximus signentur. **7** Ita demum enim uilicus, cum scierit
non aliter quam signatas conlocari debere, omni
carebit excusatione.

CXIII. **1** Circa conlocandos quoque calices obse-
ruari oportet ut ad lineam ordinentur nec alterius
inferior calix alterius superior ponatur. **2** Inferior plus
trahit ; superior, quia cursus aquae ab inferiore rapi-
tur, minus ducit. **3** In quorumdam fistulis ne calices
quidem positi fuerunt. **4** Hae fistulae solutae uocantur et, ut aquario libuit, laxantur uel coartantur.

CXIV. **1** Adhuc illa aquariorum intolerabilis
fraus est : translata in nouum possessorem aqua,
foramen nouum castello imponunt, uetus relinquunt
quo uenalem extrahunt aquam. **2** In primis ergo hoc
quoque emendandum curatori *crediderim*. **3** Non
enim solum ad ipsarum aquarum custodiam, sed
etiam ad castelli tutelam pertinet, quod subinde et
sine causa foratum uitiatur.

CXV. **1** Etiam ille aquariorum tollendus est redi-
tus quem uocant puncta. **2** Longa ac diuersa sunt
spatia per quae fistulae tota meant urbe, latentes
sub silice. **3** Has comperi per eum qui adpellabatur a
punctis passim conuulneratas omnibus in transitu

---

3 acciderat ω : -ant *C* ‖ 6 illud adhuc ω : illuc athuc *C* ‖
7 omni - quoque *om. M.*

CXIII. 1 inferior *edd.* : -terior *codd.* ‖ 4 solutae *C U* : -litae
V M ‖ et - coartantur *om. U V M.*

CXIV. 2 crediderim *Krohn* : seruatum *codd.*

piqûres » [1] et, sur leur parcours, fournissaient de l'eau par des tuyaux particuliers à tous ceux qui voulaient en trafiquer ; si bien qu'un faible débit seulement parvenait au bout pour l'usage du public. La masse d'eau détournée de la sorte apparaît au fait qu'une quantité appréciable de plomb a été récupérée par l'enlèvement des branchements de cette nature.

CXVI. Reste l'entretien des conduites ; avant de commencer à en parler, il me faut donner quelques explications sur le personnel organisé à cet effet. Il y a deux personnels de fontainiers : l'un à l'État, l'autre à l'Empereur. Celui de l'État est le plus ancien ; c'est celui qui a été légué par Agrippa à Auguste et donné par celui-ci à l'État, comme nous l'avons dit [1] ; il se compose d'environ 240 hommes. Le nombre du personnel impérial est de 460 ; c'est Claude qui l'a organisé lorsqu'il amena ses aqueducs dans la ville [2].

CXVII. Ces deux personnels se divisent en différents services : intendants, surveillants de châteaux d'eau, inspecteurs, paveurs, stucateurs et autres ouvriers ([137]). Parmi eux, il en faut, hors de la ville, pour les travaux sans grande importance mais dont on voit qu'ils exigent une prompte intervention. Les hommes de l'intérieur de la ville, répartis dans les postes des châteaux d'eau et des fontaines monumentales ([138]), s'emploieront activement à toutes les tâches, particulièrement pour les circonstances imprévues, afin que l'on puisse envoyer de grandes quantités d'eau de plusieurs régions au secours de celle où le besoin s'en fait sentir [1]. Ce grand nombre d'esclaves appartenant aux deux personnels était régulièrement détourné de sa tâche par les complaisances et la négligence des responsables et utilisé à des travaux privés ; je décidai de le rappeler à la discipline et au service de l'État, dictant, pour cela, la veille la tâche à faire, et faisant inscrire dans un journal celle qui avait été accomplie chaque jour.

CXV. 1. *a punctis*, comme *a libellis*, etc. Ici mot de l'argot des fontainiers.
CXVI. 1. Chap. 98. — 2. La *Claudia* et l'*Anio Novus*, chap. 13.
CXVII. 1. Pour les incendies surtout, cf. chap. 1.

negotiationibus praebuisse peculiaribus fistulis aquam ;
quo efficiebatur ut exiguus modus ad usus publicos
perueniret. 4 Quantum ex hoc modo aquae seriuatum
sit, aestimo ex eo quod aliquantum plumbi sublatis
eiusmodi ramis redactum est.

CXVI. 1 Superest tutela ductuum ; de qua priusquam dicere incipiam, pauca de familia quae huius
rei causa parata est explicanda sunt. 2 *Aquariorum*
familiae sunt duae, altera publica, altera Caesaris.
3 Publica est antiquior, quam ab Agrippa relictum
Augusto et ab eo publicatam diximus : habet homines
circiter ducentos quadragenta. 4 Caesaris familiae
numerus est quadringentorum sexaginta, quam Claudius, cum aquas in Urbem perduceret, constituit.

CXVII. 1 Utraque autem familia in aliquot minis-
teriorum species diducitur : uilicos, castellarios, circitores, silicarios, tectores aliosque opifices. 2 Ex
his aliquos extra urbem esse oportet ad ea quae non
sunt magnae molitionis, maturum tamen auxilium
uidentur exigere. 3 Homines in urbe circa castellorum
et munerum stationes opera quaeque urgebunt, in
primis ad subitos casus, ut ex compluribus regionibus,
in quam necessitas incubuerit, conuerti possit praesi-
dium aquarum abundantium. 4 Tam amplum numerum utriusque familiae solitum ambitione aut negle-
gentia praepositorum in priuata opera diduci reuocare
ad aliquam disciplinam et publica ministeria ita
instituimus ut pridie quid esset actura dictare-
mus et quid quoque die egisset actis comprehende-
retur.

CXV. 4 seriuatum *Krohn* : seruatum *codd.* ‖ sublatis *Poleni* :
sublati *codd.*
CXVI. 2 aquariorum *addidi* : *lac. indic. C, sine interm. cet.*
CXVII. 1 diducitur *Joconde* : de- *codd.* ‖ circitores *C* : curatores
cet. ‖ 3 homines *Bücheler* : omnes *C U* omni *V M.*‖ abundantium
Heinrich : -tius *codd.* ‖ 4 ambitione *edd.* : -nem *codd.* ‖ negligentia
edd. : -iam *codd.*

CXVIII. L'entretien du personnel de l'État est payé par le Trésor [1] ; cette dépense est financée par le produit des redevances afférentes au droit d'utilisation des eaux ([139]). Ces redevances proviennent de biens-fonds ou des édifices qui entourent les conduits, les châteaux d'eau ou les bassins. Ce revenu, qui atteint presque 250.000 sesterces, était détourné de son objet et sans assiette fixe ; dans les derniers temps, il était versé à la cassette de Domitien. La justice du Divin Nerva le rendit au peuple, et, par mes soins, il a été ramené à des règles fixes pour que l'on sût quels étaient les lieux astreints à cette redevance [2]. Le personnel impérial reçoit son entretien du fisc [3], d'où l'on tire également tout le plomb et tout l'argent des dépenses concernant les conduits, les châteaux d'eau et les bassins ([140]).

CXIX. Puisque j'ai exposé ce qui concernait le personnel, je vais passer, comme je l'ai promis, à l'entretien des aqueducs, objet digne d'un soin et d'efforts particuliers, car ils sont l'un des principaux signes de la grandeur de l'Empire Romain.

Beaucoup de grands travaux se présentent en tout temps, auxquels on doit pourvoir avant qu'ils ne commencent à nécessiter de grandes réparations ; bien souvent, toutefois, il convient d'y apporter un mélange de prudence et de hâte, car il ne faut pas toujours se fier à ceux qui cherchent à exécuter un ouvrage ou à le faire durer [1]. C'est pourquoi le curateur devra avoir pour lui non seulement la science des experts, mais son expérience personnelle, et se servir non seulement des architectes de son bureau, mais avoir recours autant à la loyauté qu'à la science experte d'autres encore pour lui permettre de juger ce qui est à faire aussitôt, ce qui est à différer et aussi ce qui doit être exécuté soit par des adjudicataires soit par ses ouvriers à lui.

CXVIII. 1. *L'aerarium Saturni*, le budget du Sénat. — 2. On voit par cet exemple précis qu'un premier programme de réformes, en réaction contre la politique de Domitien, avait été établi par Nerva. Frontin devait en assurer l'exécution. V. le chap. 64, n. 2. — 3. La cassette personnelle du Prince.

CXIX. 1. Les entrepreneurs, qui agissent dans leur intérêt particulier.

CXVIII. 1 Commoda publicae familiae ex aerario
dantur ; quod impendium exoneratur uectigalium
reditu ad ius aquarum pertinentium. 2 Ea consta*nt*
ex *locis* aedificiisue quae sunt circa ductus aut castella
aut munera aut lacus. 3 Quem reditum, prope sestertiorum ducentorum quinquaginta milium, alie*n*atum
ac uagum, proximis uero temporibus in Domitiani
loculos conuersum, iustitia diui Neruae populo restituit, nostra sedulitas ad certam regulam redegit ut
constarent quae essent ad hoc uectigal pertinentia
loca. 4 Caesaris familia ex fisco accipit commoda,
unde et omne plumbum et omnes impensae ad ductus
et castella et lacus pertinentes erogantur.

CXIX. 1 Quoniam quae uidebantur ad familiam
pertinere exposuimus, ad tutelam ductuum sicut
promiseram diuertemus, rem enixiore cura dignam,
cum magnitudinis Romani imperii uel praecipum
si*n*t indicium. 2 Multa atque ampla opera subinde
nascuntur, quibus ante sucurri debet quam magno
auxilio egere incipiant, plerumque tamen prudenti
temperamento festinanda, quia non semper opus aut
facere aut ampliare quaerentibus credendum est.
3 Ideoque non solum scientia peritorum sed et proprio usu curator instructus esse debet, nec suae
tantum stationis architectis uti sed plurium aduocare
non minus fidem quam subtilitatem, ut aestimet
quae repraesentanda, quae differenda sint et rursus
quae per redemptores effici debeant, quae per domes-
ticos artifices.

CXVIII. 1 commoda *Joconde* : quomodo *C*[1] -da *C*[2] *om.*
cet. ‖ 2 constant *edd.* : -tat *codd.* ‖ ex locis aedificiisue *Bücheler*
ex oliedifficiisue *C* ex olie ediciisue *cet.* *dum* ue *om.* *V M* ‖ 3
alienatum *Poleni* : alientem *C U* salientem *M V*.
    CXIX. 1 promiseram *C* : -amus *cet.* ‖ diuertemus *C U* : -amus
V M ‖ uel *C* : id *U M* ad *V* ‖ praecipuum *G U* : principium
V M ‖ sint *edd.* : sit *codd.* ‖ 2 festinanda *Krohn* : sustinenda *codd.* ‖
3 aestimet *C* : extimet *V M* existimet *V* ‖ differenda *C U* : diffe-
rentia *V M*.

CXX. Les travaux à faire sont occasionnés par les causes suivantes : les dégradations sont dues ou bien au temps, ou bien aux agissements coupables des riverains, ou bien à l'action des éléments, ou bien à la malfaçon, ce qui arrive surtout pour les ouvrages récents.

CXXI. D'ordinaire, l'action du temps et celle des éléments se font sentir sur les parties des aqueducs qui sont portées par des arches ou qui sont appliquées au flanc des montagnes, et, dans les parties sur arches, sur celles qui traversent une rivière ([141]). C'est pour cela que les travaux qui les concernent doivent être exécutés avec une hâte attentive. Moins de dégâts menacent les parties souterraines, qui ne sont exposées ni aux gelées ni aux grosses chaleurs.

Parmi les dégâts, les uns sont tels qu'on peut y remédier sans arrêter le courant, les autres que l'on ne peut les réparer qu'en détournant celui-ci, par exemple les réparations à faire dans le canal lui-même.

CXXII. Celles-ci sont occasionnés par deux causes : ou bien le dépôt se durcit, parfois même forme une couche de tartre ([142]) qui resserre le passage de l'eau, ou bien le revêtement intérieur [1] se dégrade, ce qui provoque des fuites qui endommagent forcément les parois du canal et les murs de soutènement. Les piliers, également, construits en tuf, subissent des tassements sous une telle charge.

Les réparations concernant les canaux des conduits ne doivent pas avoir lieu en été, pour que le service ne soit pas interrompu dans la saison où il est le plus nécessaire ; mais c'est évidemment au printemps et en automne, et avec la plus grande hâte, une fois tout préparé à l'avance, de façon que les conduits ne soient interrompus que pendant le moins de temps possible, qu'il faut procéder à ces opérations, aqueduc par aqueduc ; cela est évident et destiné à éviter que, si plusieurs aqueducs sont coupés simultanément, l'eau ne manque à la ville.

CXXIII. Les travaux qui doivent être exécutés sans interrompre le cours de l'eau se composent surtout

CXXII. 1. Revêtement hydraulique fait en ciment mêlé à de la poterie pilée. V. note compl. 32.

CXX. 1 Nascuntur opera ex his causis : aut
uetustate corrumpitur quid aut impotentia possessorum aut ui tempestatium aut culpa male facti operis,
quod saepius accidit in recentibus.

CXXI. 1 Fere aut uetustate aut ui *tempestatium*
partes ductuum laborant quae arcuationibus susti-
nentur aut montium lateribus adplicitae sunt et ex
arcuationibus eae quae per flumen traiciuntur.
2 Ideoque haec opera sollicita festinatione explicanda
sunt. 3 Minus iniuriae subiacent subterranea nec
gclicidiis nec caloribus exposita. 4 Vitia autem eiusmodi sunt ut non interpellato cursu subueniatur eis,
aut emendari nisi auerso non possint, sicut ea quae in
ipso alueo fieri necesse est.

CXXII. 1 Haec duplici ex causa nascuntur :
aut enim limo concrescente qui interdum in crustam
indurescit, iter aquae coartatur aut tectoria corrum-
puntur, unde fiunt manationes quibus necesse est
latera riuorum et substructiones uitiari. 2 Pilae quoque
ipsae tofo exstructae sub tam magno opere labuntur.
3 Refici quae circa alueos riuorum sunt aestate non
debent, ne intermittatur usus tempore quo praecipue
desideratur, sed uere uel autumno et maxima cum
festinatione ut scilicet ante praeparatis omnibus
quam paucissimis diebus riui cessent ; neminem fugit
per singulos ductus hoc esse faciendum ne, si plus
pariter auertantur, desit aqua ciuitati.

CXXIII. 1 Ea quae non interpellato aquae cursu

CXX. 1 nascuntur opera *om. M* || nascuntur *C U* : noscan-
V || quid *ante* aut *Krohn* : *post* aut *C om. cet.* || ui *om. V M* || in
C : ideo *cet.*
CXXI. 1 tempestatium *add. Joconde* || eaeque *edd.* : ea que
V M aque *C U* || 3 cursu ω : cur *C* || subueniatur *C* : -niant *cet.* ||
auerso *Poleni* : auersa *C* adversa *U* adversa re *V M.*
CXXII. 1 enim *om. V M* || 3 riuorum sunt *edd.* : sunt riuorum
cum transponendi signis C sine signis cet. || 3 scilicet *C* : *om. cet.*
dum su *tantum ante lac. exhib. U.*

de ouvrages de maçonnerie, qui doivent être faits au moment opportun, et de bonne qualité. Le moment favorable pour la maçonnerie est entre le 1er avril et le 1er novembre, mais il vaut mieux interrompre les travaux pendant la partie de l'été qui connaît des chaleurs excessives, parce qu'il faut des conditions atmosphériques favorables pour que le ciment ([143]) s'imprègne à loisir et se prenne en un bloc solide ; or, un soleil trop violent ne fait pas moins sentir son action sur les matériaux que la gelée, et aucun ouvrage ne demande un soin plus attentif que celui qui est destiné à résister à l'eau ([144]). Aussi un travail honnête doit-il être exigé dans chaque détail, conformément aux règles que tous connaissent mais que bien peu appliquent [1].

CXXIV. Il n'est personne, je gage, qui ne comprenne que les parties des aqueducs les plus rapprochées de la ville — c'est-à-dire celles qui, à partir du septième mille, sont bâties en pierre de taille ([145]) — sont à surveiller tout particulièrement, à la fois parce que ces aqueducs représentent un ouvrage d'art considérable et aussi parce que chacun d'eux soutient plusieurs adductions. S'il devient nécessaire de les couper, la plus grande partie de la ville sera sans eau ([146]). Il y a cependant des remèdes même aux difficultés de cette sorte : on commence le travail et on le pousse jusqu'au niveau du conduit en mauvais état et un canal fait avec des tubes de plomb assure la continuité du conduit dans la portion qui a été interrompue.

De plus, comme presque toutes les canalisations avaient été établies à travers des propriétés particulières et que tout travail ultérieur paraissait difficile à préparer sans le secours de prescriptions légales, et en même temps pour empêcher que les propriétaires n'interdisent aux adjudicataires l'accès des conduits pour les réparer, on prit le sénatus-consulte que je donne ci-après :

CXXV. « Entendu le rapport des consuls Q. Aelius Tubero et Paulus Fabius Maximus concernant la réfection des conduits, des canaux et des arches des aqueducs

---

CXXIII. 1. Sur les « malfaçons » des ouvrages les plus récents, cf. *supra*, chap. 120, et la note compl. 144.

effici debent maxime structura constant, quam et suis
temporibus et fidelem fieri oportet. 2 Idoneum struc-
turae tempus est a Kalendis Aprilibus in Kalendas
Nouembres ita ut optimum sit intermittere eam partem aestatis quae nimiis caloribus incandescit, quia
temperamento caeli opus est ut ex commodo structura conbibat et in unitatem conroboretur ; non minus
autem sol acrior quam gelatio praecipit materiam.
3 Nec ullum opus diligentiorem poscit curam quam
quod aquae obstaturum est ; fides itaque eius per
singula secundum legem notam omnibus sed a paucis
obseruatam exigenda est.

CXXIV. 1 Illud nulli dubium esse crediderim
proximos ductus, id est qui a *septimo* miliario lapide
quadrato consistunt, maxime custodiendos, quoniam
et amplissimi operis sunt et plures aquas singuli sustinent. 2 Quos si necesse fuerit interrumpere, maiorem
partem urbis aqua tum destituet. 3 Remedia tamen
sunt et huius *modi* difficultatibus : inchoatum exci-
tatur ad libram deficientis, alueus uero plumbatis
canalibus per spatium interrupti ductus continuatur.
4 Porro quoniam fere omnes specus per priuatorum
agros derecti erant et, difficilis uidebatur futurae
impensae praeparatio, nisi ali*qua* iuris constitutione
succurreretur, simul ne accessu ad reficiendos riuos
redemptores a possessoribus prohiberentur, senatus
consultum factum est, quod subieci :

CXXV. 1 « Quod Q. Aelius Tubero Paulus Fabius
Maximus consules uerba fecerunt de riuis, specibus,

CXXIII. 1 structura *C U* : -ctum *V M* ‖ et *om. V M* ‖ 2 commodo *Schoene, Hermes* VI, p. 249 : -di *codd.* ‖ unitatem *edd.* :
-te *codd.* ‖ corroboretur ω : -betur *C* ‖ 3 aquae *Joconde* : eque *codd*
CXXIV. 1 proximos ω :proprios *V* ‖ septimo *Poleni* : sexto
C ui *cet.* ‖ singuli sustinent : -is -net *C* ‖ urbis aqua tum *Krohn* :
aquarum urbis *codd.* ‖ 3 modi *add. Poleni* ‖ alueus *Poleni* : -uea *C U*
-ueo *V M* ‖ 4 aliqua iuris *Schultz* : alicuius *codd.* ‖ quod *om. V.*

Julia, Marcia, Appia, Tepula, Anio ([147]), et les consuls
ayant demandé l'avis du Sénat à ce sujet, celui-ci a pris
la décision suivante :

« Pendant les réparations des conduits, canaux et
arches que César Auguste a promis au Sénat de réparer
à ses frais ([148]), que l'on puisse, dans les propriétés particulières, se faire céder, prendre, extraire, emporter, à
estimation d'honnête homme, de la terre, de l'argile, de
la pierre, de la brique, du sable et du bois et tout ce qui
est nécessaire pour ces travaux, partout où chacun de ces
matériaux pourra, au plus près, et sans dommage pour
les particuliers, être pris, extrait, emporté ; et que, pour
le transport de ces matériaux et pour ces réparations,
chaque fois qu'il sera nécessaire, le libre droit de passage
pour les hommes et les véhicules ([149]) soit accordé à
travers les propriétés particulières sans leur causer de
dommage. »

CXXVI. Le plus souvent, les dégâts proviennent des
agissements coupables des propriétaires riverains qui
endommagent les conduits de plusieurs façons. D'abord,
ils occupent avec des bâtiments ou des arbres les zones
qui, conformément à un sénatus-consulte, doivent rester
libres autour des aqueducs. Les arbres sont les plus
nuisibles ; leurs racines font éclater les voûtes et les murs
latéraux. Puis, ils font passer des chemins vicinaux et des
sentiers au travers des canalisations elles-mêmes. Finalement, ils interdisent l'accès pour l'entretien. Tous ces
délits sont prévus par le sénatus-consulte que je donne
ci-après :

CXXVII. « Entendu le rapport des consuls Q. Aelius
Tubero et Paulus Fabius Maximus selon lequel le trajet
des aqueducs venant à la ville est obstrué par des
tombeaux et des constructions et planté d'arbres, et les
consuls ayant demandé au Sénat son avis sur ce sujet, la
décision suivante a été prise :

« Comme il importe pour la réfection des canaux et des
conduits qu'il y ait un espace libre à l'entour et que l'on
ne mette rien auprès d'eux qui gêne l'adduction ([150]) et
dégrade les ouvrages appartenant à l'État, il est décidé
que, autour des sources, des arches et des murs, de part et

fornicibus aquae Iuliae, Marciae, Appiae, Tepulae,
Anienis reficiendis, quid de ea re facere placeret, de
ea re ita censuerunt uti cum ii riui, *specus*, fornices
quos Augustus Caesar se refecturum impensa sua
pollicitus senatui est, reficerentur, ex agris priuatorum terram, limum, lapidem, testam, ligna ceteraque
quibus ad eam rem opus esset, unde quaeque eorum
proxime sine iniuria priuatorum tolli, sumi, portari
possint, uiri *boni* arbitratu aestimata darentur, tol-
lerentur, sumerentur, exportarentur ; et ad eas res
omnes exportandas earumque rerum reficiendarum
causa, quotiens opus esset, per agros priuatorum sine
iniuria eorum itinera, actus paterent, darentur. »

CXXVI. **1** Plerumque autem uitia oriuntur ex
impotentia possessorum qui pluribus modis riuos
uiolant. **2** Primum enim spatia quae circa ductus
aquarum ex senatus consulto uacare debent, aut
aedificiis aut arboribus occupant. **2** Arbores magis
nocent, quarum radicibus et concamerationes et
latera soluuntur. **3** Dein uicinales uias agrestesque
per ipsas formas derigunt. **4** Nouissime aditus ad
tutelam praecludunt. **5** Quae omnia senatus consulto
quod subieci prouisa sunt :

CXXVII. **1** « Quod Q. Aelius Tubero Paulus
Fabius Maximus consules uerba fecerunt aquarum
quae in urbem uenirent itinera occupari monumentis
et aedificiis et arboribus conseri, quid facere placeret,
de ea re ita censuerunt : cum ad reficiendos riuos
specusque per... +... quae et opera publica corrumpantur, placere circa fontes et fornices et muros
utraque ex parte quinos denos pedes patere et circa

CXXV. 1 aquae *Bücheler* : que *codd.* || E. R. I. (*sc.* ea re ita)
C U : C. K. L. *V M* || 2 specus *add. Schultz* || impensa ω : impen
C || *post* reficerentur *lac. indic. C U* || opus esset *C U* : oportet esse
V M || boni *add. Joconde* || tollerentur - exportarentur *om. U V M.*
CXXVI. 1 possessorum *C U* : -ribus *V M* || modis ω : *om. C.*
CXXVII. 1 Q, (*sc*, quod) *edd.* : que *codd.* || *post* per *lac. indic,*

d'autre 15 pieds devront être laissés libres et que, autour
des canaux souterrains à l'intérieur de la ville et des
immeubles y attenant [1] et hors de la ville, de part et
d'autre, on devra laisser libre un espace de 15 pieds sans
qu'il soit permis dorénavant d'élever sur cette zone ni
tombeau ni construction ni d'y planter d'arbres. S'il y
avait maintenant des arbres à l'intérieur de cette zone, ils
devront être abattus [2] sauf s'ils touchent à une exploita-
tion agricole et s'ils sont compris dans des constructions.
Toute infraction entraînera, pour chaque contravention,
une amende de 10.000 sesterces, dont la moitié sera
donnée en récompense à l'accusateur qui aura été l'agent
principal de la condamnation de celui qui aura trans-
gressé ce sénatus-consulte, et l'autre moitié sera encaissée
par le Trésor. Les curateurs des eaux connaîtront des
affaires de cet ordre et les jugeront. »

CXXVIII. Ce sénatus-consulte pourrait paraître tout
à fait équitable même si l'on ne réclamait ces terrains
qu'au seul point de vue de l'intérêt général ; il l'est bien
plus encore puisque nos ancêtres, avec une admirable
équité, n'enlevaient pas aux particuliers les terrains
même qui étaient d'utilité publique, mais, lorsqu'ils
construisaient les aqueducs, si un propriétaire faisait
une difficulté pour vendre une parcelle, ils lui payaient
la totalité du champ, et, après avoir délimité le terrain
nécessaire, ils lui revendaient le champ afin que, dans
leurs limites, le domaine public et le domaine privé
eussent chacun leurs pleins droits ([151]).

Beaucoup, cependant, non contents d'avoir envahi ce
terrain, ont porté la main sur le conduit lui-même et,
en perçant les parois, <un peu partout détournent de
l'eau [1], aussi bien ceux qui> en ont reçu la concession
que ceux qui, ne se donnant pas le mal, bien léger, d'en

CXXVII. 1. V. la note compl. 122. — 2. Cf. *Cod. Theod.*, XV,
II, 1.

    CXXVIII. 1. Le texte est très corrompu ; il manque une propo-
sition entière (v. l'apparat critique). Nous avons rétabli le sens
d'après une conjecture vraisemblable de Krohn.

riuos qui sub terra essent et specus intra urbem et
extra urbem continentia aedificia utraque ex parte
quinos pedes uacuos relinqui ita ut neque monumen-
tum in is locis neque aedificium post hoc tempus
ponere neque conserere arbores liceret ; si quae nunc
essent arbores intra id spatium, exciderentur, praeterquam si quae uillae continentes et inclusae aedificiis essent. 2 Si quis aduersus ea commiserit, in
singulas res poena HS dena milia essent, ex quibus
pars dimidia praemium accusatori daretur, cuius
opera maxime conuictus esset qui aduersus hoc senatus consultum commisisset, pars autem dimidia in
aerarium redigeretur. 3 Deque ea re iudicarent
cognoscerentque curatores aquarum. »

CXXVIII. 1 Posset hoc senatus consultum aequis-
simum uideri etiam *si* ex re tantum publicae utilitatis ea spatia uindicarentur, multo magis etiam cum
maiores nostri, admirabili aequitate, ne ea quidem
eripuerint priuatis quae ad *com*modum publicum pertinebant, sed, cum aquas perducerent, si difficilior
possessor in parte uendunda fuerat, pro toto agro
pecuniam intulerint et post determinata necessaria
loca rursus eum agrum uendiderint ut in suis finibus
proprium ius *tam* res publica quam priuata haberent.
2 Plerique tamen, non contenti occupasse fines, ipsis
ductibus manus adtulerunt, per su*ff*ossa latera passim
cursus... + ... ius aquarum impe*t*ratum habent,
quam ii qui quantulumcumque beneficii occasionis

edd. (*u. ad p.* 98) ǁ *ante* quinos, uacuos *add.* U V M ǁ quinos *edd.* :
c. uinos C c. quinos *cet.* ǁ exciderentur *Poleni* : -iperentur *codd.* ǁ
2 poena *om.* V M ǁ HS *Poleni* : hes C res U *om.* V M.
  CXXVIII. 1 si *add. Joconde* ǁ utilitatis C : -tas *cet.* ǁ uindicarentur C U : in- V M ǁ eripuerint *Dederich* : -runt *codd.* ǁ commo-
dum *Van der Vliet, Mnemos.* x, 1882, p. 326: modum *codd.* ǁ tam *add.*
edd. ǁ 2 suffossa *Heinrich* : suetossa C suetas *cet.* ǁ occupasse ω :
-ssent C ǁ *post* cursus *lac. indic. edd.* : riuorum auertentes tam ii qui
coni. Krohn ǁ ius ω : us C ǁ impetratum ω : impera- C ǁ quam C U :
aquam V M ǁ *post* expugnandos *loc. corrupt.* : qui quantulum.

demander une, profitent de l'occasion pour s'emparer
par la force <de l'eau publique [2]>. Et qu'arriverait-il
si tous ces délits n'étaient pas réprimés par une loi très
bien conçue et si de sérieuses sanctions n'étaient pas
prévues contre les récalcitrants ? Aussi je donne ci-dessous
le texte de cette loi ([152]).

CXXIX. « Le consul T. Quinctius Crispinus [1] a fait au
peuple une proposition de loi régulière et le peuple a voté
régulièrement au Forum devant les rostres du temple du
divin Julius [2], la veille des Calendes de Juillet. La tribu
Sergia a commencé le vote. Pour la tribu, Sex..., [3] fils
de Lucius, Virro, a voté le premier.

« Quiconque, après le vote de cette loi, aura sciemment et par manœuvres frauduleuses percé, rompu, fait
percer ou fait rompre ou détérioré des canaux, conduits,
arches, tuyaux, tubes, châteaux d'eau, bassins des aqueducs publics amenés à la ville, empêchant que tous ou
l'un de ces aqueducs puisse aller à la ville de Rome, s'y
déverser, y couler, y parvenir, y être amené ou que l'eau
ne jaillisse, ne soit distribuée, répartie, amenée dans les
châteaux d'eau et les bassins dans la Ville de Rome et
dans les lieux et édifices qui sont ou seront adjacents à la
ville [4], dans les jardins, biens-fonds et terrains, — jardins,
biens-fonds et terrains aux propriétaires ou usufruitiers
desquels de l'eau a été ou sera concédée ou attribuée,
que le coupable soit condamné à payer au peuple Romain
100.000 sesterces.

« Quel que soit celui de ces dommages qu'il ait causé,
qu'il soit condamné à réparer, restaurer, remettre en
état, reconstruire, installer et démolir rapidement, sans
manœuvre frauduleuse ; et pour la répression de tous ces

— 2. Ici encore le texte est corrompu ; nous donnons le sens
tel que le rétablit Krohn. V. l'apparat critique.
    CXXIX 1. Consul en 9 av. J.-C. — 2. La tribune aménagée sur
le *podium* du temple de César divinisé au Forum, et ornée des
rostres d'Actium. — 3. Le texte est corrompu. V. l'apparat critique. — 4. C'est-à-dire l'agglomération réelle, qui déborde de

ad expugnandos... + ... num abutuntur. 3 Quid
porro fieret si non uniuersa ista diligentissima lege
prohiberentur poenaque non mediocris contumacibus
intentare*tur* ? 4 *Ideo*que subscripsi uerba legis.
CXXIX. 1 « T. Quinctius Crispinus consul popu-
lum iure rogauit, populusque iure sciuit in foro pro
rostris aedis diui Iulii pridie Kalendas Iulias. 2 Tribus
Sergia principium fuit. 3 Pro tribu, Sex. + ... + L. f.
Virro *primus sciuit.* 4 Quicumque post hanc legem
rogatam riuos, specus, fornices, fistulas, tubulos, castella, lacus aquarum publicarum quae ad urbem
ducuntur, sciens dolo malo forauerit, ruperit, foranda
rumpendaue curauerit peioraue fecerit quo minus
eae aqua*e* earumue quae que*at* in urbem Roman ire
cadere, fluere, peruenire, duci, quoue minus in urbe
Roma et in iis locis, aedificiis quae urbi continentia
sunt, erunt, in is hortis, praediis, locis quorum hortorum, praediorum, locorum dominis, possessoribus,
usufructuariis aqua data uel adtributa est uel erit,
saliat, distribuatur, diuidatur, in castella, lacus,
inmittatur, is populo Romano *HS* centum milia dare
damnas esto. 5 Et quidquid eorum ita fecerit, id omne
sarcire, reficere, restituere, aedificare, ponere et
celere demolire damnas esto sine dolo malo ; *eaque*

cumque beneficii impetrandi negotium fugientes beneficio occasionis ad expugnandos inlicitos usus fructus publicorum ductuum
abutuntur *coni. Krohn* ‖ 3 intentaretur *V* : intentarer *C U*
intemptarent *M* ‖ 4 ideoque *ego* : que *C U M* quod *V.*
CXXIX. 1 *post* consul *lac. indic. C* : de senatus sententia
add. Bücheler ‖ pridie kalendas *edd.* : p. R. *C U* p. et *V M* ‖ 2 tribus *edd.* : tribui ‖ 3 sex. L. f. *C U quod corrupt. uidetur* ui L. f.
V M ‖ virro *C* : uarro *cet.* ‖ primus sciuit *add. edd.* ‖ 4 foranda *C* :
-di *U* foramina *V M* ‖ peiora *Schultz* : -orem *codd.* ‖ ue ω : uel
M ‖ eae aquae *edd.* : eae aqua *C* ea aqua *U* ea qua *V M* ‖ queat
edd. : qua *codd.* ‖ fluere *edd.* : fluis *C* flui *cet.* ‖ aedificiis quae *Krohn* :
quae edificia *C* ‖ aedificiis - locis (*ante* quorum) *om. V M* ‖ usufructuariis *restitui* : V. F. *codd.* ‖ inmittatur ω : mittatur *C* ‖ HS
add. Bücheler ‖ 5 quidquid *Mommsen, Röm. Strafrecht,* p. 1020 :
quidam quid *C M* quid clam quid *U V* ‖ eaque *Mommsen, ibid.* :

délits par amende, que quiconque est ou sera curateur des eaux et, si personne n'est curateur des eaux, que le préteur chargé de la justice entre citoyens et pérégrins contraigne et poursuive les contrevenants par amende et prise de caution, et que le curateur, ou, s'il n'y a pas de curateur [5], que le préteur de ce nom ait droit et pouvoir de prendre des cautions.

« Si un esclave commet l'un de ces délits, que son maître soit condamné à payer 100.000 sesterces au Peuple Romain.

« Si un terrain, dans le présent ou l'avenir, contient dans ses limites des canaux, conduits, arches, tuyaux, tubes, châteaux d'eau, bassins des aqueducs publics qui sont amenés à Rome ou y seront amenés, que personne, dans ce terrain, après le vote de cette loi, ne puisse rien placer, construire, enclore, planter, dresser, poser, disposer, labourer, semer, qu'il n'y jette rien, sauf ce qui est nécessaire pour les construire et les remettre en état et sauf ce qui sera permis ou rendu obligatoire par cette loi ([153]). Contre celui qui aura enfreint ces prescriptions, que la loi, le droit et les poursuites soient en tous points et pour tous les mêmes qu'ils le seraient ou le devraient être s'il avait enfreint cette loi en brisant ou perçant un canal ou un conduit.

« Que l'autorisation de faire paître en cet endroit, d'y couper de l'herbe, du foin, d'y enlever les ronces < ne soit pas révoquée par cette loi >. Que les curateurs des eaux en charge maintenant et dans l'avenir < prennent garde que dans les terrains contenant dans leurs limites > des sources, des arches, des murs, des canaux et des conduits, les arbres, les ronces, les buissons, les talus, les murs, les haies de

la ville légale V. note compl. 122. — 5. Cette loi postérieure de deux ans à la création des curateurs, dont elle précise la juridiction, (*supra*, chap. 99), prévoit le cas où cette charge serait vacante. On notera que les fonctions judiciaires des curateurs apparaissent comme simplement *détachées* de la préture, à laquelle elles font normalement retour en l'absence de curateur. Le fonctionnaire augustéen n'est, en droit, que le *délégué*, chargé d'une mission spéciale, du magistrat républicain. Mais, naturellemtent, les curateurs ne dépendent pas des préteurs, ils ne relèvent que de l'empereur. V. notes compl. 1 et 111.

omnia ita ut coercenda multa dicenda sunt, quicumque
curator aquarum est, erit, si curator aquarum nemo
erit, tum is praetor qui inter ciues et peregrinos ius
dicet multa, pignoribus cogito exercito eique curatori
aut si curator non erit, tum ei praetori eo nomine
cogendi, pignoris capiendi ius potestasque esto. **6** Si
quid eorum seruus fecerit, dominus eius HS centum
milia populo dare damnas esto. **7** Si quis *locus* circa
riuos, specus, fornices, fistulas, tubulos, castella,
lacus aquarum publicarum quae ad urbem Romam
ducuntur et ducentur, terminatus *est* erit, neue quis
in eo loco post hanc legem rogatam quid opponito,
molito, obsaepito, figito, statuito, ponito, collocato,
arato, serito, neue in eum quid inmittito, praeterquam + earum faciendarum reponendarum causa,
praeterquam quod hac lege licebit oportebit. **8** Qui
adversus ea quid fecerit et aduersus eum siremps
lex ius causaque omnium rerum omnibusque esto
atque uti esset esse*ue* oportere*t* si is aduersus hanc
legem riuum, specum rupisset forassetue. **9** Quo
minus in eo loco pascere, herbam, fenum secare,
sentes +... + curatores aquarum qui nunc sunt
quique erunt, + ... + circa fontes et forni*ces* et
muros et riuos et specus terminatus est, arbores,

---

e que *C* atque *cet.* ‖ coercenda - sunt *huc. edd.* : *inter* cogendi *et*
pignoris *codd.* ‖ dicet *Bücheler* : dicit *codd.* ‖ praetori *V M* : pretorio *C U* ‖ cogendi *Poleni* : cogere de *codd.* ‖ esto ω : est *C* ‖ 6 HS
om. V M ‖ dare damnas esto (*sc.* D. D. E.) *Bücheler* : det *codd.* ‖
7 locus *add. Bücheler* ‖ est erit *ego* : steterit *codd.* est et erit *Bücheler* ‖ neue *edd.* : neque *codd.* ‖ opponito molito - immitito *sic
Schultz* : opponit molit - immitit *codd.* ‖ *ante* earum, rerum *add.
Mommsen, loc. cit.* ; *hic loc. corrupt. uidetur* ‖ 8 siremps lex ius
Scaliger: si rem publicam ex iussu *C* qui rem p. ex iussu *U* reperit
ex iussu *V M* ‖ essetue oporteret, *Ritschel, Rhein. Mus.*, VIII,
p. 300 : esseque oporteret *V M* esseque oportere *C U* ‖ 9 minus
om. V M ‖ *post* sentes *lac indic. codd.* : tollere liceat, eius hac
lege nihilum rogato *add. Mommsen, Zeitschr f. geschicht. Rechtsw.*,
XV, p. 301 ‖ *post* erunt *lac. indic. edd.* : faciunto ut in eo loco
add. Bücheler ‖ fornices *Poleni* : fortuni *codd.* ‖ maceriae *edd.* :

saules, les haies de roseaux (^{154}) soient enlevés, coupés' arrachés, extirpés de la manière qu'il jugera convenable. Que, de ce chef, il leur appartienne de prendre des cautions de prononcer des amendes et de contraindre ; qu'ils puissent le faire sans abus de leur part, qu'il en aient le droit et le pouvoir.

« Que l'autorisation de laisser en place les vignes, les arbres qui sont compris dans des fermes, des bâtiments ou enclos murés, et les murs que les curateurs des eaux, après enquête régulière, ont permis aux propriétaires de ne pas démolir et sur lesquels sont inscrits ou gravés les noms des curateurs qui ont donné cette autorisation, ne soit pas révoquée par cette loi.

« Que l'autorisation de prendre ou de puiser de l'eau aux canaux, aux conduits, aux arches, pour tous ceux qui en ont ou en auront reçu la permission des curateurs des eaux, sauf avec une roue, une prise ou une machine (^{155}), et à condition de ne faire ni puits ni forage nouveaux, ne soit pas révoquée par cette loi. »

CXXX. Ceux qui transgressent une loi si utile méritent, il faut l'avouer, le châtiment qu'elle prévoit ; mais ceux qu'a trompés une négligence longtemps continuée doivent être rappelés doucement à la règle. Aussi me suis-je franchement appliqué à faire que, dans la mesure où cela dépendait de moi, l'on ne connût même pas les contrevenants. Ceux qui, une fois avertis, ont eu recours à l'indulgence de l'empereur peuvent me regarder comme la cause de la faveur qu'ils ont obtenue. A l'avenir, je souhaite que l'exécution de la loi ne soit pas nécessaire ; mais les devoirs de ma charge doivent être exercés même au prix de mesures de rigueur.

uites, uepres, sentes, ripae, maceriae, salicta, harun-
dineta tollantur, excidantur, effodiantur, excodi-
centur, uti quod recte factum esse uolet : eoque
nomine iis pignoris capio, multae dictio coercitioque
esto ; idque iis sine fraude sua facere liceto, ius
potestasque esto. 10 Quo minus uites, arbores quae
uillis aedificiis maceriisue inclusae sunt, maceriae
quas curatores aquarum causa cognita ne demoli-
rentur dominis permiserunt, quibus inscripta insculp-
taue esseut ipsorum qui permisissent curatorum
nomina, maneant, hac lege nihilum rogato. 11 Quo
minus ex iis fontibus, riuis, specibus, fornicibus
aquam sumere haurire iis quibuscumque curatores
aquarum permiserunt, permiserint, praeterquam rota,
calice, machina liceat, dum ne qui puteus neque foramen nouum fiat, eius hac lege nihilum rogato. »

CXXX. 1 Vtilissimae legis contemptores non
negauerim dignos poena quae intenditur, sed negle-
gentia longi temporis deceptos leniter reuocari opor-
tuit. 2 Itaque sedulo laborauimus ut, quantum in
nobis fuit, etiam ignorarentur qui errauerant. 3 Is
uero qui, admoniti, ad indulgentiam imperatoris
decurrerunt, possumus uideri causa impetrati beneficii fuisse. 4 In reliquom uero opto ne executio legis
necessaria sit, cum officii fidem etiam per offensas
tueri praestiterit.

-ia *codd.* || uti quod *C* : utique *cet.* || recte *U* : rectum *C om. V M* ||
capio *edd.* : capto *codd.* || multae dictio *Scaliger* : multa edici
codd. || coercitioque esto *edd.* : po. o R. citique esto *C U* ox utique
esto *V M* ||liceto *edd.* : licet *codd.* || 10 inscultaue *Mommsen, loc, cit.* :
-que *codd.* || rogato *Mommsen, C. I. L., I, p.* 71 : rogatio *codd.* ||
11 permiserint *om. V M* || ne qui *C U* : neque *V M*.
    CXXX. 1 longi *C U* : legum *V M* || 3 reliquom *edd.* : -uo *codd.* ||
praestiterit *Schultz* : -stitit *codd., quem locum Krohn ualde corrupt.
esse suspicatus est.*

NOTES COMPLÉMENTAIRES

1. La *formula administrationis* est l'exposé des principes sur lesquels Frontin déclare qu'il fondera son administration ; elle est analogue ici à l'*édit* des magistrats (censeurs, préteurs, questeurs, etc.). Ce traité est semi-officiel (cf. le chap. 130). Les *curateurs des eaux* sont des magistrats pourvus de licteurs et d'un état-major régulier, prévus par un sénatus-consulte de 11 av. J.-C. (*infra*, chap. 100 et suivants) ; comme tous les magistrats, ils ont des pouvoirs judiciaires, précisés par la *Lex Quinctia* (chap. 129 et n. 5, p. 63). Frontin, chargé d'une magistrature tombée en désuétude (v. Intr., p. XV), doit formuler ses « principes » de gestion.

2. Le texte de tout ce chapitre est très corrompu ; on devine aisément qu'il contient l'indication du plan suivi : la première partie, jusqu'à *opere arcuato*, correspond aux chap. 4 à 16 ; le développement sur la *hauteur* de chaque aqueduc se trouve aux chap. 17 à 22. Dans le membre de phrase mutilé : *modulorumque* + ... + *erogationes ab illis factae sint* se dissimule sans doute l'indication du développement, présenté par Frontin comme une parenthèse, sur le calcul des débits et des unités de mesure qui remplit les chap. 23 à 63. Ce qui suggère la restitution suivante : *modulorumque* < *rationes, quaeque*> *erogationes ab illis factae sint* (v. apparat critique). Le long développement (chap. 64 à 76) sur les mesures effectuées par Frontin n'est pas annoncé dans ce plan général ; c'est qu'il n'appartient pas au dessein premier du traité. En revanche, les tableaux des chap. 78 à 86 sont prévus jusque dans le détail par toute la partie du paragraphe qui va jusqu'à : *bene- ficio principis detur*. L'exposé des réformes de Trajan (chap. 87-93) n'est pas annoncé, tandis que la fin du paragraphe répond exactement à la dernière partie — la partie juridique — du traité (94 à 130). Par conséquent, tout se passe comme si le plan donné ici était celui du traité primitif et théorique, simple exposé documentaire, dont l'ordonnance fut troublée, en cours de rédaction, par certaines constatations imposées par l'expérience, et la nécessité d'en tenir compte. L'exposé théorique devient alors pratique, la *formula administrationis* fait place à l'historique de mesures effec- tivement prises (V. Intr. p. X et chap. 88, n. 1).

3. Les *munera* semblent avoir été des fontaines monumentales, comme l'indiquent les termes : *ita enim cultiores adpellantur*, dans lesquels il faut admettre, avec Lanciani (*Comm.*, p. 581), la chute de *lacus*. V. apparat crit.). Mais en outre, ces *munera* servaient à

la distribution, comme le suggère la présence de *stationes* dans leur voisinage (cf. chap. 117 et la n. 138). Il faut probablement les concevoir comme des châteaux d'eau auxquels était annexée une fontaine publique de grandes dimensions, par ex. les « Trophées de Marius » sur l'Esquilin (Van Deman, *Build.*, p. 166 et pl. 27).

4. A plusieurs reprises Frontin se réfère, pour dater les adductions, à l'ère de la Fondation en même temps qu'au nom des consuls. Le comput qu'il suit présente certaines particularités :

a) Date de l'*Appia* (chap. 4, 1 ; 5, 1) : 442 ab u. c. (441 années pleines se sont écoulées entre la Fondation et la construction de l'*Appia*). Or, les Fastes placent le consulat de P. Decius Mus et de M. Valerius Maximus (situé en cette année-là par Frontin) en 312 av. J.-C. (Cf. Di Ruggiero, *Diz. Ep.*, art. *consules*). Donc, Frontin se réfère à une ère où l'année de base est 754 av. J.-C., d'accord avec la chronologie traditionnelle.

b) Date de l'*Anio Vetus* (chap. 6, 1) : 481 ab u. c. (442 + 40 d'après le mode de calcul antique). Le second consulat de L. Papirius Cursor et de Sp. Carvilius Maximus, auquel se réfère Frontin, date de 272 av. J.-C. Il faut donc admettre une date située entre le 1er Janvier 272 et les *Parilia* de la même année ; à cette condition, le calcul de la Fondation reste le même que pour la date de l'*Appia* (l'année de Rome 482 commençant aux *Parilia* de 272 ; soit 482 + 272 = 754). — Cf. une confirmation chap. 6, et note 5 *ad loc.*).

c) Date de la *Marcia* (chap. 7, 1) : 608 ab u. c. (481 + 127 = 607 ou 608, si la date est postérieure aux *Parilia*, ce qui semble être le cas). D'après les Fastes, le consulat de Ser. Sulpicius Galba et de L. Aurelius Cotta, auquel se réfère Frontin, date de l'an 610 ab u. c., soit 144 av. J.-C. Par conséquent, la chronologie consulaire suivie par Frontin est plus courte de deux années que la chronique livienne généralement admise. Ces deux années sont omises entre 481 et 608 (ou 610) de la Fondation.

d) La même datation est suivie pour les consulats d'Appius Claudius Pulcher et Q. Caecilius Metellus (143 av. J.-C.), que Frontin place en 609 ab. u. c. (comme cela résulte du chap. 7, 5) et de C. Laelius et Q. Servilius Caepio (140 av. J.-C. ; *ibid.*).

e) Date de la *Tepula* (chap. 8 : 627 ab u. c. ; le consulat de M. Plautius Hypsaeus et de M. Fulvius Flaccus date de 125 av. J.-C. Par conséquent, Frontin se réfère au même comput que pour la *Marcia*.

f) La même conclusion ressort de la date de la *Iulia* (chap. 9), puisque le consulat de César et de L. Volcatius Tullus (33 av. J.-C.) est placé par Frontin en 719 ab u. c.

g) Date de la *Virgo* (chap. 10) : 14 ans après l'adduction de la *Iulia*, soit 733 ab u. c. Le consulat de C. Sentius Saturninus et de Q. Lucretius Vespillus, que Frontin place cette année-là, date de 19 av. J.-C. Donc, le calcul de l'ère reste le même que dans les cas précédents.

h) Début de la *Claudia* et de l'*Anio Novus* : les deux dates consulaires données par Frontin (38 ap. J.-C. et 52) ne correspondent pas aux dates *ab u. c.* des mss. Celles-ci doivent être corrigées en 789 et 803 (cf. apparat critique, *ad loc.*) pour que le comput reste cohérent.

Le comput suivi par Frontin n'est ni le comput livien ni le comput varronien. C'est évidemment celui que lui imposaient les archives officielles, au moins pour les adductions récentes. Pour les plus anciennes, ce sont les annalistes qui ont été sa source. Voir aussi H. Willenbücher, in *Ph. Woch.*, 1920, p. 1102-3, qui corrige systématiquement, à tort pensons-nous, les données chronologiques du traité.

5. La source des Camènes se situe sur les pentes sud du Célius, non loin de la Porte Capène ; son emplacement n'est pas exactement connu : il faut peut-être l'identifier avec la source de la Villa Fonseca (Lanciani, *Comm.* p. 223-224). La source d'Apollon (c'est le nom que portaient, assez souvent, les sources médicinales, par ex. les *Aquae Apollinares* sur la *Via Clodia*) serait voisine de la source des Camènes, dans la partie basse de la Villa Mattei (Id.,*ibid.* p., 224-225). Toutefois Jordan, *Topogr. d. Stadt Rom.* II, p. 48, considère *Apollinaris* comme une glose introduite ici : mention des Eaux de la *Via Clodia*, à titre d'exemple, par un commentateur.

La source de Juturne est bien connue ; elle surgissait près du temple de Castor et Pollux, au pied du Capitole (cf. Lanciani, *ibid.*, p. 225-226).

6. En 109 ap. J.-C. devait s'ajouter l'*Aqua Trajana* (*infra*, n. 94) et, sous le règne d'Alexandre Sévère l'*Aqua Alexandriana*, le dernier en date des aqueducs antiques (226 ap. J.-C.).

7. Les domaines de Lucullus sont plusieurs fois mentionnés par Frontin à propos des adductions. Nous les trouvons successivement : aux sources de l'*Appia* (chap. 8), à celles de la *Tepula* (chap. 8), à celles de la *Virgo* (chap. 10) ; de plus, la *Virgo* traversait les Jardins de Lucullus (chap. 22) ; enfin, ce même aqueduc avait une partie de son parcours sur le domaine de Ceionius Commodus, qui avait autrefois appartenu à Lucullus (Ashby, *Aq.*, p. 166, n. 9 et chap. 70). Il y a sans doute là plus que des coïncidences. Il est vraisemblable que le domaine de Lucullus était issu d'empiètements relativement tardifs sur l'*ager romanus*, peut-être au IIe siècle av. J.-C., postérieurement à l'adduction de la *Tepula* (cf. chap. 8). La constitution récente de ce domaine expliquerait que l'on ait choisi, pour les adductions antérieures, des terres encore « publiques » (*ager romanus*), et par conséquent disponibles. Au temps d'Auguste, des raisons analogues intervinrent. Nous avons conjecturé ailleurs (*Jardins Romains*, p. 132 et suiv.) que les biens de Lucullus étaient passés au fisc après 42 ap. J.-C. comme *praemia belli*. Ils furent sans doute utilisés par Auguste et Agrippa pour leurs travaux, et cela expliquerait l'emplacement des sources de la *Virgo*, cet aqueduc bas, si différent des adductions impériales suivantes, ainsi que son point d'entrée dans la ville, en apparence si

aberrant. Cela explique également que la *Iulia* ne soit qu'un remaniement de la *Tepula* (infra, n. 20), dont les sources se trouvaient sur un terrain immédiatement disponible et pouvaient se prêter à des travaux, sans négociations avec les propriétaires. Il s'agit sans doute, pour ce dernier aqueduc, d'un domaine de Lucullus différent de celui où l'*Appia* prenait sa source (voir n. 20).

8. La question des sources de l'*Appia* est controversée. A l'endroit indiqué par Frontin, c'est-à-dire dans une zone de 2 km. au sud de la station de Salone (Ashby, *ibid.*, carte 3 et carte à la fin du vol.), à 780 pas, soit 1.153 m. (environ) au nord de la *Via Praenestina*, il n'existe pas de source aujourd'hui. Contrairement à Lanciani, suivi par Lugli (*Opere*, p. 334), nous pensons, avec Ashby (*Aq.*, p. 51), que ces nappes profondes (16 m. environ sous le sol ; cf. chap. 65) ont dû se perdre depuis l'antiquité ; elles peuvent en particulier s'être confondues avec les sources de la *Virgo*, qui se trouvent immédiatement au nord (voir n. 30). Il n'est donc pas nécessaire de corriger le texte et de lire, avec Lanciani (*Comm.*, p. 247), *Via Collatia*, ou avec Luini (*Bull. Commun.*, 1903, p. 243 ; 1904, p. 215) *dextrorsus* au lieu de *sinistrorsus*.

9. L'existence de cette émergence à la Porte Capène a été contestée. Ashby, *Aq.*, p. 52 et 53, croit à une confusion dans l'esprit de Frontin avec les arches de la *Porta Trigemina*. Mais, contre cette affirmation, en elle-même surprenante, se dresse le témoignage de Parker (*Aqueducts*, 9) qui assure avoir retrouvé trace de l'*Appia* au-dessus du sol à la Porte Capène. On a reconnu le canal dans la dernière partie de son trajet, sous l'Aventin, et il est probable qu'à la *Porta Trigemina*, son point final, il était en rapport avec l'arc de Lentulus et Crispinus, élevé en 2 ap. J.-C. (Ashby, *Aq.*, p. 54).

10. Nous suivons ici la correction proposée par J. Carcopino (*Basilique...* p. 67-74) : *in confinio hortorum Torquatianorum et < Tauria> norum*. Cf. aussi notre article in *Mél. Éc. fr.*, LIII (1936), p. 276 et suiv., et l'Intr., *supra*, p. XIII. Nous situons cet endroit immédiatement au sud de la Porte Majeure actuelle, ce qui justifie la lecture *infra Spem Veterem*, au chap. 65 (*q. v.*). Voir aussi les deux notes suivantes.

11. Le texte est extrêmement corrompu ; le sens apparaît cependant si l'on en rapproche les indications du chap. 65. Comme les *Res Gestae* (chap. 20) ne mentionnent pas cet aqueduc, on peut être tenté de l'attribuer à Agrippa, surtout si l'on compare la mention expresse faite par Auguste de l'*Aqua Augusta*, qu'il avait ajoutée à la *Marcia* (voir note 35) ; cela suggère la lecture : *ab A < grippa>*, au lieu de *ab A < ugusto>* (v. apparat critique) mais à lui seul cet argument n'est pas suffisant ; on sait la modestie voulue d'Auguste dans son testament, qui choisit, et n'énumère pas tout. La *Marcia* était le plus populaire des aqueducs, à cause de ses qualités (v. chap. 91 et 92) ; l'*Appia*, au contraire, intéressait moins le public. Enfin, le mss. *C* n'indiquant qu'une lacune de

3 lettres environ, le complément normal est *Aug.*, tandis que le nom d'Agrippa ne saurait être ainsi abrégé.

12. Le texte est très mutilé. On suppose généralement que la jonction des deux branches jumelles de l'*Appia* est à l'origine de ce nom : *ad Gemellos*, ce qui est assez vraisemblable. De toute façon, ce nom paraît avoir été utilisé exclusivement par les *aquarii*. (V. Platner-Ashby, *Top. Dict.*, p. 246).

13. C'est-à-dire dans la région marécageuse située immédiatement au sud de la *Via Collatia*, à la hauteur du km. 8 environ, non loin des sources de l'*Appia* (*supra*, note 8); Ashby, *Aq.*, p. 51.

14. Plusieurs problèmes (qui n'ont pas été résolus de façon satisfaisante) sont posés par ce texte. D'une part, la tradition des mss. est fautive ; le nom de la porte par rapport à laquelle la distance est donnée se cache derrière les lettres... RRᴬ... nam. Toute tentative de restitution doit donc être fondée d'abord sur la topographie. L'interprétation généralement admise (Lanciani, *Comm.* p. 256 ; Ashby, *Aq.*, p. 56) consiste à considérer cette porte comme une porte de Tibur ; ce qui implique que l'*Anio Vetus* aurait pris sa source à 20 milles en amont de Tibur. Or, cela est impossible, puisque la source de cet aqueduc a été retrouvée à Vicovaro, soit à 8 milles seulement de Tibur sur la *Via Valeria* moderne (Ashby, *ib.*, p. 57). Et, de façon générale, il serait surprenant que Frontin comptât ici les distances à partir de Tivoli, alors que les autres sont données à partir de Rome. La distance de Rome à Tibur par la *Via Tiburtina-Valeria* étant de 20 milles (*Itin. d'Anton.* ; cf. Th. Ashby, in *P. B. S. R.*, III, 1906, p. 85), nous pouvons admettre que les sources de l'*Anio Vetus* se trouvaient aux environs du 30ᵉ et non du 20ᵉ mille de la *Via Valeria* antique (on sait que le 36ᵉ mille de cette route a été retrouvé *in situ* non loin de Roviano ; *Not. Scav.*, 1890, p. 160 et suivantes). La correction de texte entraînée est légère (cf. une correction semblable chap. 5, 1). Mais cela entraîne que le nom de la porte qui se dissimule dans la lacune est celui d'une porte de Rome. On ne saurait objecter à cette hypothèse l'indication de Frontin : *ubi partem dat in Tiburtium usum*, car l'endroit dont il s'agit dans ce texte n'est pas la porte de Tibur (la porte Santa Croce, dans l'interprétation habituelle), mais la source elle-même, comme cela résulte encore du chapitre 66, 2 : « à la tête, j'ai trouvé 4.398 *quinariae*, outre la quantité dérivée dans l'aqueduc particulier des habitants de Tibur.... » Si cette eau avait été introduite dans le canal de l'*Anio Vetus* pour n'être distribuée qu'au niveau de Tibur, Frontin n'aurait pas manqué de la porter en *erogatio* ; de plus, il n'aurait pas mentionné au chapitre 66 un « aqueduc particulier des habitants de Tibur » (*in proprium ductum Tiburtium deriuatur*), si toute l'eau avait été amenée par l'aqueduc romain de l'*Anio Vetus*. On peut d'ailleurs retrouver la trace de l'aqueduc tiburtin dans les restes signalés par Ashby, *Aq.*, p. 62 au repère 210 (pl. 5), bien que cette attribution ne soit pas absolument certaine.

Dans ces conditions, rien n'empêche que la porte dont le nom est corrompu soit une porte de Rome. Mais laquelle ? Si l'on admet notre raisonnement, c'est la porte par laquelle sortait la *Via Tiburtina* ; donc, à l'époque de Frontin, la *Porta Esquilina* (Ashby, *P. B. S. R.*, 1906, p. 85-96). Mais, paléographiquement, la correction est peu vraisemblable. Beaucoup plus satisfaisante serait la lecture : *Porta Tiburtina*, les deux groupes semblables du début et du milieu : Ti, ayant disparu, laissant un schéma voisin de celui que présente le mss. *C*. Mais le nom de *Tiburtina* soulève une grave difficulté : cette porte appartient à l'enceinte d'Aurélien, et elle est postérieure au traité de Frontin. Cependant, cette difficulté n'est pas insoluble.

Si l'on compare la phrase qui nous occupe aux phrases analogues (par ex. chap. 7) : *concipitur Marcia Via Valeria ad miliarium tricesimum sextum...*, etc.), on constate qu'elle n'est pas construite de la même façon. Dans un cas, nous avons : *concipitur*, puis le nom de l'aqueduc, puis l'indication de la route dans la zone de laquelle se trouve la source, puis le miliaire. Ici, l'indication de la route est remplacée par un équivalent : *supra Tibur* (sans doute parce qu'à l'époque de l'adduction de l'*Anio Vetus* la *Via Valeria* n'était pas encore construite ; v. *supra*, introd., p. XIII). *Extra Portam...* est donc une indication en quelque sorte superflue ; nous y verrions volontiers une addition tardive au texte, soit que le nom de la Porte Esquiline ait été changé en Tiburtine par un scribe postérieur au IIIe siècle, soit que l'expression tout entière ait été ajoutée dans des conditions analogues. Voir un exemple semblable de « retouche topographique » au chap. 21 (note 60).

15. Les traces de cette réfection de 144 ont été trouvées par les modernes pour l'*Anio Vetus*, les conditions ne permettant pas de suivre le trajet de l'*Appia*. V. par ex. Ashby, *Aq.*, p. 60, au Monte Papese ; le premier pont de la Vallée della Mola di S. Gregorio (Ashby, *ib.*, p. 68), etc.

16. Le texte n'est pas sûr ; les éditeurs soupçonnent une lacune : *non esse* <*fas*> *aquam Marciam* +++ *seu potius Anionem (de hoc enim constantius traditur) in Capitolium perduci*. Bücheler propose : *aquam Marciam,* <*sed Appiam*> *seu potius....* Or, nous lisons dans l'*Epitome Oxyrrhynchi* de Tite-Live (LIV) : *aqua Anio, aqua* <*Marcia*> *in Capitolium contra Sibyllae carmina perductae* (cf. éd. Rossbach, p. 142 et suiv.) ; ce qui condamne la restitution de Bücheler, puisque l'interdiction portait également sur l'*Anio*. En fait, le texte de Frontin est admissible sans modification. Il rapporte une histoire dont il y avait plusieurs traditions, l'une nommant l'*Anio* et la *Marcia*, l'autre, plus fréquente, nommant l'*Anio* seul. L'adduction de celui-ci au Capitole était sans doute un projet de Marcius Rex, ce qui explique les deux versions (cf. note 91).

17. Le prétexte religieux invoqué par M. Lepidus recouvre évidemment une rivalité politique ; c'est ce qu'insinue Frontin en disant que le « crédit de Marcius l'emporta ». Un semblable exemple

de rivalité autour de la construction d'un aqueduc se trouve, *supra*, chap. 5 (*Appia*).

La branche d'adduction au Capitole n'a pas été retrouvée ; elle se composait sans doute d'une simple tuyauterie formant siphon Ashby, *Aq.*, p. 152).

18. Ces sources ont été retrouvées par les modernes, dans la haute vallée de l'*Anio*. Elles sont « sous des rochers en bordure de la vallée » (Ashby, *Aq.*, p. 95) — ce qui permet de deviner le contenu du *locus desperatus* (v. apparat critique) et de suppléer peut-être (leçon suggérée par le *Vaticanus*) : *Fontium aqua sub rupibus pene statim stat immobilis stagni modo colore praeviridi.* — Une difficulté est présentée par la longueur de 3 milles donnée au chemin secondaire à partir de la *Via Valeria*, car, à ce point, le 36e mille de la *Via Valeria* et le 38e mille de la *Via Sublacensis* sont à moins de 200 pas l'un de l'autre (Ashby, *Aq.*, p. 96). Lanciani suppose, avec raison, que ce chemin de traverse contournait les sources par le haut et était plus long que la route de Néron, qui gagnait directement la plaine.

19. Le parcours de la *Marcia* est un de ceux qui nous sont le mieux connus, au moins le parcours extra-urbain (cf. Ashby, *Aq.*, p. 95 à 158). Il sera suivi, presque exactement, par les deux grandes adductions impériales, la *Claudia* et l'*Anio Novus*. Mais, bien que ces deux aqueducs prennent leur source beaucoup plus en amont dans la vallée de l'*Anio*, leur longueur totale est moindre (46.406 pas pour la *Claudia*, 58.700 pour l'*Anio Novus*). La différence provient des sinuosités de la *Marcia*, qui a beaucoup moins recours aux ouvrages d'art dans sa partie haute (cf. Ashby, *ibid.*, p. 94). Comme les principaux aqueducs, la *Marcia* émergeait définitivement à partir du 7e mille de la *Via Latina*, c'est-à-dire aux Capanelle modernes, à la hauteur de la villa dite « Sette Bassi ». (Voir l'Introd., *supra*, p. XII, et *infra*, notes 39 et 49).

20. Ces sources de la *Tepula* sont identifiées de façon certaine avec la sorgente Preziosa, à 2 km. environ à l'ouest de Grottaferrata. (V. Ashby, *Aq.*, p. 159 et carte No 2). Ce lieu est voisin de Frascati (Tusculum), ce qui explique la revendication à laquelle fait allusion Frontin. La distance qui les sépare du domaine de Lucullus, situé sur la *Via Collatina* (*supra*, n. 7), oblige évidemment à distinguer les deux propriétés.

21. Nous lisons, avec le *Vaticanus* : ad miliar. xi (v. appar. crit.) conformément à l'argumentation de Rocchi, *Il diverticolo Frontiniano all' acqua Tepula, Stud. e Docum. di Stor. e Diritto*, XVII (1896), p. 125-142, qui suit sur le terrain le tracé de cette « route secondaire ». Cela constitue un argument en faveur de l'autonomie du groupe *Vaticanus-Middlehillensis* (v. Introd., p. XIX).

22. Le texte est corrompu. Le *Cassinensis* donne : *Inde.. suo ĩurbē perducebatur*, avec un espace de 2 lettres entre *inde* et *suo*. On peut songer soit à suppléer *opere* en abrégé, soit plutôt à supposer par haplographie la chute de : *suo <iure> ĩurbē*, le

scribe étant amené à écarter *suo* du mot précédent, en supposant
la chute du substantif dans une expression du type : *riuo suo*, etc...
Quoi qu'il en soit, Frontin oppose cette autonomie primitive à l'état
résultant des travaux d'Auguste (v. le chap. 9 et la note 24).

23. Les sources de la *Iulia* ont été retrouvées par les modernes
non loin du Ponte degli Squarciarelli, à 1.500 m. environ au sud-est
de Grottaferrata et à 3.400 m. à vol d'oiseau à l'est des sources
de la *Tepula* (*supra*, note 20). Elles étaient par conséquent sur le
territoire de Tusculum. (Ashby, *Aq.*, p. 162-164).

24. La *Tepula* reprenait son autonomie après le bassin du
7e mille, et elle figure dans les *erogationes* du chap. 82. Mais, outre
la quantité qu'elle recevait de la *Iulia*, elle était alimentée aussi
par la *Marcia* et l'*Anio Novus* (chap. 68). Ce qui revenait à utiliser
son système de distribution, alors que l'aqueduc lui-même n'existait plus.

25. Un cippe trouvé près de la source (*C. I. L.*, XIV, 4278)
donne une distance de 14 milles 1/2, ce qui vérifie avec une
approximation suffisante le chiffre de Frontin pour la longueur
totale du conduit. Sur les chiffres concernant le parcours après
le 7e mille, cf. note 49.

26. On s'accorde (Lanciani, *Comm.*, p. 322 ; Ashby, *Aq.*, p. 163-
164) pour identifier la *Crabra* avec une source de la Valle della
Molara, au nord du 18e mille de la *Via Latina*, à une altitude de
612 m. au-dessus du niveau de la mer (celle de la Julia étant à
350 m. seulement). Cette eau continue à alimenter Frascati (Lanciani, *ib.*, p. 113). Mommsen rapporte à la *Crabra* un fragment
d'inscription contenant un tableau de répartition d'eau entre des
riverains (*C. I. L.*, VI, 1261), mais cette attribution n'est pas
absolument certaine (cf. les arguments de Mommsen, in *Zeitschr.
f. ges. R. Wiss.*, XV (1850), p. 307 et suiv.) ; v. aussi G. de Montauzan, *Aq. de Lyon*, p. 347 et fig. 128, et C. Herschel, *Wat.
Suppl.*, p. 168. On connaît un règlement analogue de répartition
d'eau à Lamasba, en Numidie (*C. I. L.*, VIII, 4440 ; Gsell, *Rech.
arch. en Algérie*, p. 84 et suiv.) ; à Tivoli, v. Lanciani, *Comm.*
p. 537, et, *infra*, n. 33.

27. Le texte a été mis en doute (Krohn, *éd. cit* conjecture *sic*
ou *hac* à la place de *nec*), mais inutilement, semble-t-il, *nec* ayant
ici le sens de : *ne... quidem*.

28. Ces réfections sont encore parfois reconnaissables sur le
terrain. Pour la *Marcia*, l'un des exemples les plus nets est fourni
par le pont de *Ponte Lupo* (Ashby, *Aq.*, p. 118 et fig. 11 et 12 ;
Van Deman, *Build.*, p. 95), où l'on constate que le *specus* a été
refait en réticulé de cette époque. Mais il n'est pas toujours aisé
de distinguer ces réparations de celles qui ont été exécutées par
Auguste lui-même au moment de la réorganisation de 11 av. J.-C.
(*Res Gestae*, par. 20 ; cf. *infra*, chap. 125 et note 148) ; cf. Van
Deman, *ibid.*, p. 128-129.

29. Sur cette activité d'Agrippa, continuée d'ailleurs après 33, cf. Shipley, *Agrippa's Building Activities. Infra*, chap. 104.

30. Cf. *Supra*, note 7. Ces sources ont été identifiées ; elles sont situées dans le terrain marécageux qui se trouve entre le 10e et le 11e km. de la Via Collatina moderne, immédiatement au nord de celle-ci, à 600 m. au sud de la Station de Salone (Ashby, *Aq.*, p. 170 et suiv.). Le domaine de Lucullus dont parle ici Frontin est évidemment le même que celui où se trouvaient les sources de l'*Appia* (*supra*, note 8).

31. Pline, *N. H.* XXXI, 42 donne une autre version de la légende : à côté de la source dite *Virgo* aurait coulé un ruisseau d'Hercule, dont elle se serait tenue obstinément éloignée, ce qui lui aurait valu son nom. La version de Frontin a pour elle l'autorité des archives officielles qu'il invoque (*inuenitur*) — et qui semblent avoir été particulièrement riches sur cette adduction personnelle d'Agrippa — et sa plus grande vraisemblance.

32. Dans l'état actuel, les sources de la *Virgo* ayant été utilisées pour l'Acqua Vergine moderne, il est impossible de retrouver trace de ces travaux, mais ils étaient destinés évidemment à isoler les sources, pures à leur point de jaillissement, de l'eau stagnante des marais. C'est ce qui explique l'emploi de l'*opus signinum* en masse, c'est-à-dire d'un ciment imperméable (formé de fragments de poterie et de terre cuite pris dans un blocage), pour contenir aussi bien l'eau qui jaillissait à l'intérieur des bassins que celle qui avait tendance à s'infiltrer de l'extérieur. En général, l'*opus signinum* était employé en revêtement pour l'intérieur des canaux d'aqueducs, etc... (note 144, v. chap 10, n. 6).

33. Une inscription découverte en 1887 nous montre que l'eau de l'*Alsietina* servait à l'irrigation des propriétés riveraines suivant le procédé en usage pour la *Crabra* (*supra*, chap. 9 et note 26), et ne rentrait pas dans les *erogationes* régulières de l'administration (*C. I. L.*, VI, 31, 566) : l'eau était ouverte pour tel propriétaire « *ad buccinam* ». Pour permettre une irrigation plus abondante, Auguste avait ajouté à l'aqueduc une branche nouvelle, la *Forma Mentis* dont parle l'inscription. Frontin, qui semble attacher peu d'importance à l'*Alsietina*, aqueduc par trop aberrant, ne nous dit rien de cette addition. Celle-ci est postérieure à 4 ap. J.-C. (mention du *Nemus Caesarum*), mais l'attribution de l'inscription à Auguste (v. les restitutions proposées *C. I. L.*, XI, 3772 et les références) n'est pas absolument certaine.

34. Aujourd'hui le Lago Martignago, sur le territoire de l'antique *Alsium* (auj. Palo). Ashby, *Aq.*, p. 184, lirait plus volontiers dans le texte de Frontin : *miliario quinto decimo deuerticulo dextrorsus passuum quinque milium quingentorum.* Sur la topographie de cet aqueduc, voir aussi la note 80 au chap. 71.

35. Cette addition d'Auguste est mentionnée dans les *Res Gestae*, 20 : *aquam quae Marcia appellatur duplicaui fonte nouo in*

riuum eius inmisso ; elle est jointe aux réfections postérieures à 11 av. J.-C. (*infra*, note 148 et chap. 125). — La source de l'*Aqua Augusta* et l'aqueduc lui-même ne semblent pas avoir été retrouvés sur le terrain (cf. aussi, *infra*, chap. 14).

36. Nous possédons l'inscription dédicatoire ; elle se trouve encore sur la Porte Majeure actuelle, qui, on le sait, utilise précisément les arches empruntées par l'aqueduc au-dessus de l'embranchement de la *Via Labicana* et de la *Via Praenestina* : *C. I. L.*, VI, 1256 (Albertini, in *Mél. Éc. fr.*, 1906, p. 305 et suiv.). La 12ᵉ puissance tribunicienne de Claude, dont elle est datée, correspond à l'année 52, ce qui est en accord avec les indications de Frontin (pour la date *ab Vrbe condita*, cf. note 4). Il est d'ailleurs probable, comme le montre Ashby, *Aq.*, p. 191 et suiv., que la *Claudia* fut achevée et en service avant l'*Anio Novus* (Tac. *Ann.*, XI, 13 semble attribuer cette adduction à l'année 47). Il en résulte que les arches, destinées primitivement à supporter un seul canal, eurent à supporter en outre l'*Anio Novus* après l'adduction de celui-ci. D'où il résulta une fragilité relative de l'ensemble (cf. Frontin, chap. 124 et 120), qui nécessita de nombreuses réparations : par Vespasien en 71 (*C. I. L.* VI, 1257), par Titus en 80-81 (*C. I. L.*, VI, 1258), dès avant l'époque de Frontin.

37. Ces sources n'ont pas été retrouvées sur le terrain. Ashby, *Aq.*, p. 193.

38. Cette réorganisation, œuvre, semble-t-il de Frontin (*infra*, chap. 72) suppose l'établissement d'un système de canaux de dérivations et de vannes en un point où les aqueducs étaient très voisins les uns des autres et à peu près au même niveau. Ces conditions étaient remplies à la source même des aqueducs puisque, d'après les indications de Frontin, il n'y avait entre la tête de la *Marcia* et celle de la *Claudia* qu'une distance de 100 pas, soit environ 150 m. (cf. le chap. 7). Cette proximité rend difficile d'établir avec certitude ce qui, dans les restes actuels, appartient à tel ou tel aqueduc. Cf. Ashby, *Aq.*, p. 193 et suiv.

39. La longueur totale de la *Claudia* donnée par Frontin (46. 406 pas, soit 68 km. 750) ne correspond pas à celle de l'inscription de Claude à la Porte Majeure (*supra*, note 36), qui donne 45.000 pas. Des diverses façons de résoudre ce problème, la solution proposée par Albertini (*op. cit.*, p. 307 et suiv.) demeure la plus vraisemblable ; le chiffre de Frontin, avec ses 1.406 pas supplémentaires, comprendrait le canal complémentaire de la source *Albudina* (peut-être la source des *Rosoline*, Albertini, *ibid.*, p. 310). Noter que le total du parcours au-dessus du sol, depuis le 7ᵉ mille, est de 609 + 6.491 = 7.100 pas, soit 100 pas de plus que les chiffres donnés pour la *Marcia-Tepula-Iulia* (*supra*, chap. 9, 7), dont le total atteint exactement 7 milles (cf. *infra*, note 49). Pour le parcours total, cf. *supra*, note 19, la comparaison avec la *Marcia*.

40. C'est ainsi que nous comprenons *fauces*, le canal artificiel dans lequel l'eau de la rivière était captée. Canina, toutefois (cité

par Lanciani, *Comm.*, p. 351) pense à un défilé, le lit de l'Anio étant resserré entre des rochers aux environs du 42e mille de la *Via Sublacensis.* Les travaux de Trajan (*infra*, chap. 93) empêchent l'état actuel de nous renseigner sur les travaux de captation antérieurs. cf. Van Deman, *Build.*, p. 274.

41. Ces sources sont identifiées par Ashby, *Aq.*, p. 258, avec « des sources légèrement acides à Mola Nuova », dans la région de Marano.

42. L'inscription de la Porte Majeure (*supra*, note 36 et note 39) donne une longueur de 62.000 pas, soit 4.000 pas de plus que la longueur indiquée par Frontin. Il y a là une difficulté résolue par Albertini, *art. cit.*, p. 311 et suiv. : le chiffre de Frontin donne la longueur avant les travaux de Trajan (*infra*, chap. 93) ; celui de l'inscription de la Porte Majeure la longueur telle qu'elle résulte de ceux-ci, Trajan n'ayant pas changé le texte de la dédicace claudienne, mais s'étant contenté de faire insérer des blocs de pierre portant les nouveaux chiffres à la place des chiffres primitifs, conformes à ceux que donne Frontin.

43. Le texte est incertain. Nous gardons celui du *Cassinensis*, en comprenant le pluriel *riuorum* comme s'appliquant aux conduits multiples entre lesquels se divisait parfois un aqueduc : tant les branches secondaires (par ex. *Aqua Augusta* pour la *Marcia supra*, chap. 12) que les conduites parallèles pour un même trajet : v. G. de Montauzan, *Aq. de Lyon*, p. 104, notamment dans les siphons. Ashby, *Aq.*, p. 35, compare les procédés employés pour les pipe-lines de pétrole en Perse. A Rome, peut-être faut-il en considérer comme un exemple les canalisations multiples du Célius (*infra*, note 54). On rapprochera aussi le siphon de l'aqueduc de Rusazu (Azeffoun) en Algérie, dont le conduit était formé de cubes de pierre percés comme les canalisations du Célius (J. Bérard, *Aqueducs antiques de Cherchell*, extr. de la *Rev. Afr.*, 1934, p. 9).

44. Normalement, l'eau, dans les aqueducs romains, n'est pas amenée sous pression, mais à l'air libre, et coule comme dans un ruisseau. De loin en loin, des prises d'air permettaient de rétablir la pression atmosphérique dans les sections où une surpression aurait tendu à s'établir. Mais, à l'intérieur de la ville, où des canalisations ne pouvaient toujours décrire les sinuosités nécessaires, ni, le plus souvent, emprunter des ouvrages d'art qui auraient tenu beaucoup de place, on avait parfois recours à des siphons, au moins à partir du réservoir terminal de chaque aqueduc ou branche secondaire. C'était de cette façon seulement que l'eau pouvait parvenir au Capitole. Au Palatin, de même, après les travaux de Néron et de Domitien, l'eau arrivait sous pression (Ashby, *Aq.*, p. 250-251).

45. La *Marcia* date de 144 av. J.-C. (chap. 7). A cette époque, les luttes les plus dures sont désormais terminées, mais la pacification totale de l'Italie ne fut effective qu'après la Guerre Sociale.

46. Plusieurs exemples de ce procédé ont été retrouvés ; ainsi, pour l'*Anio Vetus* (Ashby, *Aq.*, p 68) à l'époque d'Hadrien, dans la Valle della Mola di S. Gregorio, entre Tivoli et Rome. En pareil cas se posaient des problèmes particuliers, car il fallait perdre sur un trajet raccourci l'altitude primitivement perdue sur un trajet beaucoup plus long. D'où le profil de ces ponts, qui présentaient une pente plus rapide que le reste du canal (note de Richmond, in Ashby, *ibid.*, p. 70).

47. Le procédé condamné ici par Frontin est le procédé « économique » employé par les ingénieurs romains partout où ils ne voulaient ou ne pouvaient entreprendre de grands travaux d'art. Ils traçaient un canal suivant approximativement une courbe de niveau, se contentant de lui donner une légère pente. Ainsi, le tracé se conformait aux sinuosités du terrain, franchissant les vallées à leur tête, etc. Mais, de cette façon, l'aqueduc perdait vite de la hauteur. A Rome, voir le tracé de l'*Anio Vetus* dans les vallées situées au sud de Tivoli, avant Ponte Lupo (Ashby, *Aq.*, carte n° 4, N. O. de Gallicano et carte à la fin du vol.).

48. Les sources de la *Virgo* (*supra*, note 30) ne sont qu'à 24 m. environ au-dessus du niveau de la mer. Or, le niveau actuel de la Piazza di Spagna est de 18,37 m. (Ashby, *Aq.*, page 171). Les sources de l'*Appia* ne sont pas exactement connues (*supra*, note 8) mais, voisines de celles de la *Virgo*, elles posaient les mêmes problèmes (cf. *infra*, note 74).

49. Ce point, le septième mille de la *Via Latina* antique, situé à 1.300 m. à l'Ouest de la Villa Bertone, revêtait une grande importance dans la topographie des aqueducs (v. Intr., *supra*, p. XII). C'est lui dont il est question au chap. 7 et au chap. 14, et au chap. 124 (voir les notes 19, 39 et 145). Il marquait sensiblement le point où les cinq grands aqueducs sortaient de terre pour la dernière partie de leur trajet. Mais les chiffres donnés par Frontin peuvent paraître surprenants ; il attribue à la *Claudia-Anio Novus* superposés 100 pas de plus *supra solum* qu'à la *Marcia-Tepula-Iulia*. Or, le réservoir terminal de la *Claudia* et de l'*Anio Novus* était situé à 265 m. en deçà de la Porte Majeure, tandis que la *Marcia*, la *Tepula* et la *Iulia* superposées continuaient leur route, disent les modernes, bien au delà, par l'arche de la *Porta Tiburtina*, et ne se séparaient que plus loin. De plus, il est facile de voir sur la carte que les arches de la *Claudia-Anio Novus* suivent un parcours plus direct que celles de la *Marcia-Tepula-Iulia* (Ashby, *Aq.*, carte n° 1 et p. 128). La difficulté apparaît donc comme insoluble, et l'on peut être tenté d'admettre que les sept milles dont parle Frontin sont comptés le long des aqueducs eux-mêmes, et non sur la *Via Latina*, — théorie inadmissible. S'il en était ainsi, pourquoi 7.100 pas à la *Claudia* et à l'*Anio Novus* ? Erreur dans la transmission du texte ? Mais cette « erreur » est répétée deux fois (chap. 14 et 15), sans variante. En fait, la difficulté disparaît si l'on remarque : 1° que la *Claudia* et l'*Anio Novus* émergent dès avant la station des Capanelle et que leurs

arches commencent au repère 37 (de la carte d'Ashby, *ibid.*) ; —
2º que la *Marcia–Tepula–Iulia* n'émerge qu'aux environs du
repère 37 (Ashby, *ibid.*, p. 129 et suiv.), comme cela est naturel
puisque le niveau des trois aqueducs est inférieur à celui des précédents ; — 3º Cette différence suffit à rendre l'avantage à l'*Anio
Novus* et à la *Claudia*, même compte tenu du détour de la *Marcia–
Tepula–Iulia* au Casale di Roma Vecchia ; — 4º Cela entraîne
que les points terminaux des deux arcades doivent être voisins.
Deux solutions se présentent alors : Frontin peut, à la rigueur,
n'avoir donné les distances que jusqu'à l'entrée de Rome, c'est-à-
dire dans la limite de la région V augustéenne, donc aux environs
de la future Porte Majeure. Solution peu satisfaisante et à laquelle
nous opposons celle qui est suggérée — contrairement à la tradition représentée par Lanciani (*Forma, ad loc.*) et suivie par Lugli,
Opere, loc. cit., qui incorpore les arches de la *Marcia–Tepula–
Iulia* dans le mur d'Aurélien entre la Porte Majeure et la Porte
Tiburtine — par les découvertes de 1912 (*Bull. Com.*, 1912, p. 228)
et le témoignage de Parker (cf. Ashby, *Aq.*, p. 143) : le triple
aqueduc n'aurait jamais été incorporé dans le mur d'Aurélien,
mais, longeant la Vieille Espérance, il serait de nouveau devenu
souterrain à la hauteur de la pseudo Minerva Medica, c'est-à-dire
peu après le castellum terminal de la *Claudia* et de l'*Anio Novus*.
Et c'est là le point final choisi par Frontin, le reste faisant partie
du parcours urbain (*infra*, note 52) et non plus des « sept milles »
ininterrompus au-dessus du sol (Cf. notre article, in *Mél. Éc. Fr.*,
1936, p. 262 et suiv.).

50. L'un de ces bassins de décantation est bien connu : celui de
l'*Anio Novus*, situé à 50 m. à l'est de la Villa Bertone (Ashby,
Aq., p. 226) ; il comprenait deux compartiments successivement
traversés par le courant. Au moment de la découverte, ce bassin
était rempli de sable et de galets polis amenés par l'aqueduc. Une
énorme quantité de sable provenant des différents curages de
l'antiquité subsiste encore en cet endroit. Le bassin de la *Claudia*
ne paraît pas avoir jamais été retrouvé. Celui de la *Iulia* (commun
avec celui de la *Tepula*, qui y prenait sa source) se trouvait aux
environs du 6e mille de la *Via Latina* (c'est-à-dire près du point
où l'aqueduc de Sette Bassi traversait la route ; Ashby, *ibid.*,
p. 160, à la hauteur du repère 38, carte nº 1). Le bassin se trouvait
donc, ainsi que celui de la *Marcia*, aux environs du repère 37
(cf. note 49). Cf. aussi Ashby *ibid.*, p. 165, et *infra*, note 70 ; Di
Fenizio, d'après *Bull. Comm.*, 1931, p. 232. — Sur les jauges destinées à déterminer le débit, cf. *infra*, note 69.

51. Le texte est très incertain. Krohn, *éd. cit.*, suppose une
lacune (v. l'apparat critique). Nous interprétons de la façon suivante : *earum* se serait introduit à tort, venant de la ligne précédente (*modus quoque earum...*), attiré peut-être par *una*, qui est
ici adverbe ; puis vient une longue proposition relative formant
parenthèse, et les trois sujets de la phrase : *Iulia, Tepula, Marcia*,
sont repris par *hae tres*.

52. Le texte est corrompu. Nous introduisons les compléments suivants dans les lacunes indiquées par le *Cassinensis* (v. apparat critique) : *quae ad libram* <*Collis Vi*> *minalis con* <*tine*> *nte* <*r un*> *a* <*flu*> *entes ad Viminalem usque portam deueniunt.* Cette lecture est justifiée par les données topographiques. En effet, après leur trajet souterrain à partir de la pseudo Minerva Medica (*supra*, note 49), ces aqueducs se retrouvent, ensemble, superposés dans le même ordre, à la *Porta Tiburtina*, où ils sont portés par l'arc construit par Auguste. Puis, ils redeviennent souterrains après l'arc de l'acqua Felice moderne, sur la *Via Marsala* ; à ce moment, ils cessent d'être superposés (entre la *Via di Castro Pretorio* et la *Via Milazzo*), mais courent parallèlement jusqu'à la Porte Viminale (Ashby, *Aq.*, p. 147). Les inscriptions du curateur A. Didius Gallus (*C. I. L.*, VI, 31.559, c, etc...) mentionnent dans cette région les *riui aquarum trium*.

53. La question du *riuus herculaneus* demeure assez obscure· On admet généralement, avec Lanciani, s'appuyant sur Piranesi, que la source de ce canal est dans la 5ᵉ tour au sud de la Porta S. Lorenzo, mais cela est assez peu certain (cf. la discussion in Ashby, *Aq.*, p. 144 et 154). Voir aussi notre art. in *Mél. Éc. Fr.*, 1936, p. 259.

54. On attribue à ce canal, qui devait être sensiblement parallèle à l'*Appia* (*supra*, chap. 5), et d'un niveau également faible, les différents conduits parallèles trouvés en 1917 à la Villa Wolkonski sur le Célius (*Bull. Commun.*, 1917, p. 242), ainsi que d'autres, découverts à d'autres époques. Lugli, *Opere*, p. 336, les attribue à l'*Appia*. Noter que ses distributions, effectuées forcément dans la région I (Porte Capène), ne figurent pas dans les indications du chap. 83. La mention des *Horti Pallantiani* comme repère suggère que la construction de ce canal est postérieure à Claude (introd., p. XIV). Son eau était-elle destinée exclusivement à quelque « service public », ou caserne, ce qui expliquerait le silence du chap. 83 ?

55. Ces arches de Néron sont encore bien conservées ; elles divergent à angle droit du conduit principal de la *Claudia* avant que celui-ci n'ait atteint la Porte Majeure. Leur construction est postérieure à 64 ; elle s'explique par plusieurs raisons, d'une part le désir d'augmenter les quantités d'eau disponibles dans les quartiers voisins du Palatin, après la leçon du grand incendie ; d'autre part, le désir d'alimenter le *Stagnum Neronis*, le grand bassin de la Maison d'Or où, plus tard, devait s'élever le Colisée. On sait que le Temple de Claude fut alors en partie démoli par Néron (Suét., *Vesp.*, 9), sans doute pour installer à son emplacement diverses stations hydrauliques (Ashby, *Aq.*, p. 244). La montée de l'eau des arcs de Néron sur le Palatin se faisait par siphon (*supra*, note 44).

56. Le quatrième mille compté, non sur le parcours de l'aqueduc, mais sur la *Via Latina*. V. note suiv. et Introd. p. XII.

57. Le texte est extrêmement corrompu. Le *Cassinensis* donne :
*Anio Vetus citra quartum miliarium intra noui eq via Latina in
Lauicanam inter arcus traicit et ipse piscinam habet.* Krohn, qui
considère ce passage comme *locus desperatus*, propose en note le
résultat d'une série de corrections : *Infra Nouum qui a uia Latina
in Lauicanam....* Cette lecture ne saurait être acceptée, car, dans
l'état actuel de nos connaissances topographiques, il est clair que
l'*Anio Novus*, le plus élevé de tous les aqueducs, ne passe pas de
la Via Latina à la Via Labicana *inter arcus*. L'*Anio Vetus* lui-même
ne paraît pas avoir franchi la ligne des arches de l'*Anio Novus*,
mais être resté constamment à l'Est de celle-ci. La ligne d'arches
qu'il franchit effectivement (Ashby, *Aq.*, p. 79) est celle de l'aqueduc commun *Marcia-Tepula-Iulia*. En fait, le quatrième mille de
la *Via Latina* nous amène aux environs immédiats de l'endroit où
la ligne Rome-Naples du chemin de fer traverse la Marrana
Mariana ; en cet endroit, les arches de la *Claudia-Anio Novus*
et celles de la *Marcia–Tepula–Iulia* sont sur le point de se couper
une première fois, et l'on a découvert la trace de l'*Anio Vetus* à
l'intérieur de l'angle qu'elles forment, juste à l'Ouest de la ligne
de chemin de fer (Ashby, *ibid.*). Ensuite, l'*Anio Vetus* remontait
franchement vers le nord, quittant la zone de la *Via Latina* pour
celle de la *Via Labicana*. Pour cela, il devait traverser les arches
de la *Marcia–Tepula–Iulia*. Son bassin devait donc se trouver à
ce point d'inflexion de son cours ; ce qui conduit à la lecture suivante, qui suit d'aussi près que possible les données des mss. :
*Anio Vetus, citra quartum miliarium, intra Noui <sp> e <cum>
q <ua a> via Latina in Lauicanam inter arcus traicit, et ipse
piscinam habet.* Dans ce texte, nous donnons à *intra* le sens de :
avant d'arriver à .... Il s'oppose à *citra* qui précède. V. la carte, à
la fin du vol. — Lanciani (*Comm.* p. 261) semble penser à une
lecture comme : *infra nouum et uiam quae a uia latina*, mais le
sens n'est pas satisfaisant.

58. Sur la *Via Labicana*. Ce changement dans les points de
repère ne doit pas étonner ; il est d'autant plus naturel que Frontin
vient de mentionner le changement de zone (voir note préc.).
Frontin écrit en se reportant aux diagrammes officiels des aqueducs et à ses plans personnels (chap. 17), où les indications sont
portées par rapport au réseau routier. V. Intr., p. XI et suiv.

59. On sait peu de choses sur cette branche de l'*Anio Vetus*, due
probablement à Octave, et datant, par conséquent, des grands
travaux de 33 av. J.-C. Voir toutefois Parker, *Aqueducts*, diagrammes, pl. VI. Si l'on admet que Frontin parle du deuxième
mille sur la *Via Labicana*, comme le texte le suggère, le point de
départ doit être cherché à quelque distance hors de la Porte
Majeure.

60. Cette indication est obscure. On ne connaît d'autre *Via
Nova* que celle de Septime Sévère, devant les Thermes de Caracalla
(Platner-Ashby, *Top. Dict.*, s. v.). Mais comment Frontin, un
siècle auparavant, peut-il en faire mention ? Lugli, *Opere*, p. 341,

admet l'identité sans poser la question. Nous avons déjà soupçonné la possibilité d'une mention topographique également anachronique dans le texte de Frontin (*supra*, note 14). Nous avons peut-être ici une glose introduite dans le texte, l'original ne portant que : *ad Hortos Asinianos*. Voir aussi nos *Jardins Rom.*, p. 168. Quoi qu'il en soit, Frontin désigne ici à peu près sûrement le quartier de l'Aventin (colline Est).

61. Le trajet de l'*Anio Vetus* en deçà de l'actuelle Porte Majeure est assez bien connu ; sensiblement parallèle au tracé du mur d'Aurélien, il passait par l'angle de la Via Marsala et de la Via Castro Pretorio (Ashby, *Aq.*, p. 93) puis, se dirigeant vers l'Ouest, il rencontrait l'agger servien à 500 m. environ au Nord de la Porte Esquiline (arc de S. Vito actuel) ; en deçà du mur servien, il tournait brusquement et se dirigeait vers le Sud-Est, en direction de la Porte Esquiline. Il est naturellement souterrain, comme dans la plus grande partie de son parcours. Ashby, *ibid.*, p. 81-86.

62. Le point d'émergence de la *Virgo* est situé exactement dans le triangle formé par les Vie Francesco Crispi, Gregoriana et di S. Giuseppe (Lanciani, *Forma*, pl. 9). Ensuite, il traversait le Champ de Mars selon un trajet relativement sinueux, sur des arches monumentales. Pour l'origine possible des terrains destinés à cette construction (terrains confisqués après Actium), v. *Jardins Rom.*, p. 130 et suiv. Le point exact où cet aqueduc se terminait n'a pas été retrouvé : peut-être près du Palazzo Serlupi (cf. Ashby, *Aq.*, p. 182).

63. *Supra*, chap. 11 et note 33. La dernière partie du conduit de l'Alsietina a été retrouvée récemment (cf. *Mem. Am. Ac. R.*, VI, 1927, p. 137-146), le long du Viale XXX Aprile. La *Naumachia* était très vraisemblablement située près de S. Cosimato (voir *Jardins Rom.*, p. 124 et suiv.).

64. La proposition entre crochets obliques ne figure pas dans le texte latin ; nous l'avons ajoutée, la grammaire et le sens indiquant une lacune. Frontin devait annoncer ses chapitres 64 à 73 ; ce qui est annoncé ensuite correspond au contenu des chapitres 77 à 87. La dernière phrase de ce chapitre introduit directement la longue disgression qui va du chapitre 24 au chapitre 63. Frontin reprend, en le retouchant, le plan annoncé au chapitre 3 (cf. *supra*, note 2).

65. Le pouce rond est la surface du cercle ayant un pouce de diamètre, c'est-à-dire du cercle inscrit dans un carré ayant un pouce de côté. Les « angles » dont parle Frontin sont les surfaces du carré extérieures au cercle, comprises entre la circonférence et les côtés du carré. Frontin utilise pour π la valeur approchée de 22/7.

66. Les rapports possibles entre Vitruve et Frontin ont été étudiés, à propos de ce passage, par P. Tannery, in *Rev. de Philol.*, XXI (1899) p. 121 et suiv., en en rapprochant Vitr., *De ar.*, VIII, 4-5 : *e latitudine autem lamnarum, quot digitos habuerint*

antequam in rotundationem flectantur, magnitudinum ita nomina concipiunt fistulae. Namque quae lamna fuerit digitorum quinquaginta, cum fistula perficietur ex ea lamna, uocabitur quinquagenaria, similiterque reliquae ; et Pline N. H., XXXI, 58 : *denariae appellantur cuius laminae latitudo antequam curuetur digitorum decem est, dimidioque eius quinaria.* Notons d'abord que, contrairement à l'opinion émise par P. Tannery, il existait réellement un procédé de fabrication consistant à rouler une lame de plomb sur une âme cylindrique et à souder les deux lèvres selon une génératrice ; v. Lanciani, *Comm.* p. 406 et suiv., etc. On peut donc admettre que dans ce texte Vitruve *propose* (Tannery, *ibid.*, p. 126) une nomenclature systématique des tuyaux, contemporaine de la réorganisation de 33 avant J.-C. et des travaux d'Agrippa, nomenclature fondée sur le procédé normal de fabrication des tuyaux. D'après le témoignage de Frontin lui-même, (chap. 99), la réglementation des calibres ne devint officielle qu'en 11 av. J.-C., lorsqu'Auguste, à la mort d'Agrippa, prit en main l'administration des eaux. Mais ce système, complété chez Vitruve par une formule empirique donnant le poids du tuyau en fonction de sa longueur, n'était valable avec une approximation suffisante, que pour les petits tuyaux et dans certaines limites (Tannery, *ibid.*, p. 125) ; il devenait vite grossièrement inexact pour les gros calibres. Il aurait été adopté en fait (peut-être par Agrippa lui-même, s'inspirant de la théorie vitruvienne, à moins que l'on ne veuille voir dans celle-ci une généralisation abusive de l'innovation d'Agrippa) seulement pour la *quinaria* et les calibres voisins (ce dont témoignerait le texte de Pline, qui prend la *quinaria* comme exemple, au lieu de la *quinquagenaria* chez Vitruve). Quoi qu'il en soit, on devine que, vers 33 av. J.-C., on tenta de rationaliser un état de choses assez confus qui s'était établi progressivement dans l'usage des fontainiers pour les tuyaux de distribution. Sur l'état antérieur, cf. l'hypothèse, vraisemblable, de Tannery (*ibid.*, p. 123, note 1) : les tuyaux, à l'origine, auraient été établis sur la base du pouce carré, à partir de la *uicenaria* et au-dessus. Pusi, « pour les usages des particuliers, les plombiers employaient des tuyaux plus petits, mais, n'ayant pas de types officiellement réglés, ils avaient naturellement procédé suivant l'échelle des diamètres et appelé (très improprement) *denaria* le tuyau de diamètre 1/2 de celui de la *vicenaria*, *quinaria* le tuyau de diamètre moitié de celui de leur *denaria*, etc.... Quand on voulut procéder à une évaluation plus exacte des débits, on adopta, pour les numéros inférieurs à la *vicenaria*, la terminologie des plombiers ». La théorie de Frontin serait donc le dernier stade, et le plus achevé, de cette rationalisation du système, son innovation consistant à introduire le *quadrans* comme unité d'accroissement du diamètre au-dessous de la *vicenaria*. Cf. aussi G. de Montauzan, *Aq. de Lyon*, p. 328, et, *supra*, note 1, au chap. 33.

67. Frontin cherche ainsi à rendre compte de la différence qu'il constate entre la circonférence des tuyaux et la largeur de la bande de plomb exigée par l'hypothèse qu'il rapporte. La

quinaria a une circonférence intérieure de 3,92708 pouces, au lieu des 5 pouces théoriques. La différence devient naturellement encore plus grande à mesure que le diamètre des tuyaux s'accroît (pour la *vicenaria*, 15,70833 au lieu de 20 pouces).

68. Ces fraudes sont le fait du menu personnel, puisqu'elles portent sur les distributions partielles et reposent entièrement sur l'établissement de faux « bilans » pour chaque *castellum* local. Le surplus ainsi obtenu était destiné à passer dans le « réseau secret », les *puncta* du chap. 115. Ce procédé n'avait pu s'établir qu'après une longue période de négligence, les calibres n'étant plus étalonnés de façon rigoureuse et poinçonnés par le procurateur, conformément à la règle (chap. 105). Mais c'était un abus ancien et bien établi puisque la fabrication de ces calibres irréguliers était devenue en quelque sorte normale et consacrée par l'usage. V. aussi chap. 31, n. 2.

69. Frontin exprime dans ce chapitre des principes dont la rigueur est, en droit, illusoire, si on les applique à ses mesures du débit d'un tuyau. Il admet implicitement que ce débit est directement proportionnel à la section du flux et que le débit d'un tuyau de section de n unités sera égal à la somme des débits de n tuyaux ayant pour section l'unité. Ce qui est évidemment inexact. On sait que la quantité d'eau débitée par un tuyau complètement immergé est donnée par la formule : $Q = \mu A \sqrt{2gc}$, dans laquelle A est la section du flux, c *la charge* et μ un coefficient expérimental variable. Par conséquent, la section n'est que l'un des facteurs qui déterminent le débit dans un cas donné. Toutefois, on a montré (Cl. Di Fenizio, *Sulla portata degli antiqui aquedotti romani...* Rome 1916, et surtout Id. *Nuova appendice allo Studio sulla portata...*, in *Genio Civile*, numéro du 20 mai 1930) que les deux facteurs μ et c, dont l'intervention semble avoir été négligée par Frontin, l'un, le coefficient μ, ne saurait entraîner qu'une erreur relativement négligeable, tandis que le second, la *charge*, ou pression de l'eau dans le tuyau considéré, était constant. En effet, les variations de μ selon le diamètre du tuyau sont assez faibles pour les dimensions des tuyaux utilisés et ne peuvent entraîner au maximum qu'une erreur par excès de 13 % et plus souvent, de 10 % seulement. (Di Fenizio, *Nuova appendice*). D'autre part, il semble certain que les mesures effectuées par Frontin l'étaient *sous pression constante*, probablement une hauteur d'eau de 0,12 m. (Di Fenizio, *Sulla portata...*, p. 39). Que Frontin ait reconnu empiriquement l'importance du rôle joué par la pression dans le débit, c'est ce qui ressort évidemment de sa prescription explicite : *circa collocandos quoque calices obsueruari oportet ut ad lineam ordinentur* (*De Aq.*, 113 et la note 133). Sous réserve des variations de μ, par conséquent, le principe de la proportionnalité du débit à la section est admissible si la charge reste constante. Cela ne vaut évidemment que pour des tuyaux complètement immergés, les *fistulae* et les *calices* branchés sur les châteaux d'eau. En est-il ainsi pour la mesure du débit des aqueducs eux-mêmes ? Di Feni-

zio, après G. de Montauzan, (*Aq. de Lyon*, p. 307) a fait la théorie d'un procédé pratique permettant de résoudre le problème : il consiste à immerger partiellement, normalement au sens du courant, une vanne destinée à établir une dénivellation égale à la charge voulue (0,12 m. environ, si l'on accepte les données de Di Fenizio) ; on se retrouve ainsi dans les conditions du problème précédent, l'orifice laissé par la vanne étant assimilable à un tuyau complètement immergé et son débit est proportionnel à sa section, sous les réserves ci-dessus. C'est sans doute à un dispositif semblable que fait allusion Frontin quand il parle des « *mensurae* » exécutées aux bassins (chap. 19, 66, 67, etc...) et aux réservoirs des Jumeaux, pour l'*Appia*, au chap. 65. La mesure effectuée l'était à la sortie du bassin d'où l'eau s'échappait avec la charge voulue. On comprend pourquoi les aqueducs ne pouvaient être mesurés qu'aux bassins, parce que là se trouvaient réalisés, de façon commode, les conditions nécessaires. Dans le cas de la *Virgo* seulement la mesure est faite sur le canal lui-même (chap. 70), mais en un point où la rapidité du courant était suffisante pour que l'opération fût possible (v. Di Fenizio, *Nuova appendice, ibid.* le calcul du débit en fonction de la vitesse de l'eau). Cf. aussi la note compl. 133 au chap. 113, et le chap. 35.

On peut donc admettre que les mesures et les chiffres de Frontin n'ont pas la fantaisie qu'on leur prête habituellement. Si son affectation de rigueur est souvent exagérée, la proportionnalité du rapport des débits à celui des sections n'étant qu'approximative, toutefois, les conditions pratiques des mesures rendent celles-ci très suffisantes et justifient les réformes de Frontin dans l'organisation de la distribution et la chasse aux abus.

D'après Di Fenizio, la *quinaria* correspondrait à un débit minimum de 0^l, 47 par seconde, soit environ 40 m³ en 24 heures (exactement 40,6). Ce résultat est accepté par Lugli, *Opere*, p. 331. Herschel, *Wat. Supp.*, p. 215 indique comme moyenne 6.000 gallons des États-Unis, soit 22,680 m³ seulement en 24 heures ; mais ce chiffre, purement conjectural, est probablement beaucoup trop faible. Si l'on accepte celui de 40 m³, on obtient le tableau suivant des débits par aqueduc :

AQUEDUC	Quinariae	M³ EN 24 H.
Appia	1.825	73.000
Anio Vetus	4.398	175.920
Marcia..............	4.690	187.600
Tepula	445	17.800
Julia	1.206	48.240
Virgo...............	2.504	100.160
Alsietina	392	15.680
Claudia	4.607	184.280
Anio Novus	4.738	189.520
Total		992.200

70. On connaît quelques exemples de ces prises de bronze : Lanciani, *Comm.*, p. 575 (= *C. I. L.*, XV, 7212, 7213) en cite qui sont maintenant au Vatican et au Musée des Thermes, à Rome. V. aussi, Herschel, *Wat. Supp.*, p. 207, qui apporte d'autres exemples. Pour être valables, ces prises devaient être poinçonnées par le procurateur (chap. 105).

71. Ce chapitre est la répétition d'éléments qui se trouvent déjà au chap. 26, avec une indication supplémentaire, la définition du pouce carré, qui laisse supposer qu'il s'agit d'une glose. Quoi qu'il en soit, ce chapitre ne doit pas être maintenu dans le texte à cet endroit.

72. Les chapitres 39 à 45 énumèrent les tuyaux étalonnés dont l'accroissement est fondé sur celui du diamètre, chacun se déduisant du précédent par addition de 1/4 de pouce. Voici, en unités modernes, les diamètres ainsi obtenus (le 1/4 de pouce, *quadrans*, équivaut à 0,4625 cm.) :

quinaria :	2,3125 cm.,
senaria :	2,775 cm.,
septenaria :	3,2375 cm.,
octonaria :	3,700 cm.,
denaria :	4,625 cm.,
duodenaria :	5,55 cm.,
tuyau de 15 :	6,9375 cm.

Noter qu'à partir de l'*octonaria* les tuyaux d'ordre impair (c'est-à-dire ceux dont le diamètre contient un nombre impair de *quadrantes*) ne sont pas utilisés, sauf le tuyau de 15 (probablement parce qu'il est « la moitié » de la tricenaria, voir note 66, et l'hypothèse de Tannery). Noter aussi que la *septenaria* est un tuyau théorique, introduit dans la série probablement par Frontin.

73. Du chapitre 46 au chapitre 63, Frontin donne les caractéristiques des tuyaux dont l'accroissement est fondé sur celui de la surface, par addition successive de 5 pouces carrés réduits à la circonférence (c'est-à-dire d'une surface circulaire de 5 pouces de diamètre). La *vicenaria* peut être considérée comme appartenant au système de la *quinaria* (v. note précéd.). Son diamètre est de 9,25 cm.

Le pouce carré réduit à la circonférence est égal à 2,6891 cm². Donc, le tuyau de 25 a une section de 67,2275 cm², puisque Frontin nous dit (chap. 29) que ce tuyau a une section de 25 pouces carrés ; la *tricenaria*, de 80,673 cm², etc... par addition de 13,4455 cm² chaque fois, jusqu'au tuyau de 125, qui a une section de 3,361375 dm², et dont le diamètre est approximativement de 23 cm.

74. On admet généralement que l'altitude initiale de l'*Appia* est de 24 m. environ au-dessus du niveau de la mer. Or, à la Porte Majeure, l'*Anio Vetus*, qui était lui-même souterrain, se trouvait à un niveau de 45 m. environ (Ashby, p. 316, d'après la *Livella-*

zione). Cela suppose que l'*Appia* était au fond d'une tranchée de 30 m. au moins de profondeur, et explique que son canal n'ait pas été retrouvé dans cette région par les modernes lors des travaux exécutés dans le quartier. Au point terminal, le niveau de l'*Appia* est estimé à 15,00 m. au-dessus du niveau de la mer (Ashby, *Aq.*, p. 54), ce qui donne une pente de 0,05 %. Voir aussi la note 48.

75. Dans ces calculs, Frontin ne fait pas entrer les 164 *quinariae* données en supplément à l'*Anio Vetus* par la *Marcia* (voir note suiv.) ; ces 164 *quinariae* se placent dans les acquisitions entre la tête et la piscine du 4ᵉ mille. Ou bien Frontin juge sa démonstration suffisante sans compliquer ses calculs en en tenant compte ou bien, ce qui est plus probable, ces 164 *quinariae* étaient immédiatement redistribuées, peut-être aux villas de la région de Tibur (v. note suiv.), si bien que leur introduction dans l'aqueduc n'était que temporaire et ne modifiait en rien la balance des quantités.

76. A l'*Anio Vetus*, évidemment, le seul que son niveau mît à même de recevoir un complément de la *Marcia*. Peut-être faut-il chercher l'endroit où ce complément était donné (avant le bassin du 7ᵉ mille, dit Frontin) au sud de Tivoli (Ashby, *Aq.*, carte nº 5, au sud du repère 198, et 800 m. environ au sud du Collège irlandais), où Ashby signale (p. 66) « un canal descendant de la *Marcia* à l'*Anio Vetus* ». Cf. *ibid.*, p. 144. Si l'on admet cette hypothèse, les caractères architectoniques semblent indiquer que ce complément date de la réfection augustéenne de la *Marcia* (emploi massif de l'*opus reticulatum*). On pourrait songer, mais avec beaucoup moins de vraisemblance, à un point situé en amont de Tivoli (Ponte degli Arci, à 2 km. environ de la ville, Ashby, *ibid.*, p. 62). — Les 92 *quinariae* données à la *Tepula* l'étaient immédiatement après le bassin commun à celle-ci et à la *Iulia* (chap. 68), et avant celui de la *Marcia*, c'est-à-dire entre le 7ᵉ et le 6ᵉ milles de la Voie Latine. Il en résulte aussi la conséquence que la *Marcia* avait son bassin plus près de Rome que la *Julia* et la *Tepula* (Voir la note 49).

77. Le texte est incertain : *cum eo quod C* ; le *Vaticanus* donne *cum eo qui*, probablement une correction. On ne voit pas bien pourquoi une partie seulement de l'eau de la *Marcia* passait dans le bassin de décantation.

78. Jardins provenant du démembrement des *Horti Tauriani* et situés à l'ouest de l'actuelle Porte Majeure. (Voir nos *Jardins romains*, p. 159).

79. Jardins voisins des précédents ; cf. chap. 19. Il semble que ces jardins aient été à cheval sur la Via Tiburtina. *Jardins rom.* p. 159.

80. *Careiae* est le village actuel de S. Maria di Galera , le lac Sabatinus est le Lac de Bracciano. Le trajet de l'*Alsietina* dans cette région n'a pas été retrouvé. Pour le tracé probable, voir Ashby, *Aq.*, p. 184 et suiv.

81. La quantité admise dans le canal était réglée par des vannes comme, après les travaux de Trajan, les prises de l'*Anio Novus* au lac de Subiaco (Ashby, *Aq.*, p. 254). Ces quantités n'étaient pas susceptibles de mesures, puisque l'eau entrait avec une vitesse considérable et sous une *charge* bien supérieure à celle que nécessitait une mesure correcte (note 69). Comme l'aqueduc ne comportait pas de bassin, son débit restait inconnu. L'*Alsietina* avait aussi reçu une addition dont Frontin ne parle pas, la *Forma Mentis* (V. *Supra*, note 33).

82. On explique, en général, malgré le témoignage explicite de Frontin (v. en part. le chap. 75) cette différence entre le débit à la source et le débit à la distribution par les erreurs provenant du système de mesure. Celui-ci, bien que fort imparfait en théorie, était cependant suffisant en pratique (note 69). Frontin distingue deux ordres de raisons pour expliquer les différences constatées : d'une part une évaluation insuffisante des captations, d'autre part les fraudes des particuliers avec la complicité des employés des eaux. La première raison est spécialement instructive : il semble que les aqueducs aient été construits d'abord sans plan d'ensemble, sans référence à la quantité globale nécessaire aux besoins de Rome ; chaque source captée devait assurer au moins le service d'un certain nombre de fontaines publiques, le reste étant considéré comme un surplus que l'on accordait aux particuliers. Il n'était pas nécessaire par conséquent de procéder à une évaluation précise des possibilités de chaque source ; celles que l'on faisait étaient volontairement au-dessous de la réalité. (v. par ex. le chap. 70, et la note 1) Avec Frontin, le point de vue a changé ; les exigences du service nouveau, avec le développement des fournitures aux particuliers, imposent une rigueur plus grande dans l'évaluation des débits, rigueur que Frontin exagère encore, car le système de mesure ne permettait pas des calculs à une unité près.

83. Ces mesures furent sans doute effectuées dans l'été de 97. Frontin ne parle que d'un *été* ; si ces observations avaient pu être continuées sur deux ans, il l'aurait signalé pour ajouter à la force de son argument. Cela contribue à dater le traité ; v. introd., p. IX, et chap. 9, note 8.

84. Caelius Rufus, l'ami de Cicéron, comme cela résulte d'une lettre adressée par lui à Cicéron (*ad Fam.*, VIII, 6, 4) : *Dici non potest quomodo hic omnia iaceant. Nisi ego cum tabernariis et aquariis pugnarem, ueternus ciuitatem occupasset.* En 50 av. J.-C., Caelius était édile, et c'est en cette qualité qu'il avait affaire aux *aquarii* (cf. *R. E.* III, p. 1269).

85. Nous adoptons comme texte : *a specu exceptam* au lieu de la lecture habituelle depuis Bücheler : *ad Spem exceptam*, qui s'écarte davantage du texte des mss. V. l'apparat critique. La *Claudia* et l'*Anio Novus* avaient, on le sait, leur *castellum* terminal à l'ouest de la Porte Majeure (*supra*, note 49) ; la dérivation néronienne (les arcs de Néron, *supra*, note 55 et chap. 20) à la Porte Majeure était,

par conséquent, branchée directement sur le canal de l'aqueduc (Ashby, *Aq.*, p. 244), ce qui suggère notre lecture, au lieu de l'indication topographique, exacte, mais peu significative, contenue dans la correction de Bücheler.

86. Comparer ce que fit Agrippa lorsqu'il engloba la *Tepula* dans la *Iulia*, tout en gardant le vieux réseau de distribution et l'ancien nom (*supra*, chap. 9).

87. Les chiffres donnés par Frontin dans les chapitres suivants (78 à 86) ont été très mutilés par la transmission manuscrite. Depuis les premiers éditeurs, on s'est efforcé de rectifier les erreurs évidentes et d'établir un bilan exact des distributions. Les travaux de Poleni et de Herschel, notamment, sont parvenus à quelques résultats vraisemblables ; mais il manque trop de données pour que le problème comporte une seule solution, et certaine. — Pour la répartition par régions et sa signification, cf. *infra*, note 91.

88. Texte probablement corrompu. Bücheler lit : *Fit ergo... ita ut... ueniant*. Krohn propose de transposer ici la phrase qui termine le chapitre 88 : *Non praeterit me deberi operi nouae erogationis ordinationem ; sed haec cum incremento adiunxerimus, intelligi oportet non esse ea ponenda nisi consummata fuerint*. Transposition qui ne va pas sans difficultés. V. la note 94.

89. Ces 771 *quinariae* se décomposent ainsi : de la *Marcia* à la *Tepula* : 92 ; de la *Marcia* à l'*Anio Vetus* : 164 ; de l'*Anio Novus* à la *Tepula* : 163 ; de la *Claudia* à la *Julia* : 162 ; de la *Julia* à la *Tepula* : 190.

90. Texte très corrompu ; nous proposons de lire : *quoniam humilior <or>itur [etiam <humillimis locis>*, correction dont le début au moins est certain. V. apparat critique.

91. Voir p. 88 le tableau des répartitions par régions, telles qu'elles résultent des chapitres 79 à 86. (On comparera celui que donne Jordan, *Topographie der Stadt Rom.*, II, Berlin 1871, p. 295 et suiv.).

Ce tableau suggère d'intéressantes remarques. Il résume la situation avant les réformes de Trajan et, avec certaines réserves, donne une image fidèle au développement des adductions à Rome.

(1) L'*Appia* dessert le centre de la vieille ville : *Forum romain* (VIII) et sud du champ de Mars (IX), et les quartiers voisins de son parcours, sauf la région de la Porte Capène ; il est probable que les fontaines alimentées par elle dans les régions XI à XIV sont postérieures à la réorganisation d'Auguste (chap. 5). Le niveau de l'*Appia* était trop faible pour qu'elle pût parvenir au Palatin.

(2) L'*Anio Vetus* comble les lacunes laissées par le réseau de l'*Appia* (centre et est). Les distributions de la XIIe et de la XIVe régions datent probablement de l'époque d'Auguste ; celle de la XIIe grâce au *specus Octavianus* (chap. 21 et note 59).

(3) La *Marcia* est, chronologiquement, le premier aqueduc qui monte au Palatin. La technique rendait donc possible l'emploi du siphon renversé. Or, la tradition a conservé le souvenir de l'adduction de la *Marcia* au Capitole (*supra*, chap. 7 et la note 16) ;

DATES	AQUEDUCS	I Porta Capena	II Caelius	III Isis et Serapis	IV Templum Pacis	V Esquil.	VI Alta Semita	VII Via Lata	VIII Forum Roman.	IX Circus Flam.	X Palat.	XI Circus Max.	XII Piscin. Publica	XIII Avent.	XIV Trans. Tiberim	OBSERVATIONS
312 av. J.-C.	Appia		X						X	X		X	X	X	X	(1)
272 av. J.-C.	Anio Vetus	X		X	X	X	X	X	X	X			X		X	(2)
144 av. J.-C.	Marcia	X·	(a)	X	X	X	X	X	X	X	X			(a)	X	(3)
125 av. J.-C.	Tepula				X	X	X	X								(4)
53 av. J.-C.	Julia		X	X (b)		X	X		X		X		X	(b)		(5)
19 av. J.-C.	Virgo							X		X					X	(6)
2 ap. J.-C.	Alsietina															(7)
47 ap. J.-C.	Claudia	X	X	X	X	X	X	X	X	X	X	X	X	X	X	(8)
52 ap. J.-C.	Anio Novus	X	X	X	X	X	X	X	X	X	X	X	X	X	X	(9)
	Total	4	4	5	5	6	6	6	6	6	4	3	5	3	6	(10)

a) Région desservie avant les adductions de Néron, chap. 76.
b) Région desservie par emprunt à la *Claudia*, chap. 76.

il y a là un rapprochement significatif ; l'introduction à Rome du siphon daterait donc de 144 environ. Avant les travaux de Néron, le Célius et l'Aventin étaient desservis par la *Marcia*. Il est possible que l'adduction à l'Aventin date des travaux d'Auguste. A peu près certainement, en tout cas, le passage de l'eau au Trastevere date de cette époque. Les distributions de la région I étaient faites par le *rivus herculaneus* (chap. 19) ; pour les régions II et XIII, cf. note 92 ci-dessous.

(4) La *Tepula* correspond visiblement à l'accroissement de la population dans les quartiers immédiatement à l'Est du vieux centre.

(5) La *Julia* comble les lacunes du réseau existant : la population s'accroît sur le Palatin, qui devient résidence d'Auguste ; on commence à occuper les quartiers excentriques de l'Est et du Sud.

(6) La *Virgo*, adduction faite en vue des travaux d'Agrippa au Champ de Mars, reste un aqueduc local. Il passe au Trastevere par le *Pons Agrippae*.

(7) L'*Alsietina* n'est pas mise en distribution.

(8) et (9) Les deux aqueducs claudiens, distribués dans toutes les régions, forment désormais le fond de la distribution des eaux à Rome. Les travaux de Néron après 64 achèvent ce programme, en mettant à la disposition de la ville entière ces eaux abondantes.

(10) On voit que chaque région a au moins 4 aqueducs différents ; certaines en ont jusqu'à 6. Cette répartition correspond approximativement à celle de la population au temps de Trajan (à part le cas de la région V où l'abondance des aqueducs tient à une raison topographique : c'est là qu'ils entraient dans la ville, et aussi au grand nombre des jardins impériaux sur le plateau des Esquilies).

92. Avant les travaux de Néron existait une branche de la *Marcia* qui amenait l'eau à l'Aventin. Cette branche était distincte du *rivus herculaneus* (*supra*, chap. 19 et note 53), dont le niveau était très bas et qui se terminait au-dessus de la Porte Capène (*ibid.*). C'est à elle qu'il faut attribuer l'arc de Dolabella et Silanus (*C. I. L.*, VI, 1384) réutilisé ensuite dans les arcs de Néron (Ashby, *Aq.*, p. 155). Des travaux de Trajan dont parle ici Frontin nous ne connaissons aucune trace — à moins qu'on ne leur attribue les vestiges signalés par Parker, *Aqueducts* 9,120 *bis* (arcs près du mur servien dans la vallée au pied du Célius). Dans ce cas, l'eau aurait emprunté un siphon (note de Richmond, in Ashby, *ibid.*).

93. Les mots : *quae terrarum dea consistit, cui par nihil et nihil secundum* ont été considérés comme une interpolation (Lipse *De magn. Rom.*, I, 2). Mais A. Kappelmacher, in *Wien. Stud.*, XXXVIII (1916), p. 181-185, montre justement que ce texte a été cité par Martial (*Ep.*, XII, 8 : *Terrarum dea gentiumque Roma cui par est nihil et nihil secundum*), en hommage du poète à l'écrivain homme d'État (cf. Mart., *Ep.*, X, 58 ; X, 48), et n'est pas, comme on le supposait, une glose inspirée de Martial introduite tardivement dans le texte.

94. On a proposé (Krohn, *ad loc.*) de déplacer la phrase : *non praeterit... fuerint* et de la transporter au début du chap. 78 (v. la note 88) ; mais cette correction semble résulter d'une interprétation erronée de *consummata* : il ne s'agit pas de l'eau effectivement «consommée », mais des travaux *achevés*. Frontin veut dire qu'il ne donne dans son traité que les résultats *acquis*. Il ne se reconnaît pas le droit d'anticiper sur les règlements nouveaux qui résulteront des travaux de Trajan. Ces travaux sont en partie exécutés (distribution de la *Marcia* sur l'Aventin, par ex., v. le chap. 87) ; mais d'autres sont en projet, à la fois pour utiliser les suppléments récupérés par Frontin et pour amener d'autre eau à Rome (projet de l'*Aqua Trajana*, qui ne fut construite effectivement qu'en 109 ap. J.-C. — Ashby, *Aq.*, p. 299 et *C. I. L.*, VI, 1260 — mais qui semble annoncée ici).

95. Nous proposons de lire : *mobilibus <aquis>* (v. apparat). Pour *mobilis* au sens de *rapide*, Lucr., VI, 204 ; Sén., *Phaed.* 446, 1141, etc....

96. Après la Porte Majeure, le niveau de l'Anio Novus est encore de 64,33 m. (Ashby, *Aq.*, p. 319). Son canal est, on le sait, superposé à celui de la *Claudia*. A cet endroit, la *Iulia* atteint seulement un niveau de 59,04 m.

97. Dans le *castellum* terminal commun à ces deux aqueducs, V. la note 49.

98. La proposition : *adeoque obuenientibus non succurrebatur* est probablement corrompue. Krohn suppose une lacune, qu'il comble de façon peu vraisemblable : *adeoque <optima quaeque usibus con>uenientibus* non *secernebatur*. Le sens général reste clair.

99. Le mot « *caduca* », appliqué à l'eau de trop-plein, présente un sens double. Il désigne à la fois l'eau en tant qu'elle « tombe » de la conduite ou du bassin (cf. *infra*, chap. 110) et en tant qu'elle est « sans maître » (cf. *bona caduca, id est res damnatorum, pecunia sine herede*... ; *Thesaurus*, III, p. 36 ; cf. Leonhard, *R. E.*, III, 685). Il implique à la fois une qualité matérielle et une situation juridique. Ce terme se trouve, dès 44 av. J.-C., dans la *Lex Col. Genetivae*, § 100 (v. l'éd. de Bruns, *Fontes Iuris Romani* ⁷, Tubing. 1909 et P. F. Girard, *Textes de droit romain*, 5ᵉ éd. 1923, p. 98).

100. Le paiement de cette redevance est sans doute à l'origine du fameux *lis fullonum*, qui dura de 226 à 244 ap. J.-C. (*C. I. L.*, VI, 266 ; Girard, *l. l.*, p. 109-199, et bibliogr., *ibid* ; cf. Lanciani, *Comm.*, p. 602), les foulons refusant de payer une taxe qui leur était réclamée par l'Administration.

101. Nous adoptons la transposition de Bücheler pour la phrase : *ex quo... pertineret*, que les mss. placent à la fin du chapitre 95.

102. Comparer les stipulations de la *Lex Col. Genetivae*, § 100, qui prévoit une délibération spéciale des décurions pour accorder la permission aux particuliers de dériver de l'eau de trop-plein. Le privilège de recevoir chez soi de « l'eau publique »

était parfois accordé, dans les villes provinciales, à titre de récompense officielle, par le peuple et les décurions, par ex. à Suessa : *C. I. L.*, X, 4.760 (insc. du temps de Commode). De façon générale, l'administration des eaux hors de Rome avait conservé des caractères archaïques et copiait les règles en usage sous la République. A Rome, le problème était différent, les Empereurs s'étant, depuis Auguste et Agrippa, chargés eux-mêmes de la gestion des eaux. (V. Introd., p. XI).

103. La formule de la loi à laquelle Frontin fait allusion est aussi compréhensive que possible : *do* n'implique pas forcément don gratuit, mais *cession* en général, *uendere* n'étant qu'une forme particulière de cession, à titre onéreux (v. *C. I. L.*, X, 4. 842, Girard, *l. l.* p. 186, et suiv., édit d'Auguste concernant les aqueducs de Venafrum, 1. 37 et suiv.).

104. Les censeurs, sur les cinq ans que durait leur magistrature, ne l'exerçaient vraiment que 18 mois. Ils étaient chargés des travaux publics et en particulier des adjudications. A leur défaut, ce soin passait tout naturellement aux édiles (v. note 84 et l'activité de Caelius en cette qualité).

105. Ces « ouvriers qualifiés » se retrouveront dans les équipes impériales (*infra*, chap. 117).

106. Il s'agit là d'un cas tout à fait exceptionnel, comme l'a montré C. Hirschfeld, *Kaiserl. Verwalt.*, Berlin, 1905, p. 274. La mission qui leur fut confiée alors était probablement exclusivement d'ordre financier, et temporaire. — Krohn admet que le texte de ce sénatus-consulte était cité par Frontin et qu'il a disparu dans une lacune ; il n'en resterait que le mot « *censoribus* ». (V. apparat critique) ; mais cela est peu vraisemblable (comparer le début des sénatus-consultes cités, chap. 100 et suiv.). *Censoribus* est, plus vraisemblablement, le développement incorrect de l'abréviation *coss.*

107. Le tableau de la note 91 montre qu'à cette époque encore la région du Grand Cirque ne recevait que l'eau de l'*Appia*. Ce qui explique la parcimonie.

108. Nous suivons ici l'interprétation de Mommsen, *Droit pénal*, trad. fr., III, p. 143 et n. 5, qui ajoute *constaret* (v. apparat crit.) et interprète *manceps* : le concessionnaire.

109. Les délégués des *uici* ne nous sont pas autrement connus. Peut-être sont-ils en relation avec les *collegia fontium*, dont les *magistri* semblent avoir eu certains pouvoirs répressifs, même en dehors de leur collège contre ceux qui détournaient abusivement l'eau des bassins (par ex. les foulons), cf. Rudorff, *Die so-genn. Lex de Magistris aquarum, Zeits. f. g. R. Wiss.*, XV (1849), p. 203-272 ; Mommsen, *ibid.*, p. 345 et suiv. — V. aussi Boehm, art. *Fons*, in *R. E.*, VI, 2840.

110. Cf. *Supra*, chap. 9. C'est là une situation très exceptionnelle, l'édilité étant, dans le *cursus honorum*, le second degré des magistratures et le consulat, le plus élevé. En 33 av. J.-C., Agrippa

accepta de redescendre la carrière pour marquer l'importance attachée par Octave aux jeux et aux travaux publics entrepris à ce moment là. Cf. Shipley, *Agrippa's Build. Activ.*, Baltimore, 1934, et Reinhold, *Marcus Agrippa*, Geneva, New-York 1933, p. 46 et suiv.

111. Le terme de *curator* n'appartient pas à la hiérarchie des magistratures régulières ; il indique seulement, à l'origine, une fonction particulière confiée à titre temporaire (v. R. Leonhard, art. *cura*, in [R. E., IV, p. 1761). Avec Auguste, on a recours de plus en plus à ce procédé pour démembrer les magistratures républicaines ; v. chap. 129 n. 5. Ce n'est qu'en 11 av. J.-C. (*infra*, chap. 100) qu'un sénatus-consulte donnera aux *curatores aquarum* un statut légal permanent. De façon générale, on maintient la fiction de la désignation *par le Sénat* des curateurs (v. Kornemann, art. *curatores*, in *R. E.*, p. 1775). Le plus souvent, les curateurs étaient nommés pour un an. On voit que les *curatores aquarum* restaient en fonction un temps variable (cf. chap. 102).

112. La *potestas* du magistrat est l'ensemble de ses pouvoirs, en vertu desquels il prend des arrêtés, etc.... Ici, ce mot comprend aussi bien des attributions judiciaires (procès concernant les eaux, répression des délits, etc... ; v. chap. 129) que des attributions administratives (mise en adjudication des travaux, par ex.). Le Sénat confiait au magistrat une mission générale (chap. 7, par ex. : *mandatum* (*ei*)... *ut curaret quatinus alias aquas quas posset in urbem perduceret*). Les détails de l'exécution étaient laissés à sa discrétion.

113. De la sorte, les concessions d'eau accordées jusque-là par le Sénat (chap. 94 et note 102) deviennent des cadeaux gratuits de l'Empereur, et la politique de l'eau est entièrement soustraite à l'action du Sénat. Cela complétait la mainmise d'Auguste sur les services publics de la ville. On comparera l'organisation de la politique frumentaire (cf. le chap. 100). V. aussi la note 139.

114. Sur les raisons possibles de ce choix, cf. *Jardins Romains*, p. 134. Messala, l'un des grands bénéficiaires des guerres civiles, avait partagé avec Agrippa les *praemia belli* ; il avait probablement obtenu les biens de Lucullus qui jouèrent un rôle si considérable dans les adductions augustéennes ; v. note compl. 7.

115. L'architecte et les deux secrétaires (*scriba et librarius*) sont les trois esclaves publics accordés à chacun des curateurs. Le jeu des copules oblige à ne pas en faire un groupe distinct de ceux-ci (contrairement à l'opinion de Hirschfeld, *Kais. Verwalt.*, p. 276).

116. Les *praefecti frumenti dandi*, créés en 22 av. J.-C. par Auguste, et dont il est question plus loin dans le même sénatus-consulte. Ce seraient les agents d'exécution du *curator frumenti*, fonction exercée à l'origine par Auguste lui-même. V. Hirschfeld *op. cit.*, p. 232 et suiv.

117. C'est-à-dire une indemnité de taux variable, conforme à la ration fixée par l'annone. Le Sénat ne pouvait fixer un chiffre, les

rations allouées étant variables suivant le cours. Ces rations sont
touchées en espèces ; ce·qui constitue un véritable « traitement à
échelle mobile ».

118. Le texte est profondément corrompu. Comme l'a vu Hirschfeld, *op. cit.*, p. 206, il faut, dans ce texte juridique, que la formule :
iudiciis vacent... soit répétée. Dans ces conditions, le membre de
phrase : *qui parte quarta anni publico fungebantur ministerio*, avec
son imparfait, se révèle comme une note explicative qui s'est
glissée dans le texte. V. apparat critique. La prescription du sénatus-consulte signifie que les curateurs des eaux sont assimilés aux
curateurs de l'annone et des routes et sont autorisés à n'exercer
effectivement leur charge que pendant une partie de l'année (un
trimestre ?). *Contra* : Hirschfeld, *loc. cit.*

119. Le meilleur commentaire de ce chapitre a été donné par
L. Cantarelli. *La serie dei curatores aquarum*, in *Bull. Comm.*,
XXIX (1901), p. 180 et suiv.

120. Le texte, très corrompu (v. apparat critique), a été rétabli
grâce à un fragment de fastes consulaires provenant d'Ostie, par
Hülsen, *Berl. Philol. Wach.*, 1920, p. 306 et suiv.

121. Les curateurs des eaux, chargés de veiller au fonctionne-
ment régulier d'un service public, doivent se préoccuper d'abord
que l'eau publique (c'est-à-dire captée aux frais de l'État) se
trouve effectivement mise à la disposition du public dans les fontaines accessibles à tous. On s'attendrait par conséquent à voir
Frontin indiquer comme son premier devoir l'entretien matériel
des conduites, première condition d'une adduction régulière. Or,
cela ne vient qu'en deuxième lieu (chap. 116 et suiv.). C'est que
les difficultés les plus grandes provenaient de l'attribution d'eau
aux particuliers : les distributions de cette nature, accessoires au
début, avaient fini par absorber la plus grande partie de l'eau
disponible. Des abus, dans ces conditions, risquaient de priver le
public de l'eau qui, théoriquement, lui appartenait en totalité. C'est
donc pour sauvegarder, dans la mesure du possible, le principe
fondamental du système (réaffirmé dans un sénatus-consulte de
11 av. J.-C., chap. 104) que Frontin est amené à énoncer d'abord
les prescriptions concernant les concessions et à en faire l'essentiel
de sa charge : la revendication des droits du public.

122. Ce sénatus-consulte, de 11 av. J.-C., est antérieur à la
division de la ville en XIV régions (7 av. J.-C.). On entend ici
par *Urbs* la partie comprise dans le *pomerium*, dont la ville réelle
déborde largement (Labrousse, in *Mél. Ec. jr.* 1937, p. 165 et suiv.).
D'où l'expression : *aedificia urbi coniuncta*. Cf. aussi les chap. 126
et 129.

123. Bücheler, d'après Pline, N. H., XXXVI, 121, écrit : *quos
nunc cu esse retulerunt...* Mayhoff admet la lecture : *d*, au lieu de
cu. D'ailleurs, Pline donne le chiffre des constructions d'Agrippa,
et non le total des fontaines existantes.

124. Sans supprimer explicitement le *curator aquarum*, Claude lui avait substitué en pratique un affranchi impérial auquel ses pouvoirs avaient été délégués : le *procurator*. Il suivait ainsi sa politique générale de mainmise sur l'administration et éliminait toute possibilité d'un contrôle sénatorial. Cela explique la décadence des *curatores*, qui avaient perdu toute raison d'être, le titre survivant à la charge (cf. chap. 101). C'est à cette dépendance du curateur à l'égard de son subordonné que pense sans doute Frontin dans son chapitre 2 (*neque aliud tam indecorum*, etc...). V. l'Introd., p. XV.

125. Ces *intendants*, les *uilici*, semblent avoir été désignés à raison d'un par aqueduc. Cf. *C. I. L.*, VI, 8495 : *uilicus aquae Claudiae* ; et Lanciani, *Comm.*, p. 539 et suiv.

126. Les *libratores* sont les ouvriers chargés de *mesurer* et non seulement, on le voit, de placer les prises au niveau légal.

127. Le *procurateur* est donc responsable de l'étalonnage des prises conformément aux mesures légales (chap. 39 et suiv.), mais aussi de la position même des prises, suivant des règles moins clairement exposées par Frontin, et qui semblent se réduire à trois :

a) implantation normale à la paroi du *castellum* (chap. 35 et 36).

b) implantation à un niveau donné pour que la *charge* sous laquelle se fait l'écoulement soit la charge habituelle des mesures (0 m, 12 environ, soit sensiblement 2/5ᵉ de pied romain ; *supra*, note 69 et chap. 35 et 113, et note 133).

c) conformité des dimensions avec celles indiquées par la concession impériale.

128. La pose d'un tuyau de section supérieure à celle de la prise produirait un « phénomène de Venturi », et un accroissement du débit de l'ensemble du système. Cf. Herschel, *Wat. Sup.*, p. 205 et suiv. V. aussi le chap. 112.

129. Le sénatus-consulte distingue deux cas :

a) le *castellum* public est assez rapproché du point où l'eau doit être amenée ; dans ce cas, les tuyaux de distribution partiront du *castellum* public ;

b) ce *castellum* est trop éloigné ; le conduit même de l'aqueduc passant plus près du lieu d'utilisation. Dans ce cas, on ne dérivera pas l'eau directement, mais les bénéficiaires devront se grouper et faire établir à leurs frais un *castellum* secondaire privé qui recevra directement du *castellum* public, et non du conduit, l'ensemble des concessions considérées. Cette règle présente plusieurs avantages, qui ne sont pas tous mis en lumière ici par Frontin :

a) les aqueducs restent intacts ;

b) on réalise une économie de tuyaux ;

c) surtout, toutes les distributions étant faites à partir de *castella*, il est aisé de maintenir une charge constante à la tête des tuyaux (cf. note 113). On remarquera d'ailleurs que le but du sénatus-consulte est visiblement d'empêcher des dérivations abusives et de maintenir le débit des tuyaux dans des proportions normales (clause finale).

Bennett corrige *communem* en *communi*, sans raison, car il n'est pas question de châteaux d'eau communs, mais de châteaux d'eau privés, simples relais introduits dans le réseau public. Tous sont à quelque titre « communs ». La lecture des mss. est donc la seule admissible.

130. Le texte est certainement corrompu. Le dernier mot du sénatus-consulte ne se comprend pas si la concession est supérieure à une *quinaria. Quinariam* est probablement une mauvaise lecture (ou une interpolation), le texte devant signifier : « un tuyau plus large que ne le comporte la concession », sens résultant de la fin du chap. 105.

131. *Haustus* a fait parfois difficulté. On a proposé la correction *Augusti nomine*, insoutenable, les *erogationes* faites au titre de la maison impériale étant dites : *Caesaris nomine* (chap. 78 et suiv.). Nous pensons que *haustus* désigne ici le droit de puiser de l'eau concédé aux riverains des aqueducs sous certaines réserves (*infra*, chap. 129 et n. 155). En pareil cas, ce droit semble avoir résulté de la situation même du fonds ; il était par conséquent indépendant de la personne du propriétaire, contrairement aux concessions ordinaires (*Dig.*, XLIII, 20, 1 : *et datur (aqua) interdum personis, interdum praediis. Quod praediis datur, persona exstincta non exstinguitur*).

132. Il semble résulter de ce texte que les concessions d'eau étaient faites *à titre gratuit* par l'Empereur. La vente dont parle Frontin ici était faite par les employés à leur profit : à la mort du concessionnaire, les nouveaux propriétaires n'ont plus droit à l'eau ; ils doivent l'*acheter*. On pourrait considérer que, en la vendant, les *aquarii* détournaient à leur profit la redevance payée jusque-là au fisc par le concessionnaire. Mais dans ce cas, ils auraient commis une fraude ; ce qui ne paraît pas le cas puisque Trajan, en mettant fin à cette pratique, a seulement voulu faire acte de bienveillance (*humanius...*). On doit en conclure que, normalement, la concession ne donnait pas lieu à paiement. Cf. aussi la note 139.

133. Frontin reconnaît ici l'importance de la *charge* sous laquelle s'écoule un flux donné. Les raisons qu'il donne de l'augmentation du débit sous une charge plus forte sont vagues et inexactes. Il s'agit de prises dans un réservoir où l'eau est en repos et non, comme au chap. 73, à propos des captations de l'*Anio Novus*, d'une prise en plein courant (v. aussi le chap. 36). *Cursus aquae* désigne par conséquent le courant créé par l'ouverture de la prise inférieure. Frontin imagine que c'est ce courant qui aspire le plus grande quantité de l'eau en n'en laissant qu'une quantité moindre pour la prise supérieure. En fait, il faut faire intervenir la notion de *pression* sur la paroi, pression, on le sait, égale à la hauteur d'eau au-dessus de l'ouverture. Le rapport des débits sera, toutes choses égales (section des tuyaux, forme de l'orifice, etc...),

proportionnel à celui des racines carrées des charges (cf. note 69).
Que Frontin n'ait pas connu la formule mathématique du phé-·
nomène, et, en l'absence de la notion de « hauteur d'eau », sa véritable explication, cela ne l'empêche pas d'en avoir une connaissance empirique suffisante pour justifier, en pratique, les précau-
iions qu'il prescrit pour la distribution de l'eau.

134. Il s'agit de tuyaux en plomb, susceptibles d'être dilatés
(*supra*, chap. 36). La fraude consistait à adapter à l'orifice un
tuyau que l'on agrandissait ensuite, en tronc de cône, ce qui pro-
duisait un phénomène de Venturi et accroissait le débit très nota-
blement (v. note 128).

135. Rapprocher *puncta*, ici les « piqûres » clandestines faites
aux tuyaux, de l'expression dont se sert Frontin pour désigner
les petits calibres des tuyaux de distribution dans la Rome républicaine (chap. 25), mais il y a une différence entre les deux emplois :
ici, c'est un terme technique de l'argot des fontainiers (rattaché
consciemment au verbe *pungo*) ; au chap. 25, *punctum* a sa signification usuelle d'*unité*.

136. Et non des « tuyaux secrets », comme traduit Bennett,
puisque Frontin dit explicitement que ces tuyaux donnaient de
l'eau *ad usus publicos*. Il s'agit simplement du réseau normal de
distribution, souterrain, le long des voies publiques ou des sentiers
(Edit de Venafrum, 1. 41 et suiv.).

137. Pour ces ouvriers, cf. Lanciani, *Comm.*, p. 530.

138. Les *stationes* sont les postes de garde ou, si l'on veut, les
permanences de service aux points vitaux du réseau : les *castella*
et les *munera*. Ce sont évidemment les points où l'on peut agir sur
la distribution : couper l'eau en cas de rupture des canalisations,
la faire converger vers une région en cas d'incendie, etc. Ce passage nous éclaire sur la nature des *munera* qui sont, avant tout,
des *castella* dotés d'une fontaine monumentale (*supra*, n. 3).

139. Ces redevances ne sont pas clairement définies par Frontin.
Toutefois, nous pouvons entrevoir leur nature. Ce sont des revenus
déjà existants à l'époque républicaine, puisqu'ils sont versés à
l'*aerarium Saturni*. Ils proviennent de différentes sources :
a) l'expropriation pour utilité publique n'existant pas, l'État
achetait les terrains nécessaires aux adductions ; il en résultait
la constitution d'un véritable domaine des eaux publiques (cf.
chap. 128 et note 151) ; tantôt, ces terrains étaient revendus,
tantôt, apparemment, affermés, et le produit de la location était
versé au Trésor ; c'est ce qui arrivait à Venafrum, où l'aqueduc
avait ainsi des terres qui en dépendaient et des cippes placés le
long de ces terrains portaient l'inscription : VECTIG. PVBL. | COL.
IVL. | VENAFRAN. (Lanciani, *Comm.*, p. 602) ;
b) le droit de *puisage* concédé aux riverains dans certaines conditions (chap. 129 et notes 131 et 155) comportait peut-être aussi
parfois le paiement d'une taxe au profit de la communauté ayant
établi l'aqueduc ; cette redevance était, comme le droit qu'elle

achetait, liée au fonds ; cf. *Cic., leg. agr.*, III, 9 : *immunia (praedia) commodiore condicione sunt quam illa quae pensitant* ; *ego Tusculanis pro aqua Crabra uectigal pendam, quia mancipio fundum accepi* : *si a Sulla mihi datus esset, Rulli lege non penderem* ;

c) la taxe concernant la dérivation de l'eau de trop-plein à l'intérieur de Rome (*supra*, chap. 94).

En aucun cas les concessions impériales ne paraissent avoir donné lieu à redevance (*supra*, note 132) ; ce sont des *beneficia principis* (*supra*, chap. 99), à l'inverse de ce qui se passait dans les cités provinciales où les décurions pouvaient *vendre* l'eau (Édit de Venafrum, l. 35). On rapprochera le rescrit de Théodose et Valentinien à Eutychianus : *execrabile uidetur domos huius almae urbis* (Constantinople) *aquam habere uenalem* (Lanciani, *Comm.*, p. 603).

140. Le principe de séparation entre les deux trésors, *aerarium Saturni* et fisc, résulte de l'histoire même des aqueducs. Au premier se rattachent des survivances datant des adductions de l'époque républicaine : perception des redevances afférentes au « domaine » de chaque aqueduc et entretien d'une partie du personnel, celle qui existait avant les réformes d'Agrippa. Le fisc, au contraire, n'a aucun revenu fixe pour ce chapitre : c'est que les adductions impériales sont des œuvres essentiellement privées, des présents gratuits du prince au peuple. En particulier, les terrains où elles sont exécutées sont la plupart du temps des propriétés impériales ; ils ne peuvent donc donner lieu à redevances (type : *ager Luculli*). Les dépenses supportées par le fisc sont de beaucoup les plus importantes ; elles résultent de toutes celles dont Agrippa avait pris la charge à titre personnel et de celles qui étaient entraînées par les adductions de Claude et de Néron. Pratiquement, l'Empereur est donc le maître absolu des aqueducs, qu'il contrôle financièrement.

141. Les dégradations s'expliquent en ces endroits par des traits du climat italien. Il est évident que les arcs sont très exposés aux intempéries et surtout ceux qui traversent les lits des torrents : leurs piles sont périodiquement soumises au choc violent des eaux et ensuite exposées au soleil quand le lit est de nouveau à sec. De même, le sol friable des collines, sous l'action des pluies de printemps, est sujet à des glissements et à des tassements qui disloquent les conduits courant à mi-pente. Enfin, le froid et la chaleur agissent sur les canaux à l'air libre.

142. On sait l'importance de ces dépôts dans l'histoire des aqueducs romains. Suivant l'aqueduc et l'origine de ses sources, le dépôt différait de nature. Particulièrement abondant pour les deux captations de l'Anio, qui entraînaient du limon de rivière, il était moindre pour la *Marcia* (*supra*, n. 50). De loin en loin étaient ménagés des puits d'accès au canal permettant de le curer. Le dépôt ainsi enlevé était entassé près de ces puits et ces monticules jalonnaient le trajet de l'aqueduc dans la campagne. On sait que, grâce à eux, Lanciani et Ashby ont pu relever le tracé des adduc-

tions sur la carte (v. en part. Ashby, *Die antik. Wasserleit.*, in *Neue Jahrb.*, XXIII (1909), p. 246 et suiv.).

143. *Structura* est employé, au début du chapitre, au sens général de construction ; ici, il désigne plus spécialement le *blocage* de ciment formant le noyau et revêtu ensuite d'un parement (normalement en briques, sous Trajan).

144. Tous les archéologues ont souligné la fréquence des réparations exécutées sous l'Empire pour chaque aqueduc. Cf. Van Deman, *Build.*, *passim*. Selon Herschel, *Wat. Sup.*, p. 257 et suiv., le vice principal du système était « la superposition directe et l'adhérence du canal au pont ou à l'ouvrage portant proprement dits » ; la construction était d'un seul bloc et ne prévoyait pas l'expansion et la contraction de la maçonnerie selon les variations de la température. Le soin principal des architectes était reporté sur le revêtement intérieur, en *opus signinum*, ciment imperméable formé de poteries pilées. Mais cela n'était qu'une partie du problème. La vraie difficulté consistait à empêcher les fissures et les lézardes de se produire. Techniquement, les aqueducs romains restèrent toujours très insuffisants et « ces ouvrages si vantés, dont les ruines durent si longtemps, étaient fort mal conçus pour assurer un service effectif ». (Herschel, *ibid.*, p. 259).

145. Ce sont les deux grands aqueducs sur substructions et arches qui vont du 7e mille (de la *Via Latina* ; *supra*, note 49) à la Porte Majeure. Ces arches sont revêtues d'*opus quadratum*.

146. Texte incertain. V. l'apparat critique ; mais le sens reste clair. En effet, il ne serait plus resté, en cas d'interruption de ces aqueducs, à l'époque de Frontin, que l'*Appia*, l'*Anio Vetus*, la *Virgo* et l'*Alsietina*, soit, d'après les chiffres de Frontin, un peu plus de 1/3 de l'eau fournie en tout.

147. On notera que, dans ce sénatus-consulte de 11 av. J.-C., il n'est pas question de la *Virgo ;* elle existait pourtant depuis 19 av. J.-C. Est-ce parce que cette adduction récente n'avait pas encore besoin de réparation ? Mais la *Iulia* et la *Tepula* dataient seulement de 33. La *Virgo* avait été construite sur des terrains publics ou assimilés : il n'y avait donc pas lieu de l'inclure dans le sénatus-consulte qui ne visait que les aqueducs traversant des terrains privés.

148. Cette promesse résulte de l'acceptation par Auguste de la succession d'Agrippa (chap. 99). Ces réfections sont encore reconnaissables sur le terrain ; il faut les distinguer des réparations antérieures (note 28 au chap. 9) ; elles sont contemporaines de la pose de cippes du type suivant (pour l'*Anio Vetus*) : *Ani(o) Imp(erator) Caesar Diui F(ilius) Augustus ex s(enatus [c(onsulto)*), délimitant une zone réservée de part et d'autre des aqueducs, en exécution du sénatus-consulte de la même année, cité par Frontin au chap. 127.

149. *Itinera actus*, formule usuelle du droit de passage. Cf. Justin., *Inst.*, II, 3 : *actus ius est agendi uel iumentum uel uehiculum*

150. Le texte est très incertain ; nous donnons le sens général indiqué par Mommsen : *cum ad reficiendos rivos specusque pertineat ut spatium circa eos pateat neue quicquam ad eos ponatur quo impediantur aquae et opera publica corrumpantur.* Cette restitution est évidemment très incertaine. Les prescriptions correspondantes du décret de Venafrum ne nous ont été conservées que très mutilées.

151. Tel est le procédé légal imaginé pour suppléer à l'absence d'une procédure d'expropriation pour utilité publique. On peut le rapprocher de la constitution de servitudes par double *mancipatio*, la seconde *deducta servitude* (Girard, *Manuel* [8], p. 398). Il est probable, par conséquent, que cette double vente pouvait n'être parfois qu'une fiction juridique. Mais parfois il avait pour résultat de constituer un *domaine* de l'aqueduc (v. note 139). Ce procédé avait été rendu nécessaire par le caractère intangible de la propriété quiritaire, et la formation de grands domaines à travers lesquels les propriétaires refusaient parfois systématiquement le droit de passage (cf. Liv., XL, 51). On remarquera que, dans le sénatus-consulte cité au chap. 125, aucune atteinte n'est portée à la propriété particulière en tant que telle, mais que l'on constituait des servitudes temporaires *(cum ii riui... reficerentur)* : droit de passage et droit de prélever des matériaux (cf. E. Weiss, in *Zeitschr. Sav. Stift.*, LXV (1925), p. 87-116). Dans la *Lex Col. Genetivae*, les prescriptions du titre XCVIII, interdisant à tout particulier de s'opposer au passage d'un aqueduc dont la construction aura été décidée par les décurions, établissent une servitude de principe sur une terre *qui n'a pas encore de propriétaire*. C'est la procédure normale de la stipulation (Girard, *ibid.*, p. 399) : la loi établit les conditions auxquelles les terres seront concédées aux colons.

152. Cette loi, la *lex Quinctia*, a été étudiée à plusieurs reprises. V. en dernier lieu Girard. *Textes de Droit romain*, 5e édition, Paris, 1923, p. 105 et les références.

153. Le texte est très corrompu. Il semble bien que la loi prévoie ici deux cas distincts autorisant, exceptionnellement, à faire des dépôts de matériaux, etc... sur les terrains situés à proximité des aqueducs :

1) réparation des aqueducs eux-mêmes et des installations annexes (conformément au sénatus-consulte cité au chap. 125) ;

2) démolition des installations et des édifices privés antérieurs au vote de la loi, dont la démolition est exigée par celle-ci ; de même pour la remise en état des objets, etc... stipulée par la même loi.

154. La loi énumère ici tous les procédés de clôture en usage dans les propriétés autour de Rome (cf. Varron, R. R., I, 14).

155. Prescription obscure dont Frontin ne parle pas ailleurs explicitement (cf. toutefois chap. 108 et note 131). Il s'agit sans doute d'une tolérance accordée aux riverains de *puiser* de l'eau aux aqueducs et à leurs annexes, mais à la condition de ne pas

avoir recours pour cela à des moyens mécaniques (roues élévatrices, etc...), ni à des prises plantées dans les conduits eux-mêmes,
ni à des forages directs donnant accès aux conduits souterrains
(*putei* analogues à ceux que l'on ménageait de loin en loin pour
le curage des canaux et la régularisation de la pression ; *supra*,
notes 44 et 142). Ces restrictions réduisaient pratiquement ce
droit de *puisage* à la libre disposition des eaux de trop-plein
(*caducae aquae*) qui s'échappaient par des fissures, et cela, seulement dans le trajet extra-urbain (cf. chap. 110-111), et à la libre
disposition des sources et bassins à l'air libre. L'eau de l'aqueduc
lui-même, une fois introduite dans la canalisation, était protégée
contre les déprédations et les quantités puisées à bras d'homme
sans machine d'aucune sorte restaient forcément minimes. L'origine de cette tolérance est à chercher dans la législation générale
des eaux (*riui, fontes*, etc...) et les servitudes de prise d'eau (*aquae
haustus*), très anciennes dans la législation (Girard, *Manuel*, p. 384).
V. *Dig.*, XLIII, 20 (*De aqua cottidiana et aestiua*).

TABLEAU DU SYSTÈME DES FRACTIONS

Nom	Valeur		Notation
AS..............	12/12 =	1	
DEVNX	11/12		S = = —
DEXTANS	10/12 =	5/6	S = =
DODRANS	9/12 =	3/4	S = —
BES	8/12 =	2/3	S =
SEPTVNX	7/12		S —
SEMIS	6/12 =	1/2	S
QVINCVNX	5/12		= = —
TRIENS	4/12 =	1/3	= =
QVADRANS	3/12 =	1/4	= —
SEXTANS	2/12 =	1/6	=
SESCVNCIA	3/12.2 =	1/8	
VNCIA	1/12		—
SEMVNCIA	1/12.2 =	1/24	£
DVELLA	1/12.3 =	1/36	
SICILICVS	1/12.4 =	1/48	
SEXTVLA......	1/12.6 =	1/72	
SCRIPVLVM....	1/12.24 =	1/288	ɘ

INDEX NOMINVM ET RERVM

Les chiffres en caractères romains renvoient au numéro du chapitre ; les chiffres en italique, soit au paragraphe du texte, soit, s'ils sont précédés de *n.*, à une note de la traduction au bas de la page. Les chiffres entre parenthèses renvoient, non à un *mot*, mais à une *idée* en rapport avec le mot indexé.

Les chiffres en **caractère gras** renvoient aux notes complémentaires à la fin du volume.

Les termes techniques sont indexés en latin et en français; les renvois sont mis après la forme latine.

TABLE DES MATIÈRES

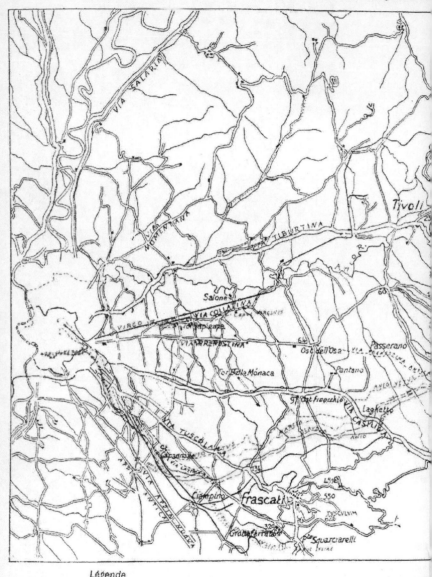

Légende
——— Anio Novus.
— — — Claudia.
——— Tepula-Iulia.
—··—··— Marcia.
············ Anio Vetus et Virgo.

Trajet des pri

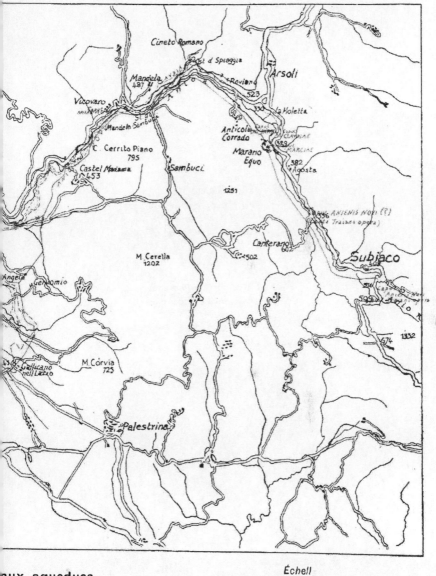

Cineto Romano

Arsoli

st d Spiaggia

Mandela
487 M

Reviano
523

330

la Moletta

Vicovaro

St

Mandela Sambuci

Anticoli
Corrado

Canal CLAUDIAE

Canal MARCIAE

C. Cerrito Piano
795

Sambuci

Marano
Equo

382

Agosta

Castel Madama
453

1251

AQ. ANIENIS NOVI (?)
(dit de Traiano opera)

536

M. Cerella
1202

Canterano
602

502

Subiaco

Angela

Gerreomio

591

Anio

Gallicano
nell Lazio

M. Corvia
725

674

1152

Palestrina

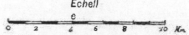

Échelle

0   2   4   6   8   10 Km

Ce volume,
le cent dix-septième
de la série latine
de la Collection des Universités de France,
publié aux Éditions Les Belles Lettres,
a été achevé d'imprimer
en juin 2023
par La Manufacture Imprimeur
52202 Langres Cedex, France

N° d'édition : 10669
N° d'impression : 230453
Dépôt légal : juin 2023